DIE KUNST DES RADFAHRENS

James Hibbard

DIE KUNST DES RADFAHRENS

Über das Leben auf zwei Rädern und die Philosophie

Aus dem Englischen von
Birgit Lamerz-Beckschäfer und Sven Scheer

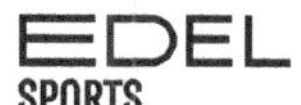

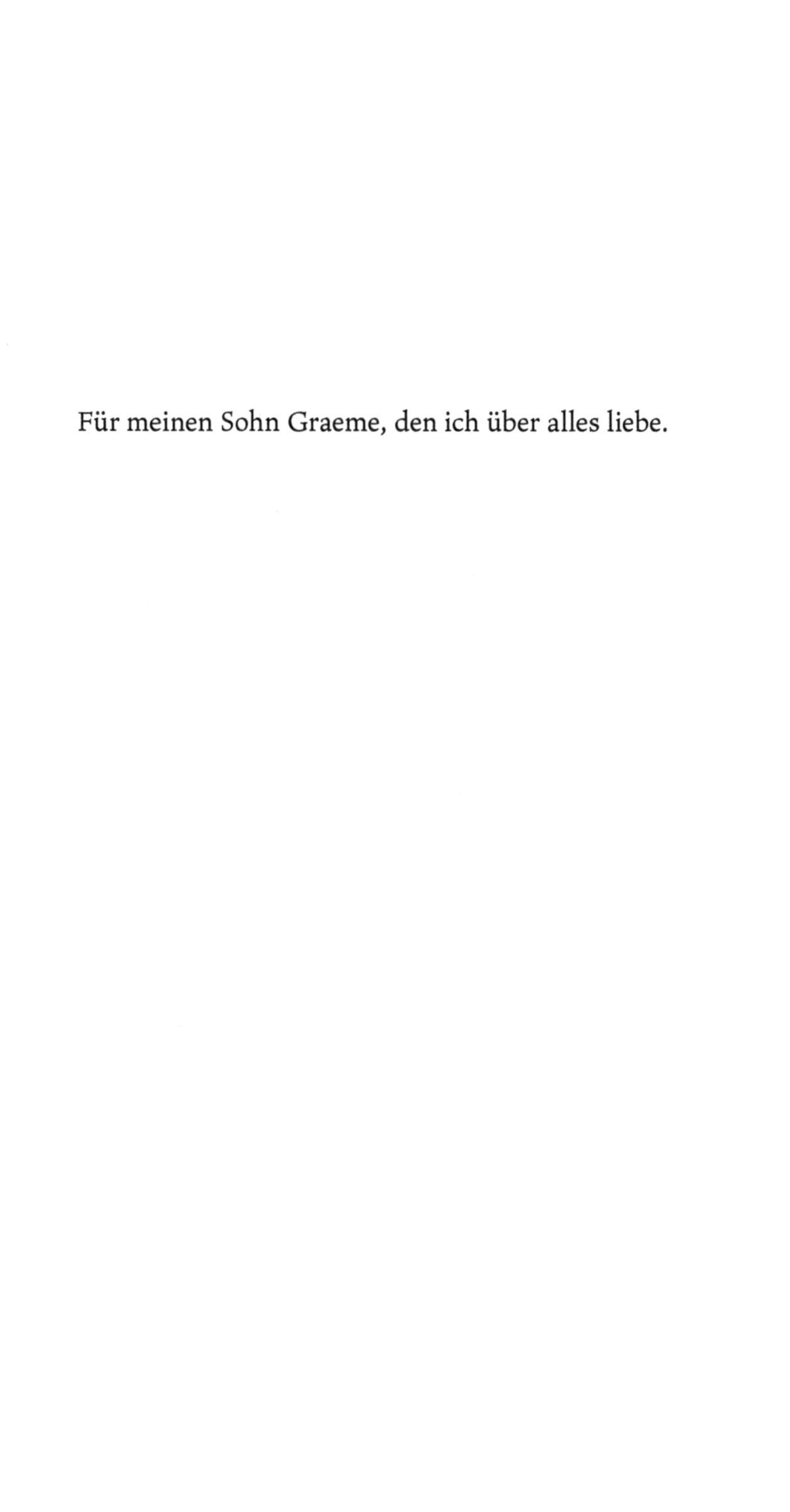

Für meinen Sohn Graeme, den ich über alles liebe.

„In deinem Körper steckt mehr Weisheit
als in deiner tiefsten Philosophie.“

Friedrich Nietzsche, *Also sprach Zarathustra*

Inhalt

Vorwort

Seit ich zum ersten Mal auf dem gelben Schwinn-Varsity meines Nachbarfreundes saß, wollte ich nichts anderes mehr als Radfahren. Weit vornüber geneigt, die Hände am gebogenen Lenker, zog mit jedem Tritt der Asphalt schneller und schneller unter mir vorbei. Bis dahin kannte ich nur jene schwergängigen Räder mit breiten Profilreifen, die gerade gut genug waren, um sich fortzubewegen. Das Schwinn war ganz anders. Als ich auf ihm dahinraste, spürte ich Freiheit, ein Gefühl, als könnte ich fliegen. Ich hatte noch nie etwas Beglückenderes erlebt. Im Sommer nach jener Probefahrt nahm ich kurz vor meinem 13. Geburtstag zum ersten Mal an einem Rennen teil. Von da an ging es mit Riesenschritten voran, bis ich eines Tages in den US-Olympiastützpunkt eingeladen wurde. Knallharte Trainingseinheiten, Reisen und körperliche Schmerzen bestimmten fortan mein Leben. Schließlich unterschrieb ich meinen ersten Profivertrag bei einem Top-Team. Doch mein Können reichte gerade aus, um aus nächster Nähe mitzuerleben, welches Geheimnis meine Helden des Radsports in den späten 1990er Jahren zu verbergen suchten: Doping. Als ich meine Karriere mit Mitte zwanzig beendete, stand für mich fest, dass der Sport, den ich einmal über alle Maßen geliebt hatte, von Grund auf verdorben war. Wer vorne mitspielte, setzte nicht auf Fair Play und harte Arbeit, sondern warf sich alles Erdenkliche ein, nur um zu gewinnen.

Knapp zehn Jahre lang stieg ich auf kein Rad mehr. Als ich es schließlich wieder tat, kam mir die Person, die einst nach Siegen und Bestätigung von außen gelechzt hatte, unendlich fern vor. Mit jeder weiteren Ausfahrt rückten die positiven Seiten des Sports stärker in den Vordergrund, die Erinnerung an die Doping-Ära verlor allmählich ihr Gift. In der Folge gewann der Radsport für mich eine neue, komplexere Leuchtkraft. Mit der nötigen Distanz sehe ich heute nicht mehr nur seine Mängel, sondern auch wieder die unzähligen Momente der Schönheit und der Erkenntnis, die sich unabhängig von Sieg oder Niederlage allein daraus ergeben, dass du dich bemühst, eine Sache so gut wie möglich zu tun.

Über jeder Entscheidung für einen Lebensweg liegt wie ein sentimentaler Schatten all das, was auch hätte sein können. Ich weiß nicht genau, inwieweit der Radsport mich zu dem gemacht hat, der ich bin, auf welche Weise er mich möglicherweise verformt hat und wer ich hätte werden können oder geworden wäre, wenn ich ihn nicht mit einer solchen Hingabe, ja Besessenheit betrieben hätte. Was ich aber mit Gewissheit sagen kann, ist, dass es einen ungeheuren Verlustschmerz hervorruft, wenn man all sein Herzblut in den Sport steckt – weil man sich irgendwann von ihm verabschieden muss. Oder weil die Identifikation mit ihm so allumfassend ist, dass man sich unterwegs selbst verliert und andere Seiten der eigenen Persönlichkeit, die sich auch hätten entfalten können, für immer unentdeckt bleiben.

In dem Moment, da ich dies hier schreibe, bin ich gerade von einer Tour zurückgekommen. Ich spüre mein Rad noch unter mir hin und her pendeln, während ich die kurvigen Bergstraßen hinaufklettere, auf denen ich in meiner aktiven Zeit unermüdlich trainiert habe. Mein Atem geht heute schwerer als früher, und ich mache mir bewusst keine Gedanken mehr darüber, wie weit oder wie schnell ich gefahren bin. Ich versuche dagegen, all die Sinneseindrücke so tief wie möglich aufzusaugen: den Morgennebel, der sich auf meine Haut legt, das Sirren der Reifen auf dem Asphalt, die brennenden Muskeln auf den letzten Metern eines steilen Anstiegs. In Zehntausenden Trainingsstunden habe ich gelernt, die Signale meines Fahrrads und meines Körpers genauestens wahrzunehmen. Wie das Wasser bei Ebbe weichen in diesen Momenten Worte und Gedanken im Kopf zurück, bis plötzlich wieder alles möglich erscheint.

In diesem Buch will ich den vielen „kleinen Dingen" meines Sports auf den Grund gehen, all den Aspekten, die auf den ersten Blick äußerlich und banal wirken. Ich will sie möglichst umfassend durchdringen, sodass sie irgendwann vollkommen natürlich und unbewusst werden, bis sie sich schließlich auflösen – bis es nicht mehr nur darum geht, in die Pedale zu treten, sondern bei jeder Umdrehung und jedem Herzschlag zu spüren, dass man wahrhaft existiert.

Als ehemaliger Radprofi mit abgeschlossenem Philosophiestudium werde ich oft gefragt, worüber ich während der endlosen einsamen Stunden des Trainings nachgedacht habe. Meistens antworte ich dann, dass die Zeit wie im Flug verging oder ich den Leistungsmesser an meinem Lenker fixierte. Auch wenn beides nicht per se gelogen ist, war das Faszinierendste, ja sogar Schönste am Radfahren aber in

Wahrheit, dass ich dabei über so gut wie nichts nachdachte. In der Philosophie suchte ich nach Antworten auf die Rätsel des Lebens – auf die sogenannten letzten Fragen nach dem Dasein, dem Tod, dem Sinn all dessen. Doch tatsächlich offenbarte mir meine Beschäftigung mit Descartes und Nietzsche, Husserl und de Beauvoir lediglich die Grenzen der Philosophie. Bei all den unterschiedlichen Ansätzen, von denen ich mir Antworten erhoffte, kam es mir so vor, als würde ich vergeblich versuchen, mir im Dunkeln den Grundriss eines Hauses einzuprägen: Offensichtlich war es nicht möglich, über diese Dinge, die nicht nur mir so viel bedeuteten, rational nachzudenken oder zu sprechen.

Der Radsport ermöglichte es mir, das Problem selbst neu zu fassen. In vielerlei Hinsicht waren die Herausforderungen des Sports die Antithese zu jenen, denen ich in der Philosophie begegnete. Die Fragen blieben dieselben, wenn ich allein auf dem Rad saß. Doch ich selbst veränderte mich. Mein unbedingtes Verlangen, zu verstehen und das Verstandene in Worte zu fassen, löste sich in Nichts auf – die Vernunft selbst schien zu verstummen, wenn ich mir die Lunge aus dem Leib strampelte. Der Sport eröffnete mir einen Ausweg aus meinem Kopf, und mein Rad wurde mir solchermaßen zum Heiligtum. Bei der instinktiven und unmittelbaren Erfahrung des Radfahrens erlebte ich die physische Welt neu: das Schattenspiel der Blätter, wenn die Sonne durch die Baumkronen drang, das Gefühl des Lenkerbands aus Kork in meinen Händen – treten, atmen, treten, atmen, treten, atmen. In einem sich unaufhörlich wiederholenden Rhythmus, bis auch der geistig regeste und willensstärkste Mensch kapituliert.

Oft verliere ich mich in Ideen, Plänen und Gedanken. Vermutlich geht das vielen so, die die Ungewissheiten des Lebens zu durchdringen und zu bewältigen versuchen. Hypothetische Szenarien wirbeln mir wie bei einer endlosen Schachpartie durch den Kopf, bis meine eigenen Abstraktionen alles Konkrete verdrängen, auslöschen.

Immer schon ahnte ich, dass jenseits des Geltungsbereichs der Vernunft noch eine andere Vorstellung vom Dasein liegt. In vielen Fällen lässt sich das vage Gefühl, zu diesem Weltverständnis keinen Zugang mehr zu haben, auf die grundlegende Frage zurückführen, wer man selbst eigentlich ist. Allzu leicht nehmen wir das, was in unserem Kopf vorgeht, sprich irgendwelche Vorstellungen oder Symbole der Wirklichkeit, für unser ganzes Dasein. Dadurch geht ein wesentlicher Teil verloren von dem, was Leben heißt. Unser eigener Körper wird uns fremd und zur Maschine. An die Stelle der konkreten Dinge treten Abstraktionen, denen die Lebendigkeit und Dynamik des Konkreten fehlt. Zweifellos hat das abstrakte Denken, das die Funktionsweise unserer Umwelt systematisch erkundet, weite Teile der Gesellschaft ins Licht der Vernunft geführt. Doch es wäre naiv zu denken, dass wir dafür keinen Preis zahlen müssten.

Dieser Preis wie auch der uralte Streit zwischen rationalen und romantischen Geistern prägten die Philosophie des 20. Jahrhunderts. Ihre zentralen Persönlichkeiten gingen der Frage nach, was sie hoffen konnten zu erkennen, und, vielleicht noch wichtiger, was nicht. Diese Frage nach den Grenzen des rationalen Denkens bildet in vielerlei Hinsicht den Kern der Spaltung zwischen der angloamerikanischen und der kontinentaleuropäischen Philosophie. Ludwig Wittgenstein – einer der bedeutendsten Philosophen des 20. Jahrhunderts – unternahm in seinem *Tractatus logico-philosophicus* den Versuch einer Bestimmung der vernünftig zu beantwortenden und somit „legitimen" Fragen. Er läutete dies mit einer grundlegenden Aussage ein: „Die Welt ist alles, was der Fall ist." Hiervon ausgehend, entfaltete er Schritt für Schritt die logische Struktur der Welt und steckte die Grenzen der philosophischen Erkenntnis ab. Jedoch war Wittgenstein nicht etwa ein Positivist oder Materialist, vielmehr verblieb für ihn außerhalb des Geltungsbereichs der rationalen Sprache ein unaussprechlicher Rest. Gegen Ende des *Tractatus* formulierte er: „Es gibt allerdings Unaussprechliches. Dies zeigt sich, es ist das Mystische." Beim Erscheinen des *Tractatus* zu Beginn der 1920er Jahre standen insbesondere in Großbritannien und den Vereinigten Staaten mystische „letzte" Fragen nach Leben und Tod, Sinn und Dasein nicht mehr hoch im Kurs, ja, es wurde sogar der Begriff des Mystischen an sich abgelehnt, weil nicht klar sei, was er eigentlich meine. Seit der Aufklärung war der Fortschritt ein Ergebnis von nüchternem Pragmatismus, der nur Fragen als zulässig betrachtete, auf die sich empirisch antworten ließ – und das hieß in der Regel wissenschaftliche Fragen. In der Folge fanden Vorstellungen von Seele, Sinn und Bestimmung ihre Zuflucht in der Kunst, in der Religion, in einigen wenigen philosophischen Strömungen wie dem Existenzialismus und auch, so überraschend das zunächst klingen mag, im Sport.

Der Radsport war stets eine Bastion von Romantikern, von Außenseitern, die mitunter das Gefühl hatten, dass mit der modernen Gesellschaft – oder mit ihnen selbst – etwas nicht stimme. Insofern ist die Bedeutung der Gegenkultur der 1960er- und 1970er Jahre für das Revival dieses Sports in den USA kaum zu überschätzen. Freakige Fahrradläden, vollgestopft bis unter die Decke und beseelt von Einzelgängern, Hippies und Exzentrikern, wurden zu Tempeln des Sports. Dort wurde genauso ernsthaft über den eleganten Fahrstil von Tom Simpson und italienische Rennräder von Masi, Colnago, De Rosa und Pinarello diskutiert wie über Musik, Philosophie und Literatur. Das Interesse galt nicht allein technischen oder sportlichen Aspekten, vielmehr verband man mit dem Radsport die Vorstellung eines anderen Lebens, jedenfalls die Ablehnung der leeren, in sich erstarrten Konsumgesellschaft. Überspitzt lässt sich sagen, dass sich damals in den USA kein normaler Erwachsener mit gutem Job zum puren Vergnügen auf ein Fahrrad setzte. Auch wenn diese alternative Seite des Radsports zu meiner Zeit bereits der Vergangenheit angehörte, fühlte ich mich zu ihr hingezogen; der verbissene Wettkampf der Gegenwart hingegen war mir fremd.

Die Verbindung des Radsports mit der Gegenkultur – einschließlich ihrer psychedelischen Komponente – war in der Bay Area von San Francisco, wo ich aufwuchs, fest verwurzelt. Lange bevor die Sportwissenschaft und der vom Team Sky verfolgte Ansatz der „marginal gains", also minimalen Vorteile durch Optimierung etwa des Materials, das Ruder übernahmen, war es nicht ungewöhnlich, nach einem erfolgreich bewältigten Anstieg einfach mal abzusteigen, um einen Joint durchzuziehen. Ich liebte die einsame Freiheit auf dem Fahrrad und vernahm die Botschaft meiner Mentoren, dass nichts so tödlich sei, wie sein Leben im Dienste eines seelenlosen Unternehmens hinter einem Schreibtisch zu verbringen. Die Außenseiterposition zeigte sich nicht nur in dem berauschenden Verlangen, dem Hyper-Rationalen zu entkommen, sondern bereits in der bloßen Tatsache, sich in einem Land ohne große Radsporttradition überhaupt auf ein Fahrrad zu setzen und an Rennen teilzunehmen. Beispielhaft stand für diese Verbindung zwischen dem Radsport und dem Sechzigerjahre-Geist der Bay Area mein erster Radsportklub, die Garden City Wheelmen.

Der Klub schaute auf eine mehr als 100-jährige Geschichte zurück, und seine Mitglieder schmückten sich mit einem unverkennbaren Trikot mit gelber Lilie auf der Brust. Als „Hauptquartier" diente ein kleiner Laden in Santa Clara namens *Shaw's Lightweight Cycles.* Dessen Besitzer, Terry Shaw, war zugleich Radsporthistoriker und Trainer. Terry hatte einen imposanten dunklen Bart und genoss einen hervorragenden Ruf, weil mehrere Junioren des Klubs es als Profis nach Europa geschafft hatten. Er war auf der Straße genauso zu Hause wie auf der Bahn – und er sprach Italienisch. Bevor er sich dem Radsport verschrieben hatte, war er in der U.S. Army Band-Klarinettist gewesen. Als typischer Baby Boomer der Bay Area war er vielseitig interessiert und dozierte bei unseren Ausfahrten genauso kenntnisreich über Herman Melville oder Thomas Mann wie über die Feinheiten des Trainings.

Bezeichnenderweise stand Geld nie ganz oben auf Terrys Liste. Radsport-Novizen, die sich in seinen Laden verirrten, hielt er oftmals davon ab, gleich zum Teuersten zu greifen. Stattdessen sollten sie erst einmal einige Jahre richtig Radfahren lernen, bevor sie viel Geld für eine teure Rennmaschine ausgaben. Respekt musste man sich verdienen, man konnte ihn sich nicht kaufen, ob es nun um die eigene Stellung im Peloton ging oder um die Frage, wessen Ratschlag etwas taugte. Radfahren war eine Kunst, wie Musik, Malerei oder Schreiben. Und wie in jeder Kunst hieß besser zu werden zugleich, dass die wahre Meisterschaft immer ferner und rätselhafter erschien.

Ein paar Fenster hätten Terrys Laden gutgetan; so war er ein finsteres Loch, in dem der Geruch von Schmierfett und Schlauchreifenkleber der Marke Phil Wood in der Luft lag. Von der Decke und an den Wänden hingen unzählige staubige Rahmen und Ersatzteile sowie Fotos und Trikots von ehemaligen Klubmitgliedern. An der Tür pappte ein Aufkleber eines legendären italienischen Komponentenherstellers, der sich an die Auserwählten wandte: „Campagnolo spoken here". Auf der Ladentheke lagen stets dieselben zwei Bücher: *The C.O.N.I. Training Manual* und *Bartlett's Familiar Quotations*, beide reichlich zerfleddert und schwarz vor Schmiere. Im *Bartlett's* schlugen wir nach, wenn einmal nicht klar war, von wem ein bestimmtes Zitat stammte. Wesentlich häufiger jedoch konsultierten wir das heute weitgehend in Vergessenheit geratene *C.O.N.I.*-Trainingshandbuch, das einiges über den Radsport jener Zeit verrät.

Das *C.O.N.I. Manual* war Ende der 1960er Jahre vom Italienischen Olympischen Komitee herausgegeben worden und bis Mitte der 1980er Jahre eines der wenigen Fachbücher auf dem Markt, eine Bibel des Radsports. Wenngleich die englische Version aus abenteuerlichen Satzgebilden und fragwürdigen Übersetzungen bestand, änderte das nichts an ihrem Wert als eine der wenigen verfügbaren Quellen zu Training, Taktik, Ernährung und Pflege der Ausrüstung. Heute gilt die Zeit, in der das Buch entstand, als Goldenes Zeitalter des Radsports, doch bereits damals verklärte der seinerzeitige Präsident des Internationalen Radsportverbands in seinem Vorwort die Vergangenheit und prangerte den technischen Fortschritt an: „Die Vernunft mit ihrem kalten Schubladendenken lässt immer weniger Raum für freie Geister. Ob wir es nun freudig begrüßen, resigniert hinnehmen oder bedauern: Der Sport als Abenteuer, der improvisierte und erfindungsreiche Sport hat sich für immer verabschiedet, und mit ihm ist auch die Geisteshaltung einer vergangenen Zeit verschwunden." Wie alle wahrhaft großen Dinge befand sich offensichtlich auch der Radsport schon immer im Niedergang.

Shaw's Lightweight Cycles war nicht nur der erste Anlaufpunkt für Teile und Reparaturen jeder Art, mehrmals in der Woche brachen wir von dort auch zu unseren Ausfahrten auf. Eine Standardroute führte durch das Santa Clara Valley nordwärts nach Palo Alto und von dort weiter über die Alpine Road in die kleine, wie aus der Zeit gefallene Ortschaft La Honda. Lange bevor Tech-Giganten wie Google die wirtschaftliche und kulturelle Landschaft südlich von San Francisco zu dominieren begannen, war die Gegend in den 1960er Jahren ein Epizentrum der Gegenkultur gewesen. Ende der 1990er Jahre konnten sich Menschen, die sich mit ihrem Denken und ihrem Lebensentwurf außerhalb des Mainstreams bewegten, das Leben im Valley nicht mehr leisten. Sie fanden Zuflucht in den Bergen, die das Tal vom Pazifik trennen. Auf den schmalen, gottverlassenen Straßen, ein El Dorado für Fahrradfahrer, traf man nach wie vor auf einfache Hütten, VW-Busse und Kommunen, deren Tore buddhistische Gebetsfahnen schmückten.

Wenn ich mit meinen Klubkameraden durch die abgelegenen Wälder fuhr, wo einige meiner frühen literarischen und geistigen Helden gelebt hatten, verschmolz der Möglichkeitssinn, den ich bei der Lektüre von Aldous Huxley, Alan Watts und anderen verspürt hatte, mit jener Form des Radsports, in die mich Terry und der Rest der Garden City Wheelmen einführten. Ich lernte eine Alternative zu den Schreibtischjobs der Elterngeneration kennen, eine Alternative, die romantisch, bedeutsam, mit einem Wort *sinnvoller* war als das, womit die meisten Erwachsenen ihr Leben zubrachten. Der Radsport erlaubte mir andererseits, mich nach außen hin weiterhin als anständiges Mitglied der Gesellschaft zu präsentieren, auch wenn mir in meinem tiefsten Inneren klar war, dass ich genau das nicht war. Intuitiv spürte ich, dass mein höchstes Ideal nicht bloßes Wissen war, sondern ich mich in einem dionysischen Rausch verlieren wollte, in Kunst und Denken, Irrsinn und Musik. Dennoch blieb ich innerlich gespalten. Die konservative Seite in mir verlangte nach Anerkennung von eben jenen „respektablen" Menschen, von denen ich mir einzureden versuchte, dass sie unwichtig waren.

Wut, Schmerz und die Überwindung der eigenen Persönlichkeit durch körperliche Anstrengung und schiere Willenskraft spielten eine zentrale Rolle in meinem Sport. Das Beste war, dass anscheinend kein Außenstehender dies verstand. Wenn ich gewann, schoss man einfach nur ein Foto von mir und lobte mich für meine harte Arbeit und Hingabe.

Oftmals wird das jahrelange Training von Sportlern nicht als der wahrhaft radikale Akt der Selbstschöpfung und des Willens wahrgenommen, der es tatsächlich ist. Wie Nietzsche erklärte: „Wir aber wollen die werden, die wir sind – die Neuen, die Einmaligen, die Unvergleichbaren, die Sich-selber-Gesetzgebenden, die Sich-selber-Schaffenden!" In vielerlei Hinsicht stellt dies den Gipfel des menschlichen Willens und Handelns dar. Gegen die Mächte der Behaglichkeit und des biologischen Instinkts setzt man den eigenen Willen und legt vor sich selbst den Schwur ab, der zu werden, der man sein sollte. Jede meiner Trainingseinheiten war von dem Wunsch motiviert, mich selbst neu zu erschaffen, mich nicht nur körperlich zu verwandeln und an die Herausforderungen anzupassen, sondern mich zu jemandem zu formen, dessen Geist immer mehr ertragen konnte. Jahrelang absolvierte ich den Großteil meines Trainings auf den Nebenstraßen an der nordkalifornischen Küste, wo sich der feucht-salzige Pazifiknebel mit dem süßlichen Duft der Mammutbäume entlang der Holpersträßchen vermischte. Die Geometrie und das Fitting meines Straßenrads waren mir damals in Fleisch und Blut übergegangen, sodass es sich beinahe wie eine Erweiterung meines Körpers anfühlte. Ich spürte sofort, wenn mein Sattel auch nur einen einzigen Millimeter falsch eingestellt war oder die Neigung meines Lenkers um ein Grad abwich. Wenn ich einen Anstieg hinaufkletterte oder bei Abfahrten die langgezogenen Kurven nahm, veränderte sich die Art und Weise, wie ich die Wirklichkeit wahrnahm. Im Lauf einer vier- oder fünfstündigen Ausfahrt traten meine Gedanken nach und nach in den Hintergrund. Unerwartet überkam mich eine Empfindung der Sinnhaftigkeit, ja sogar Transzendenz, man könnte auch sagen des Mystischen im Sinne Wittgensteins. Das geschah so gut wie ausschließlich, wenn ich allein durch Siedlungen im Nirgendwo fuhr. Meine Beine kreisten, als hätten sie einen eigenen Willen, das Vergehen der Zeit kam in einer ewigen Gegenwart zum Stillstand, alle Kränkungen und Fehlschläge erschienen mir plötzlich unbedeutend, und, so merkwürdig es bei einem Profisportler auch klingen mag, jeglicher irdische Ehrgeiz erschien mir unbedeutend. Was für einen Unterschied machte es schon, ob man ein Rennen gewann oder nicht? An die Stelle meiner Gedanken, meines Ehrgeizes, der Rationalität und Ängste trat eine neue, unbeschreibliche Möglichkeit, die nicht nur jenseits der Sprache, sondern jenseits meines rational begründeten Selbstverständnisses lag. Plötzlich sah ich die Welt um mich herum wie zum ersten Mal.

Mein „Ich", was auch immer das war, ließ sich nicht auf mein Gehirn oder Denken reduzieren. Es besaß keinen Zweck und keine Absicht, die ich selbst aktiv hätte verwirklichen können. Ich war nicht einfach nur ein Teil einer Kultur, eines Sports oder einer bestimmten Zeit, ich war im grundlegendsten Sinne Teil des Daseins.

Insbesondere ein Erlebnis aus meiner aktiven Radsportzeit hat sich mir eingeprägt. Bei einem Zeitfahren war ich auf einer einsamen Straße am Fuße der Sierra Nevada Mountains unterwegs, als ein Unwetter aufzog. Während Böen das Gras an den Hängen peitschten, mühte ich mich einen Anstieg hinauf. Oben musste ich wenden, doch gerade als ich mich an die Abfahrt machte, bemerkte ich, dass ein Reifen platt war. Da ich keinen Ersatzschlauch dabeihatte, rollte ich langsam auf der Felge weiter und hielt Ausschau nach einem Servicewagen. Ich war mir sicher, die Hilfe würde nicht lange auf sich warten lassen, also blieb ich ruhig, obwohl die Luft bereits vor Spannung vibrierte. Der Himmel wurde immer finsterer, ein Blitz ließ die Luft erzittern, gefolgt von einem krachenden Donner, bei dem ich zusammenzuckte.

Als der Regen einsetzte, stieg ich ab und hockte mich ins Gras neben der Straße. Außer dem Zirpen der Zikaden und dem Pladdern der Regentropfen war nichts zu hören. Mich überkam das Gefühl, dass alles genau so war, wie es sein sollte. Nicht einfach nur irgendwie in Ordnung, sondern im wahrsten Sinne des Wortes *richtig*. Vielleicht zum ersten Mal in meinem Leben war ich tatsächlich froh, am Leben zu sein.

So quälend es oft war, bei Hitze oder Eiseskälte und am Rand der Erschöpfung auf dem Fahrrad unterwegs zu sein, wurde mir genau in diesen Momenten klar, dass ich mehr war als meine Gedanken. Immer wieder brachte mich mein Körper zurück in die Gegenwart und öffnete mir die Augen für eine Welt, die ich als Trugbild zu sehen gelernt hatte. Das Radfahren zwang mich loszulassen und förderte so eine tiefergehende Wahrheit ans Tageslicht. Mein Herzschlag verschmolz mit dem Sirren der Reifen, der Sauerstoff strömte in meine Muskeln, die Kette sprang von einem Ritzel zum nächsten und die Radlager rotierten unentwegt – bis ich schließlich mit dem Fahrrad zu einer Einheit verschmolz, fern aller Gedanken. Zurück blieb die ewige Stille eines unsagbaren Letzten. Und wenn man bereit war, es zu hören, flüsterte einem jeder Pedaltritt zu: *Du bist, du bist, du bist.*

Kapitel 1

Über Antriebe und Anfänge

In meinem Anfang ist mein Ende.

T. S. Eliot

Ich weiß nicht mehr, wer von uns dreien auf die Idee kam, eine Radtour die kalifornische Küste entlang zu unternehmen. Wir gingen inzwischen stramm auf die vierzig zu und hatten kleine Kinder zu Hause. In einem früheren Leben waren wir einmal Radprofis gewesen, doch mittlerweile bekam von uns keiner mehr Geld dafür, dass er sich die Lunge aus dem Leib strampelte. Per Handynachrichten einigten wir uns auf die Eckdaten: Anfang November wollten wir rund 300 Meilen auf und neben dem Pacific Coast Highway von der San Francisco Bay Area bis Südkalifornien fahren. Mehr als drei Tage Auszeit konnten wir uns nicht nehmen, mussten also ungefähr 100 Meilen pro Tag schaffen. Für Radrennfahrer im Grunde gut machbar. Doch als ich genauer darüber nachdachte, worauf ich mich da eingelassen hatte, musste ich mir eingestehen, dass ich genau das nicht mehr war.

Rund 15 Jahre zuvor hatte ich meine Radsportkarriere beendet, geistig ausgebrannt und zunehmend unfähig, mich für die harten Trainingseinheiten zu motivieren und mich von ihnen zu erholen. Seither war ich nur noch selten aufs Rad gestiegen. Aber es lebte in mir ein Rest des alten Draufgängers fort, den ich eigentlich für überwunden gehalten hatte. Also redete ich mir selbst gut zu, dass ich nur ein wenig trainieren müsse, dann würde ich die drei Tage schon schaffen.

Anfang November würden die Touristenströme, die im Sommer den Highway 1 verstopften, abgeflaut sein. Zugleich war es noch früh genug im Jahr, um mit etwas Glück den ersten Regenfällen der Saison aus dem Weg zu gehen. Ich unternahm noch einen letzten Versuch, die anderen zu einem verkürzten Trip zu überreden, vielleicht nur einen oder zwei Tage lang. Doch Jackson, unser heimlicher Anführer, beharrte darauf, dass das Ganze nur Sinn ergeben würde, wenn die Tour so hart wäre, dass wir sie nie vergessen würden. Also gab ich klein bei – zumal ich insgeheim wusste, dass er recht hatte. Sobald wir erst auf Achse waren, würde alles wieder so sein wie früher – das hoffte ich zumindest, obwohl sich so viel seit damals verändert hatte.

Zach trainierte immer noch gelegentlich, ebenso wie Jackson, der mittlerweile Sportlicher Leiter bei einem europäischen Spitzenteam war. Ich dagegen war seit dem Ende meiner Karriere nicht mehr regelmäßig aufs Rad gestiegen. Hin und wieder hatte es mich gepackt, und ich war bei einem Showevent oder einem Mannschaftsrennen angetreten. Allerdings konnte ich mich nicht erinnern, wann ich zuletzt zwei Tage hintereinander gefahren war. Ich hatte ein neues Kapitel in meinem Leben aufgeschlagen und nur ein paar alte Trikots und Medaillen behalten, den Rest meiner Ausrüstung hatte ich verscherbelt – bis auf mein letztes Straßenrad und mein kostbares Bahnrad, ein Eddy Merckx, das speziell für mich in der inzwischen geschlossenen Werkstatt in Flandern handgefertigt worden war. Wenn ich meinen Körper im Spiegel musterte, erinnerten nur die Narben von lang zurückliegenden Stürzen an meinen Beinen und meinen Hüften noch daran, dass ich einmal Radprofi gewesen war. Da ich nun darüber nachdachte, wieder ein bisschen zu trainieren, erschien mir diese Person, die sich nichts sehnlicher gewünscht hatte, als es im Radsport nach ganz oben zu schaffen, unendlich fern. Was hatte mich damals bloß dazu getrieben, so viel in den Sport zu investieren?

Aus einer bestimmten Perspektive kann jeglicher Sport nicht nur als überflüssig, sondern sogar als vollkommen sinnlos erscheinen. Wie die Kunst besitzt auch der Sport keinen Wert, wenn Nutzen und Fortschritt alles sind, was für einen zählt. Einen Ball zu schlagen oder ihm hinterherzurennen, zu schwimmen, zu laufen oder, wie ich es in diesem Buch versuche, sich mit den Feinheiten des Radsports auseinanderzusetzen – das alles kann man angesichts der existenziellen Probleme unserer Zeit für puren Luxus oder Zeitverschwendung halten. Zwangsläufig stellt sich die Frage, warum man sich überhaupt mit dem Radfahren beschäftigen sollte. Die Antwort darauf kann nur persönlicher und, in gewisser Hinsicht, künstlerischer Natur sein. Für all jene, die sich in der glücklichen Lage befinden, dass ihre Grundbedürfnisse nach Sicherheit, Nahrung, Wohnung befriedigt sind, stellen sich andere Fragen: etwa nach ihrer mentalen Stärke, ihrem Durchhaltevermögen, ihrem

Charakter und dem Sinn des Lebens. Die Antworten hierauf liefern uns seit Jahrtausenden die Religionen – oder sportliche Wettkämpfe, in denen wir freiwillig bis an unsere Grenzen gehen. Damit will ich keineswegs sagen, dass der Sport aus sich heraus einen Sinn hätte. Ganz im Gegenteil. Der Wert jeder sportlichen Leistung liegt gerade darin, dass sie für das Überleben nicht notwendig ist. Wie überall im Leben entzieht sich auch im Sport der eigentliche Sinn allen praktischen Erwägungen. Seine Großartigkeit und seine Tragweite stehen und fallen mit dem Einsatz und dem Temperament der Sportlerinnen und Sportler. Jede sportliche Aktivität lässt sich als so etwas wie eine persönliche Antwort begreifen und muss, wie ein Medium in der Kunst, nicht nur der jeweiligen Zeit und Kultur entsprechen, sondern auch der spezifischen Persönlichkeit. Und mein Medium war das Radfahren.

Der Radsport verkörperte für mich jene unerreichbare Freiheit, nach der ich mich sehnte. Ich kann mich noch lebhaft an den Tag erinnern, an dem ich in der Middle School am Zaun stand und meinen Augen nicht traute, als ein Radteam im Windschatten eines Begleitwagens auf der breiten Allee vorbeirauschte. Es traf mich wie ein Blitz: Dies war meine Chance! Mein Ausweg aus einer Zukunft, in der ich im Stau stehen und in einem dieser Jobs arbeiten würde, die viele Erwachsene offenkundig aus vollem Herzen hassten. Mein Ausweg aus dem Leid und der Ignoranz, die vor nichts und niemand Halt machten. Ich stellte mir vor, wie ich stundenlang mit dem Rennrad durch die Landschaft rasen würde, bis ich irgendwann so gut wäre, dass die ganzen sinnlosen und willkürlichen Regeln, die Kinder einhalten sollen, für mich nicht mehr gelten würden.

Einige Monate darauf besuchte ich im nächstgelegenen Velodrom, dem Hellyer Park, zum ersten Mal ein Rennen. Das gelbliche Licht der in regelmäßigen Abständen um die Bahn verteilten Laternen ließ die Anlage wie eine Filmkulisse wirken. Großgewachsene und kleinere, schmale wie kräftige Fahrer umrundeten die zur Mitte hin abschüssige Betonbahn. Jeder hatte offensichtlich dieselbe Chance. Einige Rennen schienen gar kein Ende zu finden, andere waren nach einem kurzen fieberhaften Sprint schon wieder vorbei. Am meisten reizte mich die überschaubare Zahl von Parametern, das hieß offenbar, es war möglich, Fehler zu korrigieren. Eine Runde glich der anderen, die Ziellinie befand sich stets an derselben Stelle, die Räder wiesen keinerlei Schnickschnack auf und die Distanzen und Regeln der einzelnen Wettbewerbe waren genau festgelegt, wodurch das Geschehen noch beherrschbarer erschien. Die Fernsehübertragungen von der Tour de France erweckten den Eindruck, dass Straßenrennen eine ziemlich chaotische Angelegenheit waren, bei denen man ständig mit Wind, Regen und Reifenpannen rechnen musste. Zudem waren es Strecken, die die Fahrer in der jeweiligen Saison genau ein einziges Mal fuhren. Dagegen war der Bahnsport von chirurgischer Präzision. In ihm verbanden sich die Geschwindigkeit und mechanische Präzision von Autos oder Flugzeugen (von denen ich wie viele Jungs fasziniert war) mit einem psychologischen Aspekt, der mich besonders fesselte: der Fähigkeit, Schmerzen auszuhalten, die für den Sieg notwendig schienen.

Ich habe keine Ahnung mehr, wer damals im Hellyer Park gewonnen hat. Woran ich mich jedoch noch genau erinnere, ist, wie einer der Radfahrer von der Bahn auf die Grasfläche des Innenraums rollte und dort zusammenbrach. Sein Brustkorb hob und senkte sich schwer, seine verzerrten Gesichtszüge verrieten völlige Erschöpfung und Sauerstoffdefizit. All diese Outsider, die ich an jenem Abend erlebte, wirkten auf mich wie ein verschworener Haufen: Sie lebten jenseits der Konventionen. Dagegen kam mir die übrige Welt wie erstarrt vor, höflich, nett, beherrscht von Anstandsregeln und Schularbeiten. In meiner Vorstadtumgebung galt es als primitiv, sich bewusst körperlichen Schmerzen auszusetzen oder seinem Gegner wehzutun. Die Radrennbahn war ein Ventil für das, was unter der dünnen Schicht der Zivilisation brodelte. Dort war es nicht nur erlaubt, sondern wurde sogar belohnt – die ideale Bühne, um meine Ambitionen und verborgenen Antriebe auszuleben. Ich weiß noch, wie ich Jahre später, in der Form meines Lebens, einmal an den Start rollte, meinen Blick über meine Gegner streifen ließ und sadistisch dachte: *Heute Abend quäle ich jeden Einzelnen von euch so, wie er noch nie gequält worden ist.* Beim Radsport geht es nicht nur darum, selbst zu leiden, sondern auch darum, die anderen leiden zu lassen. Und das zu genießen.

Zum Zeitpunkt meines ersten Besuchs im Velodrom hatte ich bereits begonnen, auf der Straße zu trainieren. Kurz darauf spendierten mir meine Eltern mein erstes Bahnrad, ein gebrauchtes Pinarello Amatore in einem markanten Azurblau und mit den olympischen Ringen auf dem Steuerrohr. Jahre, bevor ich den Führerschein machen durfte, wurde das Fahrrad für mich wie für unzählige Altersgenossen zu einer Fluchtmöglichkeit. Die Ehe meiner Eltern war eine ziemliche Katastrophe, und wenn sie sich wieder einmal anbrüllten, brauste ich auf meinem Rad davon und kehrte erst wieder heim, wenn es im Haus still und dunkel war und die geschlossenen Schlafzimmertüren anzeigten, dass sich der Sturm vorerst gelegt hatte.

In jenem ersten Radsportsommer 1995 nahm ich sowohl an Bahn- als auch an Straßenwettbewerben teil. Oft brachen mein Vater und ich schon in der Morgendämmerung zu einem Ort irgendwo in der Pampa auf. Ende des Jahres war ich zum ersten Mal bei den kalifornischen Juniorenmeisterschaften dabei. Gegen eine lächerlich kleine Konkurrenz gewann ich jede Disziplin. Auch wenn diese Leistung nicht gerade in die Geschichte unseres Sports eingegangen ist, war sie genau die Bestätigung, die ich brauchte. Von nun an wollte ich alles tun, um ein erfolgreicher Radrennfahrer zu werden. Besessen von dem Gedanken, besser zu werden, begann ich mit meinem ersten richtigen Trainer zusammenzuarbeiten, Christopher Campbell. An eisigen Wintertagen ebenso wie an brütend heißen Sommertagen verfolgte er endlose Stunden lang aus dem Innenbereich des Velodroms mein Training. Mit einem Käppi auf dem Kopf und einer Sonnenbrille auf der Nase rief Christopher mir in seinem dröhnenden Bariton die Zeiten zu und gab mir Anweisungen, wie ich auf dem Rad sitzen oder mich bewegen sollte, zum Beispiel: „Arme gerade halten“, „Po weiter nach hinten“, „Schau durch den Vordermann durch“. Von ihm lernte ich, was Radtraining tatsächlich bedeutete, nämlich nicht nur, alles zu geben, sondern auch, durch endlose Wiederholungen ins zentrale Nervensystem einzuschleifen, wie man zugleich natürlich und effizient fuhr.

Als ich anfing, war mir der Radsport als überschaubare Angelegenheit vorgekommen. Daher stellte ich einen einfachen Plan auf: Ich wollte hart trainieren, die Ausrüstung stets tipptopp halten, meine Energie taktisch klug einsetzen – dann würde sich der Erfolg einstellen. Doch je besser ich wurde, desto komplexer wurde es. War das Mentale oder das Körperliche wichtiger? Sich zu verausgaben oder sich zu erholen? Kraft oder Aerodynamik? Natürlich wird jede vermeintlich einfache Aktivität immer komplizierter, wenn man erst einmal anfängt, sie in ihre grundlegenden Einzelteile zu zerlegen. Doch etwas anderes machte mir mehr zu schaffen: Immer, wenn ich dachte, jetzt hätte ich etwas begriffen, wurde genau dieser Aspekt so rätselhaft, dass er fast schon paradox anmutete. Um mich zu verbessern, musste ich aufhören, besser werden zu *wollen*. Ich musste natürlich trainieren, aber ohne Regenerationspausen brachte alles Training nichts. Am merkwürdigsten war, dass ich gerade dann die beste Leistung ablieferte, wenn ich nicht mehr auf Teufel komm raus gewinnen wollte.

Bis zu unserer Küstentour bleiben mir gut zwei Monate zum Trainieren. Ich habe noch ein paar Outfits von früher, Helme und ein Paar Schuhe. Vor allem besitze ich immer noch das Straßenrad von meinem letzten Sponsor. Es ist mattschwarz, und das Set-up entspricht meiner früheren Rennposition. Der Sattel ist millimetergenau auf die richtige Höhe eingestellt, der Lenker befindet sich, solange ich zurückdenken kann, exakt 61 Zentimeter vor der Spitze meines Lieblingssattels.

Ich fülle meine Trinkflaschen und ziehe mich um – oder lege vielmehr, wie es bei uns immer hieß, die Rüstung an: ein schlichtes schwarzes Trikot, schwarze Shorts und einen Helm meiner alten Mannschaft. Zuletzt ziehe ich die Schnallen an meinen leicht verschrammten Rennschuhen fest und checke noch einmal das Rad durch, dann rolle ich aus der Garage in das helle Nachmittagslicht. Bereits nach wenigen Sekunden kommt mir mein Tritt, auf dessen Geschmeidigkeit ich einst stolz war, irgendwie unrund vor. Ich halte mehrfach an, um die Sattelhöhe nachzumessen. Irgendetwas stimmt mit dem Rad nicht. Auf dem Serpentinenweg bergab stelle ich erleichtert fest, dass ich immer noch genau weiß, wann ich bremsen muss und wie schnell ich am Scheitelpunkt einer Kurve sein darf. Unten in der Ebene angekommen, biege ich von der Hauptstraße ab und lasse mich durch eine Siedlung im pseudofranzösischen Stil treiben. Außer mir sind nur ein paar Jogger und Hundebesitzer auf ihrer nachmittäglichen Runde unterwegs. Die Häuser mit den akkuraten Rasenflächen und makellosen Betonzufahrten gleichen einander wie ein Ei dem anderen – ein einziges, mit Ready-made-Bedeutung aufgeladenes Zitat.

Wir sind erst vor kurzem in meine Heimatstadt Morgan Hill zurückgekehrt. Obwohl die Straßen selbst mehr oder weniger wie früher sind, hat sich die Gegend verändert. Soweit mein Auge reicht, haben neue Siedlungen die früher für das Southern Santa Clara Valley typischen Obstplantagen und Felder verdrängt. Aus der Ferne dringt das Rauschen des vielbefahrenen Highways herüber, der, wie einst die Eisenbahntrasse, die Stadt in zwei Teile trennt. Der Wind zerrt an meinem Rad. Bei einem der wenigen verbliebenen Obsthöfe liegt der süßliche Schwefelduft von in der Sonne trocknenden Aprikosen in der Luft.

Die Straße führt zu einem Staudamm, dessen karge Erdhänge sich in den Hügel graben. Dahinter mache ich kehrt und stemme mich auf der langen schnurgeraden Strecke gegen den heftigen Gegenwind. In der Ferne entdecke ich einen anderen Radfahrer, dem ich bereits zuvor begegnet bin, ein schlaksiger Mittvierziger mit dunklen Haaren auf einem Serotta aus Titan, die Gabel in demselben Orangeton lackiert wie die berühmten Räder von Eddy Merckx' Molteni-Radrennstall. Ich grüße ihn lächelnd, dann wende ich, um mich noch einmal mit dem Hügel zu messen.

Als ich später den steilen Anstieg nach Hause in Angriff nehme, brennen meine Beine. Mein Atem geht tief und schwer, und mein Herz rast. Rechts von mir führt ein schroffer Abhang in die Tiefe. Mir kommt der rostige Chevrolet in den Sinn, der einst dort unten wie ein Gerippe in der Wildnis lag. Ich wende den Blick ins Tal, doch außer hohen spätsommerlichen Gräsern und Gifteichensträuchern ist nichts zu erkennen. Die Strecke wird immer steiler und mein Tritt immer schwerer. Ich schalte runter, um noch nicht aus dem Sattel gehen zu müssen. Ein Ritzel folgt rasch dem nächsten, bis es nicht mehr klickt. Ich schaue nach hinten auf den Zahnradkranz und kann nicht glauben, dass ich bereits in der niedrigsten Übersetzung unterwegs bin. Direkt vor mir lässt sich eine Krähe auf dem Asphalt nieder und flattert erst davon, als ich sie fast schon überrolle. Da ich keinen Herzfrequenzmesser angelegt habe, nehme ich eine Hand vom Lenker und taste nach meinem Puls. Mindestens 175 Schläge die Minute. Es liegt noch ziemlich viel Arbeit in ziemlich wenig Zeit vor mir, wenn ich die drei harten Tage unserer Tour überstehen will.

Alan Watts, ein Kenner der asiatischen Philosophie und Spiritualität, unterschied in seinem Vortrag „The Nature of Consciousness" (Das Wesen des Bewusstseins) zwei menschliche Grundtypen: die Stacheligen (engl.: *prickly*) und die Klebrigen (engl.: *gooey*). Während die Stacheligen im Wesentlichen analytisch vorgehen und ein Problem in seine einzelnen Elemente zerlegen, betrachten die Klebrigen die Welt als unteilbare Einheit, die unauflöslich mit einem größeren Ganzen verbunden ist. Watts Kategorien gehen über eine simple Unterscheidung zwischen dem analytischen und dem künstlerischen Naturell hinaus. Ihm zufolge bestehen diese zwei grundlegenden Weltsichten nicht einfach nebeneinander, vielmehr sind beide auf ihren jeweiligen Widerpart angewiesen, damit die eigene Auffassung Sinn ergibt. Jeder von uns neigt zwar einer der beiden Richtungen zu, gleichwohl tragen wir alle die damit verbundenen Spannungen und Gegensätze in uns. Und kein anderer Sport verlangt so sehr nach beidem, nach dem Stacheligen wie dem Klebrigen, wie der Radsport.

Auf den Gelegenheitszuschauer wirkt der Radsport wie eine Domäne der Stacheligen: Die Akteure sind drahtige, von jedem Gramm besessene Fanatiker, die über cW-Werte und

Carbon-Komponenten fachsimpeln. Das trifft schon zu, aber es greift zu kurz. Meine Vorbilder waren nicht analytisch und datengetrieben, sondern sahen den Sport als Möglichkeit, ihren ureigenen Stil und ihre Persönlichkeit auszudrücken – oder, um mit Nietzsche zu sprechen, als Möglichkeit „zu werden, wer sie sind".

Nietzsche griff sein Leben lang die Vorstellung vom Stil als Medium der Selbstschöpfung auf. Stil war für ihn keineswegs, wie heute für uns, ein oberflächliches Phänomen, ein bloßes Ornament, sondern etwas sehr viel Grundlegenderes. So erklärte er: „Seinem Charakter ‚Stil geben' – eine große und seltne Kunst! Sie übt der, welcher alles übersieht, was seine Natur an Kräften und Schwächen bietet, und es dann einem künstlerischen Plane einfügt, bis ein jedes als Kunst und Vernunft erscheint und auch die Schwäche noch das Auge entzückt." In Nietzsches Manier begann auch ich mich meinen Stärken und Schwächen zu stellen, den mentalen wie den körperlichen. Meine Bewunderung galt Fahrern wie Frank Vandenbroucke, der bei einer völlig verregneten Straßen-WM auch dann nicht aufgab, als er sich bei einem Sturz beide Handgelenke brach; Wjatscheslaw Jekimow, der oft auf den letzten Kilometern eines Rennens aus dem rasenden Feld heraus attackierte, so aussichtslos das auch sein mochte; oder dem Bahnradweltmeister und Stundenweltrekordler Graeme Obree, einem Außenseiter des Radsport-Establishments, der sein Rad selbst konstruierte und eine vollkommen neue, aerodynamisch überlegene Sitzposition entwickelte. Solche Fahrer waren immer schon rar gesät, heute gehören sie durch die Fortschritte in Wissenschaft und Technik und das zunehmend aus den Begleitfahrzeugen kontrollierte Renngeschehen zu einer aussterbenden Spezies. Dabei offenbart sich die Schönheit des Radsports gerade in den Momenten, da er zum persönlichen Ausdrucksmedium wird und der Prüfung der eigenen Stärken und Schwächen dient; wenn man seinen Willen und seine Persönlichkeit an ihre Grenzen treibt und die Qualen und Herausforderungen des Wettkampfes das eigene Dasein in den Rang eines Kunstwerks erheben.

Die Besessenheit von jedem Gramm und das Messen der eigenen Laktatschwelle haben im modernen Sport zweifellos ihre Berechtigung. Doch ohne die romantische, wenn man so will „klebrige" Seite von Zufall, Schicksal und Tapferkeit könnte man die Rennen genauso gut ins Labor verlegen und den Gewinner durch einen Vergleich der Leistungsprofile bestimmen.

Als ich Mitte der 1990er Jahre mit dem Radsport begann, lag die Blütezeit dieses Sports in den Vereinigten Staaten bereits Jahrzehnte zurück. Wie bei einer ehemals bedeutenden, inzwischen aber dem Untergang geweihten Herrscherdynastie kursierten jede Menge Geschichten aus dem goldenen Zeitalter des Radsports. Man erzählte uns, wie sich die Zuschauer einst auf den Tribünen gedrängt hatten und die Radrennfahrer des Jazz Age zusammen mit Boxern und Baseball-Spielern im Weißen Haus empfangen worden waren oder wie Ernest Hemingway von der Schönheit und Eleganz des Radsports geschwärmt hatte, den er in seiner Zeit in Frankreich kennengelernt hatte. Von meinen ersten Schritten in diesem

Sport an fühlte ich mich als Bestandteil einer im Niedergang begriffenen Tradition, deren einstiger Glanz nur noch in dem kollektiven Gedächtnis ihrer Protagonisten weiterlebte. Bei gemeinsamen Ausfahrten und in bis unter die Decke vollgestopften Fahrradläden wie *Shaw's Lightweight Cycles*, wo verblichene Poster früherer Helden die Wände zierten, kursierten Geschichten von glanzvollen europäischen Legenden wie Merckx und Gimondi, Simpson und Hinault. Diese Erzählungen aus einer vergangenen Epoche erweckten in mir eine große Ehrfurcht. Trotz aller Veränderungen waren die Ausrüstung und die großen Events letztlich immer noch dieselben, und aus eigener Erfahrung heraus begriff ich die Qualen und die tiefe Menschlichkeit, die den Leistungen der ganz Großen zugrunde lagen. Jung und unerschrocken, wie wir waren, hofften meine Kameraden und ich, irgendwann in ihre Fußstapfen zu treten. Wenn sie es geschafft hatten, konnten auch wir es schaffen. Davon waren wir überzeugt – auch wenn das verdammt hochgegriffen war.

Mit jeder Trainingseinheit fühle ich mich auf dem Rad wieder wohler. Zum ersten Mal seit Jahren erlebe ich die Ruhe und Zufriedenheit, die nach einem harten Training Körper und Geist erfassen. Langsam verschmelze ich erneut mit dem Rad, bis ich vollkommen unbewusst in die Pedale trete oder nach dem Bremshebel lange. Da ich mich noch nicht bereit fühle, gemeinsam mit anderen Fahrern zu trainieren, verausgabe ich mich allein auf denselben Straßen wie früher: Rodeo Gulch, Redwood Retreat und Old Mt. Madonna. Schon ihre Namen verraten, wie einsam und abgelegen sie sind – nicht selten führen sie nur zu irgendwelchen Hütten, deren Bewohner keinen Wert auf Besuch legen.

Wenn ich im Morgendunst auf diesen rissigen, holprigen Straßen unterwegs bin, steigt mir stets derselbe unverwechselbare Duft von Eichen und Kiefern in die Nase. Für den großen Philosophen Martin Heidegger war das wahre philosophische Denken wie eine Wanderung, und sogar das Verb „lernen" bedeutet in seinen indogermanischen Ursprüngen „einer Spur nachgehen". Auf dem Fahrrad erfährt man den Weg stets als etwas erst Werdendes. Er verweist auf ein endgültiges Ziel, das man jedoch nie erreicht. Wenn am Mythos vom amerikanischen Leben überhaupt etwas dran ist, etwas Wundervolles und Erlösung Verheißendes, so ist das die Vorstellung, für sich allein die grenzenlose Weite zu erleben, sei es in Gestalt des Cowboys, der auf dem Rücken seines Pferdes die Steppe durchquert, oder des Cadillac-Fahrers, der in der sengenden Sonne über verlassene Highways rauscht. Es ist ein uramerikanischer Gedanke, dass die Landschaft, in der wir unterwegs sind, den Kern unseres Daseins prägt. Als ich wieder zu trainieren beginne, erkenne ich in der Tat, dass ich diese alten, ins Nirgendwo hinführenden Straßen die ganze Zeit in mir getragen habe, wohin auch immer es mich in der Zwischenzeit verschlagen hatte.

Ich genieße die Stunden auf dem Rennrad. Zugleich fressen sie meine Zeit auf – nicht einberechnet all die Dinge, die damit einhergehen und die ich vollkommen verdrängt habe. Dehnübungen, das Rad pflegen und warten, Berge an Sportkleidung waschen. Am zeitaufwendigsten ist mein ständiger

Heißhunger, denn mein Körper hat sich wieder daran gewöhnt, täglich Tausende Kalorien zu verbrennen. Wie soll ich sie ihm nur zuführen? Ursprünglich hatte ich mir von unserer Drei-Tage-Tour schlicht Abwechslung versprochen, um mich dann mit neuem Schwung an den Schreibtisch setzen zu können. Stattdessen geht all meine Energie für das Training drauf, sodass ich mich zu nichts anderem mehr aufraffen kann. Meine Frau Denika, eigentlich der nachsichtigste Mensch auf Erden, will wissen, warum ich mich bloß auf diese Geschichte eingelassen habe, und mein fünfjähriger Sohn Graeme, der mich bis jetzt noch nie im Radleroutfit gesehen hat, fragt mich, ob ich wieder Profi werden wolle. Nein, versichere ich ihm. Angesichts von Job und Familie kommt mir mein wöchentlicher Trainingsumfang maßlos vor, dabei ist es noch nicht einmal ein Viertel von dem, was ich früher Woche für Woche abgerissen habe.

Während ich mich nach dem Training dehne, kommt mir in den Sinn, was Zach einmal sagte. Das war einige Jahre, nachdem wir beide unsere Karriere an den Nagel gehängt hatten und von unserer hart erarbeiteten Fitness so gut wie nichts mehr übriggeblieben war: „Findest du es nicht merkwürdig, dass wir all die Jahre für etwas geschuftet haben, und jetzt ist alles weg? Wenn wir uns heute auf ein Rad setzen, sind wir nicht besser als andere, die das alles nicht hinter sich haben." Unweigerlich drängt sich mir der Gedanke auf, was wohl aus uns geworden wäre, wenn wir dieselbe Zeit für etwas Nachhaltigeres aufgewendet hätten, für etwas, das weniger vergänglich als das Radfahren ist. Auch wenn ich mich allmählich wieder wie ein Leistungssportler fühle, ist mir klar, dass ich mein früheres Niveau nie mehr erreichen werde.

Zunächst wurde ich nur gelegentlich in den Olympia-Stützpunkt eingeladen, zu einem kurzen regionalen Trainingslager oder einem sogenannten Sichtungslehrgang. Mit der Zeit wurden die Aufenthalte länger und intensiver. Eines Tages schließlich holte meine Mutter mich von der Schule ab und eröffnete mir, der Nationaltrainer habe angerufen, weil ich fürs Team nominiert worden sei.

Das olympische Trainingszentrum war in einer ehemaligen Air Force Base in Colorado Springs untergebracht, hoch oben in den Rocky Mountains. Die Wände der jugendherbergsartigen Zimmer bestanden aus Schlackenbetonsteinen, die unzählige Male weiß überpinselt worden waren. Wir schliefen zu viert in einem Zimmer, pro Stockwerk gab es ein Gemeinschaftsbad. Für unsere Verpflegung wurde gesorgt, außerdem standen uns Mechaniker und Physiotherapeuten zur Verfügung, und die Radrennbahn lag direkt um die Ecke. Bei den Trainingseinheiten auf der Straße fuhren wir im Nationaltrikot in Zweierreihen. Uns war bewusst, dass die Trainer im Begleitfahrzeug hinter uns jeden einzelnen Pedaltritt mit Argusaugen registrierten. Unser Schicksal lag in ihren Händen. Doch am lebhaftesten erinnere ich mich an den Raum mit den Rollentrainern.

Lange vor dem Zeitalter der digitalen Hometrainer, auf denen man sich in virtuellen Rennen mit anderen im Internet messen kann, haben Radprofis, insbesondere die Bahnfahrer, diese sogenannten Rollentrainer genutzt. Das ist ein Gestell mit zwei Rollen hinten, von denen ein Riemen nach vorne führt und eine dritte Rolle antreibt. Als Fahrer muss man die Balance halten und seine Kraft während des gesamten Trittvorgangs gleichmäßig einsetzen, will man nicht unsanft auf dem Boden landen. Das erfordert einige Übung. Ein Amateur mit unrundem Tritt produziert auf dem Rollentrainer ein Geräusch wie ein hochdrehender Motor, bei einem Könner mit gleichmäßigem Tritt vernimmt man dagegen nur ein monotones Sirren. Wenn wir bei schlechtem Wetter nicht draußen trainieren konnten, versammelten wir uns in einer Reihe auf den Rollentrainern und strampelten mit dem Gesicht zur Wand drei oder vier Stunden ohne Pause. Genauso würden es die Athleten in der Sowjetunion und in der DDR machen, versicherte man uns. Das Ziel war nicht nur körperliche Fitness, sondern auch mentale Abhärtung.

Wenn ich nichts anderes zu tun hatte, als zu treten, starrte ich die Betonwand an und dachte motivationshalber an herausragende DDR-Bahnradfahrer wie Michael Hübner, Lutz Heßlich und Olaf Ludwig oder an den sowjetischen Verfolgungsfahrer Wjatscheslaw Jekimow. Jeder von uns hatte von diesen Trainingsmethoden schon gehört. Das amerikanische System mochte damals hart gewesen sein, aber das Ostblock-System war ohne Zweifel härter. Diese Athleten feierten ihre Erfolge nicht nur trotz der harten Bedingungen, sondern gerade wegen ihnen. Wir hörten Geschichten, von denen wir nicht wussten, ob sie stimmten, zum Beispiel, dass die Ostblock-Sportler unter den Radrennbahnen schlafen mussten oder dass die Vordergabeln ihrer Bahnräder hinten an einem Lada oder Trabant festgezurrt wurden und die Trainer im Wagen unbarmherzig in immer schnellerem Tempo immer weitere Strecken fuhren. Die Sportler konnten sich weder im Leerlauf ausruhen noch einfach zu treten aufhören. Es bestand die ernsthafte Gefahr, dass jedem, der das Tempo nicht mitgehen konnte, die Sehnen aus den Beinen gerissen wurden. Diese Geschichten über Erfolge als Resultat unmenschlicher Qualen wurden immer wieder als Waffe gegen uns eingesetzt: Wie konnten wir es nur wagen, uns über die Ausrüstung oder was auch immer zu beschweren? Gemessen an den Standards, die so viele große Champions hervorgebracht hatten, ging es uns verdammt gut.

Mit der Zeit verinnerlichten wir, dass es uns nur selbst schadete, wenn wir uns bequem zurücklehnten. Irgendwann glaubten wir schließlich, dass uns die körperliche Schinderei, die Monotonie und Langeweile abhärten würden. Endlose Stunden lang gab es nichts anderes als den Klang unserer Reifen auf den Aluminiumrollen und das konzentrische Kreisen unserer Beine. Auf eine geradezu meditative Weise konzentrierte ich mich vollkommen auf das Wesen des Pedalierens, auf die unzähligen Muskeln, die ihre Leistung herausfeuerten, auf den Zug der Sehnen. Ich lernte noch einmal von Grund auf neu, an welchem Punkt der Tretbewegung ich beginnen musste, Kraft einzusetzen, und wann ich damit aufhören musste, oder wie ich mein Bein in der Zugphase zu entlasten hatte – irgendwann wurde dieser Bewegungsablauf, der mir ursprünglich so einfach erschienen war, erneut ganz einfach.

Wir führten ein geradezu mönchisches Leben. Alles drehte sich ums Essen, Schlafen und Trainieren. Einige meiner

Kameraden wechselten von ihrer heimischen High School zur Palmer High unweit des Trainingszentrums. Ich hingegen blieb an meiner alten Schule und stopfte jede Woche meine Aufgaben in einen Umschlag, um sie nach Hause zu schicken. Offiziell durften wir das Stützpunktgelände nicht verlassen, aber das hielt uns nicht davon ab, über den Zaun zu klettern, um dem Laden auf der anderen Straßenseite einen Besuch abzustatten. Es war ein gewöhnlicher 7-Eleven, doch nach wochenlanger Kasernierung kam er uns jedes Mal wie ein Wunder vor. Dort trafen wir auf stinknormale Leute, die sich nicht im Geringsten für unseren Sport interessierten. Bereits die simple Tatsache, dass es außerhalb des Radsports noch eine andere Welt gab, erschien mir zutiefst unerklärlich – und wurde immer unerklärlicher, je länger meine Aufenthalte im Trainingszentrum dauerten. Es kam mir surreal vor, dass nicht alle Menschen ihr Leben ausschließlich dem Radsport widmeten. Wenn ich Altersgenossen mit Bierdosen oder die Frau an der Kasse sah, wusste ich nicht, ob ich sie wegen ihrer offenkundigen Freiheit beneiden oder Mitleid mit ihnen haben sollte, weil ihrem Leben der Sinn fehlte. Denn Sinn, so sah ich das damals, konnte nur der Radsport liefern. Hier kommen mir die ersten Zeilen des wunderbaren Radsportromans *Das Rennen* von Tim Krabbé in den Sinn. Darin beobachtet der Protagonist, ein Radrennfahrer, bei der Vorbereitung auf einen Wettbewerb seine Umgebung mit einer Distanziertheit, die an Jean-Paul Sartre oder Albert Camus erinnert: „Ich nehme meine Sachen aus dem Auto und setze mein Fahrrad zusammen. Von Straßencafés aus schauen

Touristen und Einwohner zu. Nicht-Rennfahrer. Die Leere in ihrem Leben schockiert mich."

Ich war in einer vollkommen areligiösen Familie aufgewachsen, und das Radfahren brachte mir nicht nur Anerkennung ein, sondern es erfüllte auch meine tiefe Sehnsucht nach einem Sinn im Leben und einem Gefühl der Bestimmung. Obwohl das streng reglementierte Leben als Sportler das genaue Gegenteil meines Ideals von Freiheit war, glaubte ich, eine neue Art von Freiheit würde auf mich warten, sobald sich die Erfolge einstellten. So ähnlich sich diese beiden Arten von Freiheit oberflächlich sein mochten, konnten sie im Grunde nicht unterschiedlicher sein.

Natürlich konnte ich das zu der Zeit nicht so klar formulieren. Aber wie einige Jahre später beim Philosophie-Studium ging ich damals davon aus, dass ich, um mein eigentliches Ziel zu erreichen, genau das Gegenteil verfolgen musste, bis es unter der Last der eigenen Logik zusammenbrach und den Weg zu meinem erstrebten Ideal freigab. Die von mir ersehnte Art von Freiheit erreichte ich nicht, wenn ich einfach tat, was ich wollte, sondern nur durch die vollkommene Hingabe an etwas, was auf den ersten Blick als Unfreiheit erscheinen mochte. Unbewusst hatte ich die in unserer Kultur vorherrschende Doktrin „Erst die Arbeit, dann das Vergnügen" verinnerlicht und glaubte, dass man sich den sinnstiftenden Ausweg aus dieser Tretmühle verdienen müsse. Das mag masochistisch erscheinen, dahinter steckte jedoch die Vorstellung, dass ich den Weg zu etwas Großem eingeschlagen hatte. Eines Tages, so war ich überzeugt, würden mich die körperlichen Schmerzen und die psychischen Härten des Radsports in eine Welt des Heroischen erheben.

Unabhängig vom jeweiligen Hintergrund stellte der Sport für jeden von uns, die wir vom Verband ausgewählt worden waren, eine Fluchtmöglichkeit dar. Der eine kam aus einer kaputten Familie, der andere aus der Armut, der dritte hatte das Gefühl, nirgendwo dazuzugehören. In kultureller wie geografischer Hinsicht repräsentierte unsere Gruppe einen Querschnitt durch die Vereinigten Staaten. Manche von uns kamen aus den Sumpflandschaften Louisianas, andere aus Südflorida, Texas oder dem Lehigh Valley in Pennsylvania, wieder andere waren auf den trostlosen Beton-Velodromen am Rand von Chicago, Kenosha oder Indianapolis im nördlichen Rust Belt großgeworden. Von den Rädern und Trikots im Stars-and-Stripes-Design bis zum Trainingszentrum vermittelte uns alles das Gefühl, auserwählt zu sein.

Ich genoss es, zum ersten Mal fern der Familie zu sein und – zu trainieren. Im Grunde ging es im Trainingszentrum allerdings nur darum, diejenigen unter uns herauszufiltern, die körperlich stark und psychisch stabil genug waren, um vielleicht Weltklasseathleten zu werden. Unser VO_2max wurde gemessen (um herauszufinden, wie effektiv unser Körper den Sauerstoff in die Arbeitsmuskulatur transportierte) und unser Körperfettanteil bestimmt. Außerdem absolvierten wir den sogenannten Wingate-Test, bei dem wir uns in einem 30-sekündigen Sprint die Lunge aus dem Hals strampelten, um unser Potenzial für kürzere Bahnradwettbewerbe zu ermitteln, bei denen es allein auf die Power ankam.

Wie bei den Studierfähigkeitstests (SAT) oder bei üblichen IQ-Tests machten die Ergebnisse bald die Runde und wurden zum Gegenstand von allerhand Gerüchten. Die meisten von uns hatten von den VO_2max-Werten von Greg LeMond und Lance Armstrong gehört, und deren außergewöhnliche Ergebnisse bei der Juniorenauswahl sollen bereits ihre künftigen Triumphe angekündigt haben. Wild spekulierten wir, ob einer von uns wohl das Zeug besaß, um in ihre Fußstapfen zu treten. Doch unsere jugendlichen Hoffnungen wurden immer auch von dem Gedanken an die „verlorenen" Talente getrübt – an all die namenlosen Athleten, die im Labor unglaubliche Werte erzielt hatten und irgendwann doch in der Versenkung verschwunden waren, ohne dass sie ihr Potenzial jemals hätten umsetzen können. Angeblich jobbten diese gescheiterten Hoffnungen später meist in Coffee Shops oder Fast-Food-Restaurants. Was man uns damit eigentlich sagen wollte, war höchst einfach: Wir hatten genau diese eine Chance. Jedem, der nicht alles für den Erfolg gab, drohte nicht nur der Rausschmiss, sondern das Schicksal der Namenlosigkeit – was letztlich noch schlimmer war.

Wer von uns im Labor am besten abschnitt, war immer wieder verblüffend, da kein offensichtlicher Zusammenhang mit den tatsächlichen Erfolgen bestand. Diejenigen unter uns, die es zu etwas brachten, schienen demnach irgendetwas zu haben, was sich nicht messen ließ. Ein Faktor war zweifellos das taktische Geschick, also die Fähigkeit, ein Rennen zu „lesen". Aber darüber hinaus waren die Besten mit der unerklärlichen Fähigkeit gesegnet, sich immer noch ein wenig mehr pushen zu können, selbst dann, wenn sie eigentlich bereits am Limit waren. Es gab tausend Begriffe dafür, doch jeder von uns wusste, wann er „in den roten Bereich" ging und mehr leistete, als er von den körperlichen Voraussetzungen her eigentlich in der Lage war. Der einzige Unterschied lag darin, was dabei heraussprang – und wie oft jemand das konnte, ohne ernsthaft krank zu werden oder in den Zustand des Übertrainings zu kommen. Mir wurde schnell klar, dass ich von den körperlichen Voraussetzungen her nur Durchschnitt war, ich aber mehrmals im Monat über mich hinauswachsen konnte und hin und wieder sogar dasselbe Niveau erreichte wie die genetisch begnadeten Ausnahmefälle.

Einer unserer Nationaltrainer war ein ehemaliger Spitzenfahrer aus Trinidad, der andere ein eindrucksvoller Ex-Bahnradsprinter aus Polen mit Baritonstimme und einer kraterartigen Delle am Kopf – die Folge eines furchtbaren Unfalls während eines WM-Sprints, bei dem sein Tandempartner tödlich verletzt wurde. Ihr Training war um ein Vielfaches härter als alles, was ich bis dahin gekannt hatte. Doch schon bald sah ich, wozu ich körperlich in der Lage war. Im Allgemeinen begannen unsere Tage frühmorgens mit einer Session auf dem Rollentrainer, gefolgt von einer ausgiebigen Ausfahrt auf der Straße oder Krafttraining und schließlich einer weiteren Einheit bis in den frühen Abend, entweder auf der Bahn oder auf Ergometern. Die älteren Juniorenjahrgänge trainierten häufig zusammen mit erfahrenen Profis. Bei der Rückkehr von endlosen Trainingsausfahrten zu abgelegenen Bergbaustädten in Colorado war ich oft so erschöpft und ausgehungert, dass ich mich in der Dusche kaum auf den Beinen halten konnte, während das warme Wasser über meinen Körper rann. In solchen Momenten hatte ich keine Ahnung, wie ich das Training am nächsten Tag überstehen sollte.

Wie in meiner Heimat Kalifornien erfuhr ich mir auch hier die Landschaft im buchstäblichen Sinne: die Flüsse und Grasebenen, die imposanten Wälder aus Fichten, Tannen und Kiefern, die auf dem felsigen Untergrund wuchsen, und die beeindruckenden, wolkenverhangenen Berge jenseits der Baumgrenze, auf die uns endlose Anstiege führten.

Aufgrund meines Erschöpfungszustands ergriff eine merkwürdige Mattigkeit mein gesamtes Dasein. Simple Fragen wie die, wann es beim Training Zeit für eine Banane war, forderten meine gesamte geistige Kapazität. Während der harten Trainingsblöcke las, dachte und grübelte ich weniger als sonst. Über meinen Erinnerungen an diese Zeit liegt ein merkwürdiger Schleier. Ich weiß aber noch genau, was für ein irreales Gefühl mich überfiel, als ich eines Tages Ende Dezember in der Cafeteria saß und mein Blick an einem prächtigen, mit Lametta geschmückten Weihnachtsbaum vorbei zu einer Turnerin ging, die ich aus dem Fernsehen kannte und die im schwachen Licht am anderen Ende des Raums allein vor ihrem Essen saß. Ich fragte mich, wessen Leben ich eigentlich führte.

Wie in dem Film *Und täglich grüßt das Murmeltier* glichen sich die Tage. Da wir keine Autos hatten, verließen wir den Olympiastützpunkt in der Regel nur für unsere Trainingsausfahrten. Nach unserer Rückkehr duschten wir, aßen etwas und zogen uns dann in unsere Zimmer zurück, wo wir uns aufs Bett legten, die Beine an der Wand hochgelegt, weil man uns gesagt hatte, dass auf diese Weise Gift- und Abfallstoffe abfließen würden. Dazu dröhnte MTV aus dem Fernseher. Wenn ich aus einem Trainingscamp wieder nach Hause kam, erfüllte mich eine fast transzendente Empfindung neu gewonnener Möglichkeiten, ein beinahe euphorisches Gefühl. Nur hatte ich keine Ahnung, was ich damit anfangen sollte. Außer, weiter zu trainieren.

Rückblickend war unser Training viel zu hart für Jugendliche unseres Alters. Es folgte einer simplen Strategie: Zunächst wurden auf regionaler Ebene talentierte Junioren ermittelt, die dann einem derart unerbittlichen Trainingsregiment unterworfen wurden, dass die meisten früher oder später nicht mehr mithalten konnten oder wollten. Wer die Qualen überstand, war nicht einfach nur talentiert, sondern verfügte auch über die körperlichen Voraussetzungen für die im Profiradsport üblichen Strapazen von hundert und mehr Renntagen im Jahr. Die Grundannahme lautete, dass man nur tausend Junioren in ein solches System einspeisen musste, dann würde am Ende ein Weltmeister herauskommen.

Wenn ich heute von ehemaligen Radsportlern mit einer sehr viel längeren und erfolgreicheren Karriere als meiner höre, stelle ich mir oft vor, wie schwierig die Rückkehr in das „normale Leben“ für sie gewesen sein muss. Ich überlege, wie es wohl ist, mit 35 oder 40 Jahren aus der Dunstglocke der Profifahrer ausgestoßen zu werden. In dem Moment werden die Fahrer nicht nur ihrer Identität beraubt, sie haben auch den Großteil ihres Lebens in dem für

Spitzenradfahrer typischen betäubenden Zustand der mentalen Erschöpfung zugebracht.

Um mein Training nicht zu stören, hatten meine Eltern mir nicht erzählt, dass mein Vater in meiner Abwesenheit ausgezogen war. Als ich nach Kalifornien zurückkehrte, um mein Studium zu beginnen, entdeckte ich, dass seine Sachen weg waren und er nur einen leeren Schrank zurückgelassen hatte. Doch irgendwie drang das gar nicht richtig zu mir durch – es erschien mir einfach nicht real. Auf einmal kam mir das Radfahren zugleich unbedeutend *und* wie die einzige Konstante in meinem Leben vor. Ich tauschte die Betonwände des Trainingszentrums ein gegen ein Studentenwohnheim in Santa Cruz mit Blick über das Meer und fand Trost auf dem Rennrad. Während ich so ernsthaft wie eh und je trainierte, warf ich mich mit derselben Verbissenheit in das Philosophie-Studium.

Zu jenem Zeitpunkt hatte ich bereits erkannt, dass mich das Dasein als Radrennfahrer nicht vollständig ausfüllte. Die Begegnung mit gewöhnlichen Menschen – typischen College-Studenten – öffnete mir nach dem isolierten Leben im Trainingszentrum die Augen. Im Radsport war meine Besessenheit belohnt worden, meine Fähigkeit, alles und jeden auszublenden, das oder der mir nicht beim Erreichen meines einzigen Ziels behilflich war. Selbst wenn unser Haus in Flammen gestanden hätte, wäre meine einzige Sorge gewesen, dass es mich vom Training abhalten könnte. Wenn ich nun nachts schlaflos im Bett lag, grübelte ich über all die Leben nach, die mir versagt blieben, über all das, worauf ich wegen des Radsports verzichtete. Ich dachte an die Gespräche mit meinem Vater, wenn wir unterm Sternenzelt über das Wesen der Wirklichkeit nachgedacht hatten, und mir wurde klar, dass die Philosophie für mich ein Weg war, den ich bis ans Ende gehen musste – der vielleicht einzige Weg, der mich zu mir selbst zurückführen würde.

Kapitel 2

Das Versprechen des Denkens

Der Mensch hat seinen gegenwärtigen Stand erreicht, weil er das aggressivste und einfallsreichste Lebewesen auf dieser Erde ist. Doch nun, wo er sich eine behagliche Zivilisation geschaffen hat, ist er mit einem unerwarteten Problem konfrontiert [...]. Dieses bequeme Leben schwächt seine Widerstandskraft, sodass er in unheroischer Faulheit versinkt. [...] Das bequeme Leben führt zu geistigem Verfall [...].

Colin Wilson

Für jeden Menschen mit der richtigen Mischung aus emotionaler und intellektueller Empfindsamkeit kann die erste Begegnung mit der westlichen Philosophie nur elektrisierend sein. Im Gegensatz zu anderen Fachgebieten, die bestimmten konkreten Aspekten der Welt auf den Grund gehen, sucht die Philosophie nach Erkenntnissen über das Dasein an sich. Als junger Erwachsener fühlte ich mich nicht nur persönlich von diesen grundlegenden Fragestellungen angesprochen, vielmehr erschienen sie mir geradezu existenziell bedeutsam. Fragen wie „Woher wissen wir, dass wir tatsächlich existieren?“ oder „Gibt es eine Welt unabhängig von unserem Bewusstsein?“ spiegelten meine zunehmend stärker werdende Empfindung wider, dass unterhalb meiner alltäglichen, gesellschaftlich begründeten Erfahrung der Wirklichkeit etwas Transzendentes und zugleich Beängstigendes verborgen lag.

Meine Wahrnehmung der Welt erschien mir als bloß zufällig, als könnte alles ebenso gut ganz anders sein. So begann ich mich zu fragen, wer mich durch welche Tricks eigentlich von einer Wirklichkeit überzeugt hatte, die alles andere als gegeben war. Immer wieder hatte ich Momente der Einsicht, in denen sich unter der alltäglichen Realität ein Abgrund aufzutun schien. Wenn ich in den Nachthimmel schaute, Musik hörte oder in den Bergen allein auf dem Rad unterwegs war, verspürte ich eine anhaltende Verwunderung darüber, dass ich aus irgendeinem unerklärlichen Grund einfach *da war*. Die Philosophie erschien mir, in den Worten eines meiner frühen geistigen Helden, Colin Wilson, als Möglichkeit, „die Trivialitäten der Alltäglichkeit abzuschütteln“. Alles Belanglose und Rohe kam mir zunehmend verachtenswert vor, zugleich wuchs meine Sehnsucht nach einer Berührung mit dem Ewigen. Genauso war es vielleicht auch Hermann Hesse ergangen, der diese Empfindung auf wunderbar prägnante Weise in seinem Roman *Der Steppenwolf* erfasste: „[I]ch war ans Ewige erinnert, an Mozart, an die Sterne.“

Der Wunsch, meine Erfahrung des Höchsten in Worte zu fassen, zog mich zur Philosophie. Der Eifer, mit dem ich mich hineinwarf, ließ sogar meinen sportlichen Ehrgeiz verblassen. Die Momente der Einsicht fühlten sich auf unbestimmte Weise wahrer an als alles andere. Sie waren derart profund, dass ich glaubte, ich müsste sie nicht nur erleben, sondern auch rational rechtfertigen.

Diese grundlegenden philosophischen Fragen waren das genaue Gegenteil jener konkreten, datenfixierten Problemstellungen, denen ich sonst im Leben begegnete. Sie richteten sich vielmehr gegen die bornierte Konformität meiner Umgebung, die die letzten, wirklich existenziellen Fragen unbewusst oder sogar bewusst zu unterdrücken schien, zugunsten der oberflächlichen technologischen Geschäftigkeit, die für wesentliche Teile der Silicon-Valley-Mentalität charakteristisch ist.

Die Philosophie verfügt mit ihren Begriffen und Ideen über ein grenzenloses Potenzial, das gesamte Dasein zu erfassen. Also musste ich nur tief genug eintauchen, dann würde das Dasein endlich Sinn ergeben. So dachte ich. Allein die Aussicht darauf übte auf mich nicht nur einen abstrakten, intellektuellen Reiz aus, sondern auch einen zutiefst emotionalen. Ich stellte mir ein heiteres und gelassenes Leben auf unwandelbaren Fundamenten vor. Sobald ich die Geheimnisse der Welt ergründet hätte, würde sich die quälende Finsternis des Daseins ein für alle Mal im hellen Licht der Erkenntnis auflösen, die Ungewissheit und der Schmerz des Verlusts würden ihren Stachel verlieren.

Wenn ich mich umschaute, gewann ich den Eindruck, dass viele Menschen in ihrem Leben Ekstase und Vergnügen ebenso mieden wie den Schmerz. Sie unternahmen alles, um sich *nicht* den tieferen Fragen nach dem Sinn und Zweck des Daseins stellen zu müssen. Scheinbar allgemeingültige pädagogische, soziale und theologische Lehren diktierten das Bild von der Wirklichkeit, und so bedeutete Erfolg bereits, einen „guten“ Job zu haben. Damit wurden zugleich die als „wertvoll“ geltenden Eigenschaften und Tätigkeiten definiert, nämlich all jene, die sich in der berechnenden Logik des Kapitalismus zu Geld machen ließen – nur um sich am Ende mit belanglosen Freizeitaktivitäten ablenken und Kinder in die Welt setzen zu können, die irgendwann ebenfalls diesen Weg gehen. Meine Weltsicht führte dazu, dass sich bei mir, wie bei so vielen romantisch veranlagten jungen Menschen zu allen Zeiten, die vage Vorstellung eines anderen oder wahrhafteren Lebens auszubilden begann: Wenn ich eine strenge Form des Denkens mit meiner Selbstdisziplin als Sportler verbinden würde, könnte ich meinem Leben „Stil geben“ und dem geistigen Tod von der Schippe springen, dem so viele Menschen lange vor ihrem biologischen Tod erliegen.

Als ich mich ernsthaft mit der Philosophie zu beschäftigen begann, fand ich dort Seelenverwandte, die mich über die Zeiten hinweg ansprachen. Sie vermittelten eine Art des entsetzten und zugleich begeisterten Staunens über die Grundsituation der Existenz, das auch mich befiel. Doch worin besteht eigentlich diese „Grundsituation“?

Lassen wir einmal religiöse Vorstellungen außer Acht, müssen wir uns wohl damit abfinden, dass wir aus einem unergründlichen Reich des Nicht-Seins in die Welt treten – aus einer Leere, von der sich niemand einen sinnvollen Begriff machen kann –, um dann einem gesellschaftlich konstruierten Begriff einer sogenannten objektiven Realität unterworfen zu werden, die sich vor dem Hintergrund eines unermesslichen und teilnahmslosen Universums entfaltet. In dieser Lage bedarf es einer stabilen Persönlichkeit und unerschütterlicher Überzeugungen, um selbst tätig zu werden und eine Wirklichkeit zu verändern, die „dort draußen", unabhängig vom menschlichen Geist und Sinnesapparat, existiert. Zudem gilt es, unverdrossen immer weiter voranzuschreiten, obwohl man weiß, dass man selbst ebenso wie alle anderen, die einem etwas bedeuten, eines Tages sterben und erneut in undurchdringbarer Vergessenheit versinken wird.

Zugegeben, das ist ein ausgesprochen düsterer Blick auf das Leben. Doch als ich mich diesen Tatsachen stellte, erkannte ich den diffusen Umriss von etwas Unaussprechlichem, das beängstigend und zugleich wundervoll war. Etwas, das es wert war, es bis zu seinem logischen Ende zu verfolgen. Wie Oscar Wilde sagte: „Wir liegen alle in der Gosse, aber einige von uns betrachten die Sterne." Offensichtlich besaßen gefährliche Ideen die Kraft, mein Dasein in dieser Welt zu verändern. Gerade weil ich die Lage so trostlos einschätzte, erschien es mir nicht mehr vollkommen unmöglich, dass auch ich mich eines Tages den nackten Tatsachen des Lebens stellen und trotzdem zum Dasein mit all seinem Schmerz und seiner Ekstase ja sagen konnte.

Diese Vorstellung des Ja-Sagens ist ein zentrales Element im Denken Nietzsches, zugleich weist sie eine Nähe zu dem von Martin Heidegger so genannten „Sein zum Tode" auf, also dem Gedanken, dass unser Dasein nicht trotz seiner beschränkten Dauer sinnvoll und bedeutsam ist, sondern gerade deshalb.

Ich stellte mir einen Endpunkt vor, an dem sich das Denken gegen sich selbst richtet und zum reinen Gefühl wird, als könnte man dauerhaft den transzendenten Rausch der Affirmation erleben, der sich beim Hören der Schlussakkorde von Beethovens *Ode an die Freude* oder bei der Lektüre der spirituell kraftvollen Verse von T. S. Eliots *Das öde Land* einstellt. Diese Hoffnung auf Erlösung in eben dem Moment, da die Vernunft unter dem Gewicht ihrer eigenen Widersprüche zusammenbricht, wird eindrücklich von dem vergeistigten Iwan in Dostojewskis *Die Brüder Karamasow* formuliert:

> „Zugegeben, ich vertraue wie ein kleines Kind darauf, daß alle Wunden heilen und vernarben werden, daß die entwürdigende Komik menschlicher Widersprüche verschwinden wird wie ein wesenloses Trugbild, wie eine abscheuliche Ausgeburt des impotenten menschlichen euklidischen Verstandes, der winzig ist wie ein Atom, daß schließlich beim Weltfinale, im Augenblick der ewigen Harmonie, etwas so Kostbares sich ereignen und offenbaren wird, daß es für alle Herzen ausreichen, sämtliche Empörung stillen, sämtliche Übeltaten vergelten, sämtliches vergossenes Blut sühnen, daß es ausreichen wird nicht nur, um alles zu vergeben, sondern auch alles dem Menschen Zugestoßene zu rechtfertigen [...].“

Ich kannte viele Menschen, die diesen Kurs eingeschlagen und am Ende Schiffbruch erlitten hatten. Doch mit der Naivität und dem Wagemut der Jugend glaubte ich mich immun gegen die Gefahren und Fallstricke, denen andere zum Opfer gefallen waren. Meine Hoffnung war, irgendwann vielleicht mein Leben in ein Kunstwerk verwandeln zu können, um Augenblicke der Transzendenz dauerhaft zu erleben, so wie ich es von großartigen Filmen, Büchern oder Musikstücken kannte, aber auch auf dem Fahrrad erlebt hatte. Anders gesagt: Ich wollte ein Leben, in dem ich mich nicht wie ein Toter fühlte. Nur hatte ich keine Idee, wie das aussehen könnte.

Meine Neigungen machten mir das Leben nicht gerade einfacher. Dass ich mir endlos den Kopf über tausendundeine Sache zermarterte, trieb mich in die Isolation und war auch meiner Leistung auf dem Fahrrad nicht gerade förderlich. Bei allen Verlockungen, die die Philosophie auf mich ausübte, war mir zugleich klar, dass sie einem Sirenengesang nicht unähnlich war. Sie machte mich nicht automatisch zu einem besseren Menschen. Um es mit dem Philosophen Slavoj Žižek zu sagen: „Die erste Pflicht der Philosophie ist es, dir begreifbar zu machen, wie tief du in der Scheiße sitzt.“ Oberflächlich betrachtet wirkt ein Leistungssportler, der unter Existenzangst leidet, neurotisch. Wenig überraschend reagierten meine Teamkameraden mit verständnislosen Blicken, wenn ich auf die Philosophie zu sprechen kam, sie fragten mich, was ich mir von dieser Hirnakrobatik eigentlich versprechen würde.

Völlig klar, ich war größtenteils selbst für meine Einsamkeit verantwortlich, denn ich begrub die für mein jugendliches Alter typischen Spannungen und Widersprüche ebenso wie den Versuch, zugleich in zwei Welten zu leben, tief in mir. Von meinen eigenen Dämonen verführt, wollte ich die Depressionen, die mich später dann einholten, mithilfe des Radsports und des Denkens von mir fernhalten. Ich war wild entschlossen, bei beidem bis zum logischen Ende vorzudringen.

Zach, Jackson und mir ist klar, dass das Gelingen unseres Vorhabens nicht nur eine Frage der Fitness, sondern auch der Logistik ist. Also beginnen wir, als der Startschuss näherrückt, die Tour bis ins Kleinste zu organisieren. Wir buchen unsere Unterkünfte und schicken Pakete mit Ersatzschläuchen, frischen Radklamotten und Sportlernahrung an die jeweiligen Unterkünfte. Als Sportlicher Leiter eines World-Tour-Teams geht Jackson unser Unterfangen an, als gehe es um Paris–Roubaix oder den Giro d'Italia. Systematisch befasst er sich mit der notwendigen Ausrüstung und stellt eine Übersicht mit der Streckenlänge, den zu überwindenden Höhenmetern und den wichtigsten Anstiegen auf jeder unserer „Etappen" zusammen.

Wegen der Symbolkraft des Ortes beschließen wir, am wohl ikonischsten Wahrzeichen des nördlichen Kaliforniens zu starten: der Golden Gate Bridge in San Francisco.

Meine Großmutter mütterlicherseits wurde in der Stadt geboren. Sie hat mir erzählt, wie sie aus ihrem Studentenzimmer in Berkeley den Bau der Brücke am gegenüberliegenden Ende der Bucht beobachtet hat. Von ihrem Logenplatz aus hat sie gesehen, wie die Stützpfeiler in die Höhe gewachsen sind und diese unglaubliche Brücke allmählich Gestalt angenommen hat, bis sie schließlich die Wasserenge zwischen San Francisco und dem Marin County überspannte. Aufgrund dieser Verbindung zu meiner Familie ist die Golden Gate Bridge für mich weit mehr als nur ein Wahrzeichen.

Darüber hinaus birgt dieser Abschnitt des Küstenhighways 1 für mich viele, auch sehr traurige Erinnerungen. Unweit unseres Ziels, nördlich von Santa Barbara, haben meine Mutter, mein Vater, meine Schwester und ich die Asche meiner Großmutter im Pazifik verstreut. Und obwohl während meiner Kindheit kaum über die Ereignisse gesprochen wurde, kommt mir beim Gedanken an die zerklüftete Küste in den Sinn, dass irgendwo dort meine Tante und, rund 25 Jahre später, ihre Tochter von einer Klippe in den Tod gesprungen sind. Kein anderer Küstenabschnitt ist für mich persönlich mit mehr Bedeutung aufgeladen. Dennoch kann ich selbst meinen engsten Freunden davon nicht erzählen. Für die Native Americans ist Heimat dort, wo sie ihre Toten begraben. Und ich bin auf ewig mit diesem kalifornischen Küstenstreifen verbunden.

Als typisches Kind von Eltern der Baby-Boomer-Generation verdanke ich meine erste Berührung mit der Philosophie dem Existenzialismus. Da dieser Begriff inzwischen für alles und nichts steht, bedarf er vielleicht einer Erklärung.

Der Existenzialismus formierte sich als Strömung nach dem Zweiten Weltkrieg, seine Wurzeln reichen allerdings noch sehr viel weiter zurück. Er manifestierte sich zunächst als ausgesprochen europäisches Phänomen, an dem sich nicht nur Philosophen, sondern auch Romanautoren, Dramatiker, Künstler, Filmemacher und Psychologen beteiligten. Sie alle beschäftigten sich mit dem Sinn des Lebens, mit Entfremdung und dem Absurden sowie mit dem Problem, wie man in einer zunehmend säkularen Industriegesellschaft, die ihre Fähigkeit zu unsagbaren Gräueltaten nachgewiesen hatte, ein Mensch im besten Sinne des Wortes sein konnte. Zu der Strömung gehörten so unterschiedliche Persönlichkeiten wie Samuel Beckett, Simone Weil, Ingmar Bergman, Hannah Arendt und Frantz Fanon. Dem Kreis der als Existenzialisten bezeichneten Intellektuellen war weniger eine feste philosophische Lehre gemein als vielmehr eine bestimmte emotionale und moralische Verfassung.

Auf streng philosophischer Ebene verstand Jean-Paul Sartre den Existenzialismus – ein Begriff, zu dem er sich als einer von wenigen bekannte – als eine Umkehr der zweieinhalb Jahrtausende währenden Tradition des philosophischen und auch christlichen Denkens, das seit Platon das Konzept der Essenz über die flüchtigen Eindrücke der Sinneswelt gestellt hatte.

Nach Ansicht der Existenzialisten war diese Bevorzugung des Abstrakten gegenüber der lebendigen Erfahrung eine Farce: Ideen sollten dem Leben dienen, nicht andersherum. Oder wie Sartre es ausdrückte: „Die Existenz geht der Essenz voraus.“ Auch wenn diese Formulierung sehr klar ist, so bezog sich Sartre dabei dennoch sowohl auf Zeitgenossen wie Albert Camus, Hannah Arendt und Martin Heidegger als auch auf Philosophen des 19. Jahrhunderts wie Friedrich Nietzsche und Søren Kierkegaard.

In der englischsprachigen Welt wurde der Existenzialismus insbesondere durch zwei Autoren einer breiteren Öffentlichkeit bekannt: zum einen durch den amerikanischen Professor William Barrett und sein Werk *Irrational Man* von 1958 und zum anderen durch Colin Wilson, einen

Engländer aus der Arbeiterklasse, der 1956 mit gerade einmal 24 Jahren sein Buch *The Outsider* veröffentlichte und damit auf ein beispielloses Echo stieß. Als herausragende Interpreten des Existenzialismus legten Barrett und Wilson komplexe Ideen in einer klaren Sprache dar und brachten so die bis dahin vorrangig deutsche und französische Bewegung einem gebildeten Publikum beiderseits des Atlantiks nahe. In meinem Fall allerdings kam der Anstoß zur Beschäftigung mit den Existenzialisten von meinem Vater, der an der Stanford University bei dem Heidegger-Schüler Kurt Reinhardt Philosophie studiert hatte.

Von Sartres Vorstellungen zum radikalen Akt der Verantwortlichkeit und des Selbstentwurfs bis zu Heideggers Wiedervorlage der „Seinsfrage" findet sich bei den Existenzialisten die Überzeugung vom körperlichen und relationalen Wesen des menschlichen Daseins, in der das Subjekt zum aktiven Gestalter der Wirklichkeit wird. Das machte den Existenzialismus zur idealen Philosophie für mich als Sportler – und mehr als alle anderen Friedrich Nietzsche zum idealen Philosophen. Doch bevor ich näher auf Nietzsche eingehe, will ich zunächst einen knappen Abriss der westlichen Philosophie geben und die geistige Landschaft skizzieren, die Nietzsche in der zweiten Hälfte des 19. Jahrhunderts vorfand.

Die vorsokratischen griechischen Philosophen der ionischen Halbinsel und des heutigen Griechenlands und Süditaliens waren rund ein halbes Jahrhundert vor unserer Zeitrechnung die Ersten, die die Welt hinterfragten und sich mit logischer

Beweisführung beschäftigten, mit dem, was wir heute „Philosophie“ nennen. Bei ihrer Suche nach einem die Wirklichkeit bestimmenden Prinzip landeten sie bei unterschiedlichen Lösungen: Heraklit beim Weltgesetz oder *logos*, Zenon von Elea bei der Bewegung und dem Wandel und Parmenides beim grundlegenden Wesen des Wandels und bei der offensichtlichen Tatsache, dass wir nur etwas über das Seiende wissen können, jedoch nichts über das Nicht-Seiende aussagen, ja, es noch nicht einmal denken können.

Bei aller Verschiedenheit ihrer Grundannahmen und Schlussfolgerungen war den Vorsokratikern die Suche nach den ersten Prinzipien gemein – als einer Möglichkeit, die Unwägbarkeiten der Welt, in der sie sich wiederfanden, zu verstehen (und damit beherrschbar zu machen), ohne sich dabei auf die Götter oder Göttliches zu berufen. Diese Denkweise wurde zum Ausgangspunkt der westlichen Philosophie. Aus ihr gingen die drei berühmtesten griechischen Philosophen des klassischen Zeitalters hervor: Sokrates, Platon und Aristoteles. Ihre Vorstellungen wurden zur Grundlage der modernen Wissenschaft, Rhetorik, Theologie und Politik.

Den Kern von Platons Denken bildete ein Konzept, das so radikal und zugleich so fundamental für den Entwicklungsgang der Philosophie war, dass es der Erörterung bedarf: seine Ideenlehre. Ohne sie lässt sich die westliche Philosophie nicht verstehen. Als Ideen bezeichnete Platon das nichtmaterielle, nur dem Denken zugängliche Wesen jedes Gegenstands oder sogar jeder Vorstellung (wie etwa der Vorstellung des Guten). Diese Ideen sind Platon zufolge weit realer als ihre flüchtigen, unvollkommenen Imitationen in der empirischen Welt der sinnlichen Wahrnehmung. Alles, was wir mit unseren Sinnen erfassen, ist lediglich ein Abbild eines unwandelbaren vollkommenen Ideals. Die Aufgabe der Philosophie ist es nun, den Geist näher an das wahre und ewige Gute dieser Ideen heranzuführen. In seinem berühmten „Höhlengleichnis“ erklärte Platon, wie wir uns mithilfe der Philosophie von den Ketten befreien können, durch die wir die Welt lediglich als Schattenspiel auf einer Wand wahrnehmen, um uns sodann den Ideen als dem Licht und der Quelle der Wahrheit zuzuwenden. Alles Wahre, Gute und Schöne liegt außerhalb unserer Welt und kann nur von denen erkannt werden, die über die nötige Verstandeskraft verfügen, um der Herrlichkeit der reinen Ideenwelt ansichtig zu werden.

Bezeichnenderweise erklärte Platon in seiner *Politeia* – dem Entwurf eines gerechten Staats unter Herrschaft eines weisen Königs –, dass Dichter in einem solchen Staat keinen Platz hätten. Sie würden nur Abbilder von Abbildern erzeugen und ihre Mitmenschen somit von dem Reinen und Guten der philosophischen Wahrheit wegführen.

Man führe sich noch einmal das zutiefst Befremdliche am Platonismus vor Augen: „Gerade das, was am realsten ist, entzieht sich unserem Blick und kann nur mit dem Verstand erfasst werden.“ In der Geschichte der Philosophie gibt es keine revolutionärere und paradoxere Lehre. Vom Platonismus lässt sich eine direkte Linie zu einem Großteil der christlichen Philosophie ziehen, der zufolge die göttliche Vollkommenheit im Gegensatz zur sichtbaren Welt steht (und dennoch weitaus wirklicher ist). Während das menschliche Streben in der materiellen Welt von Verfall und Verderben gekennzeichnet ist, wird die himmlische Sphäre in ihrer Unwandelbarkeit als vollkommen gesetzt. Man denke etwa an die berühmten Verse von Matthäus 6,19–20:

> „Ihr sollt euch nicht Schätze sammeln auf Erden, wo Motten und Rost sie fressen und wo Diebe einbrechen und stehlen. Sammelt euch aber Schätze im Himmel, wo weder Motten noch Rost sie fressen und wo Diebe nicht einbrechen und stehlen."

Diese Unterscheidung zwischen der physischen Sinneswelt und einer unsichtbaren metaphysischen Welt der reinen Ideen manifestierte sich viele Jahrhunderte später in unterschiedlicher Weise auch bei den Philosophen der Aufklärung, insbesondere bei Immanuel Kant und dem Wegbereiter der Aufklärung René Descartes. Ihr Ziel war es, zum einen die moralischen Gesetze auf eine feste Grundlage zu stellen, zum anderen die Wahrhaftigkeit wissenschaftlicher Entdeckungen zu gewährleisten und die Möglichkeit der Erkenntnis überhaupt zu begründen. Wem all dies zu gelehrt erscheint, mache sich die zahllosen abstrakten Themen bewusst, mit denen wir uns heute täglich beschäftigen, ob das Aktien oder Hypothekenzinsen sind, die Erforschung der Thermodynamik oder die virtuelle Welt des Internets – sämtlich Belege dafür, wie ausgeprägt das platonische Streben nach abstrakten Ideen nach wie vor ist.

Man kann sagen, dass Platon die Welt in zwei Sphären aufgespalten hat. Knapp zweieinhalb Jahrtausende später begann diese zweigeteilte metaphysische Welt unter ihrer eigenen Last zusammenzubrechen. In jenem Moment betrat der Sohn eines lutherischen Pastors die Bühne: Friedrich Nietzsche.

Jahre, bevor ich mich ernsthaft mit Nietzsche beschäftigte, war ich ihm bereits bei Colin Wilson begegnet und hatte von seinem Einfluss auf Hermann Hesse gehört. Dessen Roman *Der Steppenwolf* hatte ich in der High School wieder und wieder gelesen. In Nietzsche fand ich einen Denker, der vollkommen anders war als alle, die ich bis dahin kannte. Er bestätigte mich in dem Gefühl, dass die Philosophie möglicherweise mindestens ebenso bedeutsam für mich sein konnte wie der Radsport. Mit seinem aphoristischen Stil versuchte er im Gegensatz zu Vorläufern wie Kant und Hegel nicht, ein philosophisches Gesamtsystem zu konstruieren. Vielmehr eröffnet die Lektüre momenthafte Einblicke, gleich einem Blitzschlag, der einen Augenblick lang eine dunkle Landschaft erleuchtet. Nietzsche stellte zweifellos einen Wendepunkt in der Philosophiegeschichte dar. Einer unsichtbaren Welt den Vorrang zu geben, sei diese nun platonisch, christlich oder wissenschaftlich begründet, war für ihn eine lebensverneinende „Travestie“ und Anzeichen einer dekadenten Kultur.

Friedrich Wilhelm Nietzsche wurde 1844 in Röcken in der damaligen preußischen Provinz Sachsen geboren. Zunächst schlug er eine universitäre Laufbahn ein, doch schon bald empfand er das Professorendasein als geistig abstumpfend. Mit Mitte dreißig widmete er sich ganz dem Denken und Schreiben, während er auf der Suche nach Gesundheit und Einsamkeit durch die Alpen und Südeuropa wanderte. Er pries das Hochgebirge und verklärte den Wert von Mut, frischer Luft und körperlicher Betätigung. Kein Wunder, dass ich mich als Radrennfahrer von ihm angesprochen fühlte.

Dem klassischen Philologen Nietzsche erschien das Europa seiner Zeit im Vergleich mit der griechischen und römischen Welt der Antike als im Verfall begriffen. In seinem Werk *Jenseits von Gut und Böse* erklärte er, dass die christliche Moral das Gegenteil von dem sei, was in früheren lebensbejahenderen Zeiten kraftvoll und edel (also „gut") war.

Die spirituellen Folgen der modernen Zeit verkündete Nietzsche in der Parabel „Der tolle Mensch". Darin ruft der tolle Mensch beim Betreten eines belebten Marktes aus: „Gott ist tot!" Noch bedeutsamer, wenn auch weniger oft zitiert, ist seine folgende Feststellung: „Und wir haben ihn getötet!" Als den eigentlich Schuldigen erkannte Nietzsche den menschlichen Wissensdrang, der jene Form von Glauben auslöschte, die der Menschheit jahrtausendelang Halt gegeben hatte. Für Nietzsche waren Fragen der Epistemologie – also des menschlichen Erkenntnisvermögens – untrennbar mit Fragen des Glaubens, der Moralität, Kunst und Metaphysik verbunden. Der wissenschaftliche Drang nach Fakten über die „wirkliche Welt" stellte für ihn ein hoffnungsloses und fehlgeleitetes Unterfangen dar. So erklärte er etwa in *Morgenröte*: „Die Gewohnheiten unserer Sinne haben uns in Lug und Trug der Empfindung eingesponnen: diese wieder sind die Grundlagen aller unserer Urteile und ‚Erkenntnisse' – es gibt durchaus kein Entrinnen, keine Schlupf- und Schleichwege in die *wirkliche Welt*!" Das Revolutionäre an Nietzsches Skepsis gegenüber der bloßen Möglichkeit von Erkenntnis kann kaum hoch genug eingeschätzt werden, denkt man an den im 19. Jahrhundert vorherrschenden Rationalismus und Positivismus, die bleibende Wahrheiten über die Beschaffenheit der physischen Welt aufdecken wollten (und dabei beispiellose Erfolge feierten). Weder kann man vor dem Niedergang der Welt bei einem vollkommenen und unwandelbaren Gott Zuflucht suchen, noch werden die Wissenschaften jemals ein Reich der unumstößlichen Tatsachen errichten können. Jede Aussage über die Wahrheit und die Naturgesetze ist unvermeidlich auch eine Aussage über die menschlichen Sinne. Wir können unserer eigenen Subjektivität nicht entkommen, um die Welt der „Dinge an sich" vollständig zu erfassen.

Gleichwohl ist Nietzsche kein reiner atheistischer Materialist. Dies zeigt sich, wenn man ihn mit den sogenannten Neuen Atheisten unserer Zeit vergleicht, etwa Richard Dawkins, Sam Harris oder dem verstorbenen Christopher Hitchens. Anders als für die Neuen Atheisten – und, so möchte ich behaupten, für die westliche Moderne insgesamt – stellte der Verlust des Göttlichen für Nietzsche ein großes Unglück dar. Trotz seines Ideals des sich selbst erschaffenden Individuums warnte er davor, das durch den Tod Gottes eröffnete spirituelle Vakuum durch den technischen und wissenschaftlichen Materialismus zu füllen. In *Jenseits von Gut und Böse* heißt es:

> „Es dämmert jetzt vielleicht in fünf, sechs Köpfen, daß Physik auch nur eine Welt-Auslegung und -Zurechtlegung [...] und nicht eine Welt-Erklärung ist: aber, insofern sie sich auf den Glauben an die Sinne stellt, gilt sie als mehr

> und muß auf lange hinaus noch als mehr, nämlich als Erklärung gelten. [...] ‚Wo der Mensch nichts mehr zu sehen und zu greifen hat, da hat er auch nichts mehr zu suchen' – das ist freilich ein andrer Imperativ als der Platonische, welcher aber doch für ein derbes arbeitsames Geschlecht von Maschinisten und Brückenbauern der Zukunft, die lauter *grobe* Arbeit abzutun haben, gerade der rechte Imperativ sein mag."

Bei der Lektüre dieser Passage und insbesondere der Schilderung des „arbeitsamen Geschlechts von Maschinisten und Brückenbauern" drängt sich der Gedanke an unsere eigene Kultur mit ihrem übermächtigen Streben nach technologischem und materiellem Fortschritt auf. Im Gefolge von Gottes Tod finden wir uns heute in einer entseelten Welt der Dinge und Ereignisse wieder, von der wir nur mit einem gleichgültigen oder ironischen Schulterzucken sagen können: „So ist es eben."

Nietzsche beschreibt in seinen Schriften den Zustand der Menschen stets mit Bildern des Ausgesetzt-Seins. Angesichts seiner absoluten Verlassenheit muss der Einzelne selbst gottgleich werden und ohne Rückgriff auf ein letztgültiges Ideal seine eigenen – stets vorläufigen – Werte schaffen. Nietzsche wollte die Welt jedoch durch den proklamierten Tod Gottes und den Sturz der christlichen Werte keineswegs entzaubern, vielmehr ging es ihm darum, dem Hier und Jetzt erneut einen Sinn zu verleihen. Zugleich war er hellsichtig genug, um sich der Anforderungen bewusst zu sein, die diese monumentale Aufgabe an den Einzelnen stellte.

Nietzsches selbstschöpferische Vorstellung ist aufs Engste mit einem anderen bekannten Konzept von ihm verknüpft, dem „Willen zur Macht". Für Nietzsche ist das Vergnügen selbst Macht, eine Form von Macht, die in nichts der dumpfen, rohen Gewalt eines Tyrannen gleicht. Vielmehr beruht die Art von Macht, die Nietzsche entwirft, auf der Überwindung des eigenen Ichs, ohne sich auf letztgültige Werte zu berufen. Man kann sich leicht vorstellen, dass Nietzsche seine Freude daran gehabt hätte, wie sich ein austrainierter Radrennfahrer auf der Höhe seines körperlichen Leistungsvermögens selbstbewusst durch das Peloton bewegt und dabei instinktiv auf das sich ständig verändernde Renngeschehen reagiert. Für Nietzsche waren die selbst auferlegten Qualen einer anstrengenden oder den Körper sogar an seine Grenzen führenden Tätigkeit der Weg zum Ziel – der zu werden, der man war. Auch wenn man dieses Ziel nie erreichen mochte.

Als Voraussetzung für ein selbstbestimmtes Leben sah Nietzsche den Stil – als künstlerische Herangehensweise nicht nur an das eigene Schaffen, sondern das eigene Leben insgesamt. Durch ein ästhetisches Vorgehen, das keinen Anspruch auf letztgültige Wahrheit erhebt, gelangen wir zu jener stets vorläufigen Form der Erlösung, die Nietzsches berühmtem Übermenschen Kraft geben sollte. Dieser Übermensch hat sich von dem nagenden Selbsthass befreit, der eine unausweichliche Folge der christlichen Moral und des Glaubens an eine sinnlich nicht wahrnehmbare Ideenwelt ist. Der unabhängige, selbstbestimmte Übermensch wird nicht durch Schuld oder Angst angetrieben, sondern durch einen das Selbst übersteigenden Willen zur Macht. Es lohnt sich hier ausführlich zu zitieren, was Nietzsche selbst im Vorwort zu dem erst posthum veröffentlichten Werk *Ecce Homo* schrieb:

> „Wer die Luft meiner Schriften zu atmen weiß, weiß, daß es eine Luft der Höhe ist, eine *starke* Luft. Man muß für sie geschaffen sein, sonst ist die Gefahr keine kleine, sich in ihr zu erkälten. Das Eis ist nahe, die Einsamkeit ist ungeheuer – aber wie ruhig alle Dinge im Lichte liegen! wie frei man atmet! wieviel man *unter* sich fühlt! – Philosophie, wie ich sie bisher verstanden und gelebt habe, ist das freiwillige Leben in Eis und Hochgebirge – das Aufsuchen alles Fremden und Fragwürdigen im Dasein, alles dessen, was durch die Moral bisher in Bann getan war. [...] – Wieviel Wahrheit *erträgt*, wieviel Wahrheit *wagt* ein Geist? das wurde für mich immer mehr der eigentliche Wertmesser. Irrtum (– der Glaube ans Ideal –) ist nicht Blindheit, Irrtum ist *Feigheit*."

Wie sehr sich Nietzsches Position von den Auffassungen der platonischen, christlichen oder aufklärerischen Rationalisten unterscheidet, wird klar, wenn man sich Platons Forderung nach Verbannung der Dichter aus seinem Idealstaat in Erinnerung ruft. Im entschiedenen Gegensatz zu Platon wurde für Nietzsche das Leben erst durch die Künste erträglich, durch Dichtung oder Musik. Auf eine Weise, die wesentliche Teile der modernen Kunst vorwegnimmt und Platons Auffassung von den Dichtern widerspricht, betrachtet Nietzsche lediglich jene Kunst kritisch, welche weiterhin die „metaphysische Saite" anschlägt, etwa die gotischen Kathedralen, Dantes Dichtung, Raffaels Gemälde und die Musik von Bach. In diesen Momenten der religiösen und metaphysischen Verzückung werde der „intellektuale Charakter" des Denkers „auf die Probe gestellt". Dagegen pries Nietzsche ebenjene Dichtung und bildende Kunst, die Platon als bloßes Abbild eines Abbilds ansah, also jene Art von Kunst, die das Hier und Jetzt des gelebten Lebens, die Subjektivität und das vergängliche Wesen des Daseins abbildet.

Nietzsches Gedanken sind alles andere als leichte Kost. Er stellte keine festen Grundsätze auf, an denen man sein Leben ausrichten könnte, ja, er lehnte sogar ihre bloße Möglichkeit ab. Wie das Leben selbst befinden sich auch Werte und Ideale in einem unablässigen Wandel und sind notwendig immer nur subjektiv und zufällig. Sich an Abstraktionen zu klammern oder eine unwandelbare Welt vollkommener Ideen zu postulieren heißt, die Schönheit des gelebten Lebens zu verneinen. Wenn wir uns der Welt, wie wir sie vorfinden, stellen, ohne Zuflucht zur Metaphysik zu nehmen, mag das zwar einerseits Verlust und Schmerz hervorrufen, andererseits können wir so die ergreifende Schönheit einer wahrhaften Begegnung mit dem Vergänglichen erleben. Nietzsche begriff sich selbstbewusst als „Philosoph der Zukunft" und als geistiges „Dynamit". Diese durchaus großspurige Selbsteinschätzung wurde zumindest durch seinen Einfluss auf den Existenzialismus und das moderne Denken insgesamt bestätigt. Doch auch wenn Nietzsches Hellsichtigkeit in dieser Hinsicht zutiefst erstaunlich anmutet, scheint er keineswegs vorausgesehen zu haben, wie umfassend unser kollektives Verlangen nach körperlicher Bequemlichkeit und geistiger Betäubung die von ihm diagnostizierte spirituelle Krise zu übertünchen vermag.

Für alle, die sich nicht taub stellen, lautet Nietzsches kühne Aufforderung, den erforderlichen Mut aufzubringen und ja zum Dasein zu sagen – nicht aus unerschütterlichem Stoizismus, sondern voll spielerischem Vergnügen. Und was ist Sport anderes als ein Spiel?

Unsere Tour rückt immer näher, dennoch trainiere ich weiterhin ausschließlich nach Gefühl und Intuition, ohne Leistungs- oder Herzfrequenzmesser. Wenn ich Zeit habe und mich ausgeruht fühle, fahre ich einfach los. Selbst nach all den Jahren verstehe ich noch die tausend feinen Signale meines Körpers, mit denen er mir anzeigt, ob er bereit ist, sich zu verausgaben, oder eher nach Erholung verlangt. Zugleich wird mir klar, dass ich mir in meiner aktiven Zeit oft selbst mein größter Feind war, weil ich nicht auf mein Befinden geachtet hatte. Mein Trainingsplan war mir heilig, und wenn ich an einem Tag nicht exakt das geplante Pensum absolvierte, kam ich mir wie ein Versager vor. Unweigerlich stiegen Schuldgefühle hoch und die Sorge, dass die anderen härter arbeiteten als ich.

Die Vorstellung, Erfolg beruhe schlicht darauf, mehr zu tun als andere, ist trotz ihrer Naivität bis heute nicht unterzukriegen. Im Trainingszentrum hing in dem Raum mit den Rollentrainern ein Poster, auf dem in schwarzen Lettern stand: „In genau diesem Moment trainiert irgendwo jemand härter als du!“ Es befeuerte eine Art paranoides Wettrüsten aus Training und Erschöpfung, angetrieben von der quälenden Überzeugung, dass man trotzdem nie genug tat. Während unseres mehrwöchigen Trainingscamps in der dünnen Höhenluft von Colorado war ich irgendwann so erschöpft, dass ich Schlafprobleme bekam, ein untrügliches Symptom von Übertraining. Wenn meine Zimmergenossen längst weggedöst waren, drehte ich mich hin und her, und Sätze aus meinem Deutschunterricht rotierten in meinem Kopf: *Ich bin, du bist, er/sie/es ist.* Deutsch war die einzige Fremdsprache, die mein Vater beherrschte, weil er einige Zeit in Berlin gelebt hatte. Doch nicht nur deshalb wollte ich diese Sprache lernen, sondern weil sie die Sprache einer großen Philosophietradition war, der von Kant und Hegel, von Nietzsche und Heidegger. Wenn ich auf dem Ergometer trainierte oder mich vor dem Begleitwagen abstrampelte, kamen mir immer wieder durch den Schleier der Erschöpfung zusammenhanglose deutsche Sprachfetzen in den Sinn. In solchen Momenten fragte ich mich, ob ich wohl ein anderer wäre und anders denken würde, wenn nicht Englisch meine Muttersprache wäre. Ob sich mir vielleicht sogar die Wirklichkeit selbst ganz anders darstellen würde.

Da ich auf der Tour mit Jackson und Zach täglich mehr als fünf Stunden auf dem Rad sitzen werde, erhöhe ich mein Trainingspensum von Woche zu Woche. Aus drei Stunden werden vier, aus vier fünf. Steigungen, bei denen ich noch wenige Wochen zuvor aus dem Sattel gegangen bin und auf den 28er-Ritzel geschaltet habe, sind nun kein Problem mehr. Mit meiner zunehmenden Fitness scheint sich auch die Landschaft zu verändern. Das Fahrradfahren wird wieder zu einer körperlichen Sucht. Statt heimzukehren, möchte ich am liebsten immer weiterfahren. Mein Körper kommt mir leichter und leistungsfähiger vor, und auch meine Gedanken erscheinen mir klarer. Es ist, als sei ein Schmutzfilm weggewischt, der vor meinen Augen gelegen hat. Zum ersten Mal seit vielen Jahren scheine ich die Welt wieder so zu sehen, wie sie tatsächlich ist. Ich male mir aus, was vor mir liegt – was vor *uns* liegt –, und wie wir frei von Alltag und Verpflichtungen an der Küste entlangrollen werden. Ja, ich freue mich tatsächlich darauf.

Es reichte mir nicht, die Gedanken von Nietzsche und den Existenzialisten zu verstehen; ich wollte auch danach leben. Beim Versuch, dies mit dem Radsport zu verbinden, kamen mir Zweifel, ob ich womöglich zu viel von meinem Sport, oder vom Sport im Allgemeinen, verlangte. Ich fragte mich, wie man auf ganz praktischer Ebene Nietzsches Idealbild vom Leben gerecht werden konnte. Weder Produktivität noch finanzieller Erfolg waren die Lösung, so viel stand fest. Zugleich ahnte ich bereits, dass noch mehr philosophischer Input vor allem nur noch mehr Worte bedeuten würde. Es war vielleicht besser, es dabei bewenden zu lassen. Was Nietzsche mir zu sagen hatte, war laut und deutlich angekommen.

Die Frage war, wie ich diese Einsicht auf sinnvolle Weise umsetzen und Verlockungen wie Bequemlichkeit und Normalität widerstehen sollte. Denn genau diese stellten sich allerorts der Anerkennung der völligen Fremdartigkeit des Lebens entgegen, während ich dieses Gefühl als definierendes (und womöglich einziges) Merkmal meiner Persönlichkeit angenommen hatte.

In meinem ersten Jahr an der Universität trainierte ich so verbissen wie nie zuvor. Bei den Olympia-Ausscheidungswettbewerben auf der Bahn war ich unter die ersten fünf gekommen, trotzdem hatte man mich nicht für das Team nominiert. Daher wollte ich mithilfe des Trainingsplans von meinem persönlichen Coach Harvey Nitz mein Endtempo auf der Bahn in Erfolge als Sprinter auf der Straße ummünzen. Nach den Seminaren am Morgen legte ich eine kurze Essenspause ein, um dann täglich fünf- oder sechsstündige Ausfahrten in die Santa Cruz Mountains zu unternehmen. Im Trainingszentrum hatte ich mich daran gewöhnt, ständig beobachtet zu werden: auf der Bahn aus dem Innenbereich des Velodroms und auf der Straße aus dem Begleitwagen heraus. Nun war ich endlich allein unterwegs und genoss die langen Tage auf dem Rad, bei denen ich die diesige Luft in meinen Lungen und auf dem Gesicht spürte. In Colorado und im Santa Clara Valley hatte ich unter dem weiten Himmel eine schier endlose Landschaft durchquert. Dagegen waren die Straßen in den Bergen rund um Santa Cruz schmal und beinahe intim. Viele waren kaum mehr als notdürftig geteerte Forstwege, deren Verlauf dem Prinzip des geringsten topografischen Widerstands folgte. Sie lagen im Schatten hoch aufragender uralter Mammutbäume, und nur gelegentlich durchbrach eine moosbewachsene Hütte am Wegesrand die Einsamkeit. Die Welt rückte mir nahe und offenbarte sich durch die ständigen Kurven immer nur häppchenweise. Eulen linsten durch die Zweige. Salamander mit leuchtend orangefarbenen Bäuchen huschten über den Waldboden. Offen für die feinen Geruchsnuancen der Umgebung und das sanfte Rauschen in den Bäumen, war ich im umfassendsten Sinne des Wortes allein mit meiner Einsamkeit und trieb immer weiter hinein.

Während ich auf den Bergstraßen von meinen Träumen von zukünftigen Erfolgen und zu den Klängen von PJ Harvey, Radiohead oder den Smashing Pumpkins vorwärtsgetrieben wurde, hatte ich oft das Gefühl, als könnte der Radsport tatsächlich ausreichen, als könnte ich durch ihn meine Hoffnungen verwirklichen und dem, was ich empfinde, Ausdruck verleihen. In anderen Momenten, wenn ich erschöpft war oder bei einer Panne in abgelegenen Orten wie Ben Lomond, Freedom oder Boulder Creek am Straßenrand mit zittrigen Händen den Schlauch wechselte, überfiel mich der Gedanke, dass der Radsport doch zu prosaisch, zu grob war. Niemals würde ich auf diese Weise nach Nietzsches Idealen leben, ja noch nicht einmal meinen eigenen Idealen folgen können. Also begab ich mich auf die Suche nach Vorbildern, die mir auf meinem körperlichen Weg mehr Inspiration geben konnten als Nietzsche. Fündig wurde ich bei dem russischen Balletttänzer Vaslav Nijinsky.

Erstmals war mir Nijinsky in Colin Wilsons Buch *The Outsider* begegnet. In Nietzsches Tradition beschrieb Wilson den Existenzialismus nicht einfach als Versuch der Überwindung einer abstrakten Sinnkrise, sondern eines Lebensproblems. Die Umrisse dieses Problems stellte er anhand verschiedener Fallstudien dar, wobei er die Außenseiter (von denen Wilson sagt, sie sähen „zu tief und zu viel") in vier verschiedene Typen einteilte: den intellektuellen, den spirituellen, den romantischen und, für mich am interessantesten, den physischen Außenseiter. Für letzteren Typus stand bei ihm beispielhaft Nijinsky.

Als berühmtester Balletttänzer des frühen 20. Jahrhunderts begeisterte Nijinsky das Publikum in ganz Europa. Sein Ruhm erreichte seinen Höhepunkt in den Jahren unmittelbar vor dem Ersten Weltkrieg. 1917 begann Nijinsky, der zu der Zeit in der Schweiz lebte, mit Tagebuchaufzeichnungen. Hier notierte er jedoch nicht etwa Gedanken über Ballett oder sein Privatleben, sondern es trieben ihn die Gräuel des Krieges und die Werke Nietzsches, Tolstois und Dostojewskis um. Bei der schmerzlichen Lektüre des Tagebuchs (das er bis zu einem Nervenzusammenbruch im Alter von gerade einmal 29 Jahren führte) stößt man immer wieder auf Einsichten wie in kaum einem anderen Dokument jener Zeit. Es ist Zeugnis eines Triumphes des Körperlichen über das Intellektuelle, bei dem Fragen nach dem Sinn in reine körperliche Empfindung überführt werden, etwa: „Ich bin ein Mensch der Bewegung." An anderer Stelle und noch pointierter: „Ich fühle mit dem Körper, nicht mit dem Intellekt." Durch diesen radikalen Bruch mit dem leidenschaftslosen, von ihm verabscheuten philosophischen Intellektualismus ging Nijinsky sogar über die immer noch rationale Sprache etwa eines Nietzsche hinaus.

In meinen Augen besaß auch der Radsport dieses Potenzial des Unmittelbaren, Körperlichen und Ästhetischen. Die Fotos von Topfahrern in Zeitschriften wie *Cycling Weekly* und *Cycle Sport* zogen mich in ihren Bann. Wenn ich nur irgendwie hinter ihr Geheimnis kommen würde, wüsste ich endlich, was einen großartigen Fahrer ausmachte. Für immer in mein Gedächtnis eingebrannt hat sich etwa ein Foto des belgischen Radstars Frank Vandenbroucke aus seiner Zeit bei der französischen Cofidis-Mannschaft. Den helmlosen blondierten Haarschopf nach hinten gekämmt, scheint er mit den Händen kaum die Bremshebel zu berühren, als würde er über seiner Rennmaschine schweben. Aufgrund der Abertausenden Stunden, die ich selbst auf dem Rad zugebracht hatte, erkannte ich an dem Winkel seines Handgelenks zur Position seines Sattels instinktiv, was für ein großartiger Fahrer Vandenbroucke war. Genauso, wie ich es im Fall von Nijinsky verstanden (oder vielmehr gefühlt) hatte, ging mir auch bei diesem Foto von Vandenbroucke auf, dass es nicht nur das geistige, sondern auch eine Art kinästhetisches Genie gibt. Dieses besteht aus der Kraft oder dem Ausdauervermögen eines Fahrers, aber ebenso aus seinem Stil auf dem Rad, sprich der Fähigkeit, das Körperliche in Kunst zu verwandeln. Für mich wurde Vandenbroucke zum Inbegriff dieses Ideals. Er machte den Sport zu seiner Bühne, auf der er mit überirdischer Eleganz triumphierte. Sein Rad wirkte wie eine Erweiterung seines Körpers. Wenn er in der dünnen Höhenluft die Berge hinaufkletterte, hielt er die körperlichen Qualen des Radsports nicht einfach nur aus, er genoss sie und verkörperte damit Nietzsches „Willen zur Macht“.

Der amerikanische Autor David Foster Wallace, auch er ein talentierter Sportler mit Philosophie-Studium, zog in seinem Artikel über Roger Federer für die *New York Times* ebenfalls diese Verbindung zwischen der Schönheit im Sport und dem Körperlichen:

> „Im Wettkampfsport geht es nicht um Schönheit, aber der Spitzensport ist eine der wichtigsten Ausdrucksmöglichkeiten für menschliche Schönheit. [...] Die menschliche Schönheit, um die es hier geht, ist eine spezifische Schönheit; man könnte sie kinetische Schönheit nennen. Ihre Kraft und ihre Attraktivität sind allgemeingültig. Das hat nichts mit Sex oder kulturellen Normen zu tun. Letztlich geht es eher um die Versöhnung des Menschen mit der Tatsache, dass er einen Körper hat.“

Mit den Einsichten, die ich dem Sport verdankte, erschien es mir möglich, das Denken im Denken selbst zu transzendieren. Denn so verführerisch die Philosophie auch war, sie hielt die Welt doch auf Distanz. Ich aber wollte nicht als unbeteiligter Beobachter leben. In dem Moment, da ich mich körperlich ganz der Bewegung überließ, traten die Worte und Gedanken, die mich sonst quälten, in den Hintergrund. So wie Nijinsky beim Tanzen ganz Tanz wurde und Vandenbroucke mit seiner Rennmaschine verschmolz, traten im Sattel meine Gedanken in den Hintergrund. Es gab nur noch mich und das Fahrrad. Der Radsport konnte wirklich alles für mich sein, vielleicht nicht immer, aber zumindest für den Moment.

Kapitel 3

Das Material

Fahrräder sind für mich Wesen, keine Produkte.
Sie sind meine Söhne, meine biologischen Kinder.

Ernesto Colnago

Ein Fahrrad setzt sich aus einer Vielzahl von Teilen zusammen, lediglich mit dreien davon kommt man körperlich unmittelbar in Berührung: Griffe, Sattel und Pedale. Nur über diese Kontaktpunkte nimmt der Fahrer den ständigen Fluss der Informationen auf, die seine Rennmaschine ihm liefert und die er unbewusst verarbeitet, um dann ebenso unbewusst darauf zu reagieren. Wie ein erfahrener Musiker Nuancen seines Instruments wahrnimmt, die jedem anderen verborgen bleiben, erfasst ein Radprofi auf vorbewusster, neuromuskulärer Ebene die spezifischen Informationen seines Rads etwa auf technisch anspruchsvollen Abfahrten oder wenn er sich durchs Feld schlängelt.

Jedes einzelne Teil eines Fahrrads wirkt sich auf die Art und die Qualität des Feedbacks aus. Ein Rad mit steifem Rahmen und schmalen Reifen beginnt in einer engen Kurve zu flattern, sodass man seine Linie verlassen muss, wohingegen man mit einem nachgiebigeren Rahmen und breiteren, weicheren Reifen dieselbe Kurve in höherem Tempo nehmen kann. Das Ideal ist, in jedem Moment genau zu spüren, was geschieht, sodass man es, ohne dass sich das Bewusstsein einschalten müsste, versteht und entsprechend reagieren kann.

Manche Fahrer, und sogar Spitzenfahrer, achten bei ihren Rädern nur darauf, dass Rahmenhöhe, Sattel, Lenker und Pedale zu ihrem Körperbau passen. Andere dagegen – und zu diesen gehöre ich – sind besessen vom Fitting und von der richtigen Ausrüstung. Vermeintlich unbedeutende Handlungen wie das Umwickeln des Lenkers oder das Verkleben der Schlauchreifen besitzen für sie den Charakter eines religiösen Rituals. Von solchen Details besessen zu sein, mag sich fürchterlich kleinkariert anhören, es soll damit das Rad auch keineswegs zum Fetischobjekt erhoben werden; vielmehr geht es darum, es quasi unsichtbar werden zu lassen, indem jegliches Knarzen oder Schaltproblem verhindert wird, jede noch so kleine Kleinigkeit, durch die uns das Fahrrad selbst bewusst wird. So paradox es klingen mag: Schenke deiner Ausrüstung so viel Aufmerksamkeit wie möglich, damit du sie vergessen kannst.

Mit meiner Akribie stehe ich keineswegs allein da. Bekanntermaßen beschäftigte sich Eddy Merckx geradezu fanatisch mit seiner Ausrüstung. Er probierte haufenweise Rahmen aus, deren Geometrie nur minimal voneinander abwich, und hielt im Training, ja sogar in Rennen, immer wieder an, um Anpassungen von wenigen Millimetern am Sattel oder an den Schuhplatten vorzunehmen. Auch Frank Vandenbroucke gehörte zu dieser Spezies. Angeblich forderte er vor der Saison 1999 auf der Suche nach der perfekten Abstimmung nicht weniger als 17 verschiedene Versionen seines Rahmensets an. Ein Fall aus der jüngeren Vergangenheit ist der ehemalige Zeitfahr-Weltmeister Rohan Dennis, der seine Mannschaft wegen der in seinen Augen unzureichenden Qualität der Räder des Teamsponsors verließ (und damit angeblich auf ein Gehalt in Millionenhöhe verzichtete). Auch mein langjähriger Trainer, der Olympiamedaillengewinner Harvey Nitz, war von seiner Ausrüstung besessen gewesen und hatte immer wieder Neues ausprobiert. Er schärfte mir ein: „Du wirst nie ein Rennen wegen deiner Ausrüstung gewinnen, aber du kannst wegen ihr todsicher ein Rennen verlieren.“ Sein Tonfall verriet, dass er auf die harte Tour zu dieser Einsicht gelangt war – er war selbst einmal durch technische Mängel um den Sieg gebracht worden. Allerdings hat diese penible Aufmerksamkeit für jedes Detail auch eine Kehrseite für den Fahrer: Wenn er mit einer schnellen, gut eingestellten Rennmaschine an den Start geht, kann er sich nicht mehr mit den gängigen Entschuldigungen und Erklärungen herausreden. Verliert er trotz Topausrüstung, ist für jeden klar, dass nur er selbst dafür die Verantwortung trägt.

An den Einstellungen eines Rades lässt sich nicht nur die Körpergröße des Fahrers ablesen, sondern auch sein Können. Von der Neigung der Bremsgriffe bis zum Winkel des Sattels und der Platzierung des Lenkers verrät einem jedes Detail, ob das Rad einem erfahrenen Kämpen oder einem Anfänger gehört. Diese Sportart ist ohne Frage ausrüstungsintensiv. Ich hatte immer mindestens vier Rennmaschinen für die verschiedenen Wettkämpfe: ein Straßenrad, ein Bahnrad für Massenstartrennen, ein Verfolgerrad für Bahnrennen nach

Zeit und ein Zeitfahrrad für die Straße – und für jedes dieser Räder hatte ich zwei oder drei Radsätze. Wenn sich ein Nachwuchsfahrer über den Aufwand beklagte, seine Ausrüstung in Schuss zu halten, bekam er von den erfahrenen Kollegen zu hören: „Wenn du keine Lust hast, dich um dein Rad zu kümmern, hättest du Läufer werden sollen."

In den 1940er Jahren wurde Fausto Coppi untrennbar mit seinen Bianchi-Rennrädern im unverkennbaren Celeste-Farbton verbunden, weitere Stars der Szene folgten ihm und arbeiteten mit festen Radausrüstern zusammen, zunächst mit kleinen Manufakturen, später mit großen internationalen Marken. So fuhr Eddy Merckx in den 1960er und 1970er Jahren (bevor er seine eigene Marke gründete) Räder aus den Manufakturen von Ugo de Rosa und Ernesto Colnago; der Amerikaner Greg LeMond schwor auf Roland Della Santa, einen kleinen Hersteller aus Reno, Nevada; und das italienische Unternehmen Pinarello belieferte in der jüngeren Vergangenheit gleich eine ganze Reihe von Tour-de-France-Siegern wie Miguel Indurain, Jan Ullrich, Chris Froome, Sir Bradley Wiggins und Geraint Thomas. Dagegen blieb die herausragende niederländische Fahrerin Marianne Vos beinahe ihre gesamte Karriere über dem taiwanesischen Hersteller Giant Bicycles treu.

Seit den Anfängen des Radsports im späten 19. Jahrhundert bis in die 1990er Jahre wurden die Rahmen für Rennen in der Regel von einem einzelnen Konstrukteur gefertigt, der seine Kenntnisse lebenslang verfeinerte. Die Radrennfahrer suchten sich ihren Hersteller nach dessen Können und Renommee aus und entwickelten in enger Zusammenarbeit mit ihm ein Fahrrad, das nicht nur perfekt auf ihren Körperbau und ihre Bewegungen abgestimmt war, sondern auch auf ihren Stil. Ein kraftvoller Fahrer benötigt einen steiferen Rahmen aus stabileren Rohren als ein zierlicher Bergfahrer mit hoher Trittfrequenz, dessen Rahmen fürs Klettern über ein geringes Gewicht und eine entspanntere Geometrie verfügen muss, sich dadurch aber nicht für die hohen Geschwindigkeiten beim Sprint eignet. Solche Hersteller konnten in ihren kleinen Werkstätten jedes Rohr sorgfältig auswählen und für jeden Fahrer maßgefertigte Rahmen liefern.

Seit den 1990er Jahren mussten die handwerklichen Rahmenbauer großen Teams aus Ingenieuren, Industriedesignern und Aerodynamikern weichen, die mithilfe von Dehnungsmessstreifen, Spezial-Software und Windkanälen die auf ein Rad einwirkenden Kräfte modellieren. Aufgrund der hohen Kosten und aufwendigen Entwicklungsprozesse von modernen Carbon-Rahmen ist es inzwischen nahezu unmöglich, Geometrie und Fahreigenschaften an einen bestimmten Fahrer anzupassen. Selbst die Spitzenmodelle sind heute Massenprodukte, von denen jedes Jahr die allerneueste Version auf den Markt geworfen wird, um den Absatz anzukurbeln. Dieses Verlangen nach dem Neuesten und Besten ist ein typisches Symptom unserer materialistischen Kultur, in der wir, laut Oscar Wildes berühmtem Diktum, „von allem den Preis und von nichts den Wert" kennen. Doch wenn wir die Gegenstände, die wir täglich benutzen, lediglich als Wegwerfprodukte betrachten, ist das alles andere als materialistisch im eigentlichen Wortsinn. Zu einem wahren Materialismus, wie auch immer man zu diesem steht, gehört vielmehr die aufrichtige Ehrfurcht vor den Dingen. Man müsste sie also eigentlich besonders pfleglich behandeln, anstatt sie schnellstmöglich durch etwas Neues zu ersetzen. Ich gehöre womöglich der letzten Generation an, die ihre gesamte Laufbahn auf handgefertigten Rahmen absolviert hat. Die heutigen Carbon-Rahmen von der Stange leisten zweifellos Verblüffendes, doch ich erinnere mich noch lebhaft an die spezialgefertigten Rennräder, mit denen ich in meiner ersten Profisaison bei der kleinen amerikanischen Mannschaft Shaklee ausgestattet wurde.

Auf dem Rahmen stand „Marin", tatsächlich hergestellt worden war er jedoch vor den Toren Mailands von der Firma Billato Bicycles, einem kleinen Familienunternehmen, das seit den frühen 1950er Jahren Rennradrahmen baute. Die Geometrie war alles andere als ungewöhnlich, wenngleich wegen meines Bahnrad-Hintergrunds mein 58-cm-Ober- und Sitzrohr mit einem etwas steileren Steuerrohr und Sitzwinkel als üblich kombiniert wurden. Das Rad war lang, niedrig und wohlproportioniert. Durch die gerade Gabel mit verchromten Ausfallenden erinnerte es an ein Colnago. Dieser italienische Touch wurde noch durch die Campagnolo-Komponenten und den Lenker und den Vorbau von Cinelli verstärkt. Wenige Monate nachdem ich bei der Mannschaft angeheuert hatte, erschien in einer Zeitschrift eine Anzeige von Marin Bicycles mit mir, dazu der Slogan „Andiamo Shaklee". Das Shooting hatte an einem ungemütlichen Januartag auf einer Straße vor der Kulisse der Golden Gate Bridge stattgefunden. Ergonomisch waren die Campagnolo-Schalthebel nicht gerade ideal für das schnelle Schalten beim Sprint. Doch die funkelnden, polierten Tretkurbeln und Naben muteten eher wie Schmuckstücke an und verliehen der traditionsreichen italienischen Marke, die so viele Große unseres Sports ausgerüstet hatte, eine unbestreitbar nostalgische Aura.

Im Vergleich mit meinen vorangegangenen Rennmaschinen war dieses Rad unbeschreiblich. Nicht nur passte es wie angegossen, es war zudem steif, wenn ich sprintete, und ließ trotzdem noch die holprigsten Chipseal-Straßen wie frisch geteert erscheinen. Es war mein Arbeitsgerät und zugleich ein Kunstwerk. Ich weiß noch, wie ich aus dem Trainingslager, bei dem mir das Rad übergeben worden war, nach Hause kam und es am Fußende meines Bettes platzierte, damit es abends das Letzte und morgens das Erste war, auf das mein Auge fiel.

Im Juniorenalter war für mich ein Fahrrad wie das andere. Ich fuhr eine Reihe von kaum als optimal zu bezeichnenden Rädern, etwa ein Cannondale-Bahnrad, das so steif war, dass es sich wie „tot“ anfühlte, oder ein frühes Specialized Epic, dessen Carbon-Rohre durch Kunstharz in Verbindungsstücken aus Aluminium gehalten wurden. Beim kraftvollen Sprinten verbog es sich dermaßen, dass die Tretkurbeln an den Kettenstreben entlangratschten. Gegen Ende meiner Juniorenzeit schließlich fuhr ich kurzzeitig ein handgefertigtes Edelstahlrad, dessen Tretlager so hoch saß, dass das Rad in schnellen Kurven beängstigend zu flattern anfing. Um herauszufinden, was funktionierte und was nicht, musste man unablässig weiter probieren. Allerdings waren damals, anders als heute, auch Räder auf dem Markt, die schlichtweg Schrott waren.

Beim Blick auf ein aktuelles Peloton könnte man zu dem Schluss kommen, dass für ein Spitzenrad nur ein einziges Material infrage kommt: Carbon. Dabei durchlief der Rahmenbau vom Ende der 1980er bis zum Anfang der 2000er Jahre eine enorme Entwicklung. Die Fahrer traten auf Rädern aus nicht weniger als vier Materialien gegeneinander an: Stahl, Aluminium, Titan und Carbon. Aus jedem dieser Werkstoffe versuchten die Ingenieure und Rahmenbauer Fahrräder mit der idealen Balance aus geringem Gewicht und Steifigkeit herzustellen: steif genug, damit die Energie der Fahrer nicht verpuffte, aber auch nicht so sehr, dass die Fahrer ermüdeten, weil sich jede kleine Unebenheit des Straßenbelags über den Lenker und den Sattel auf sie übertrug. Hierfür muss ein guter Rahmen über eine gewisse Resonanz verfügen. Er darf nicht vollkommen starr sein, sodass man sozusagen gegen den Rahmen arbeitet. Vielmehr sollte der ideale Rahmen beim Treten ein wenig nachgeben und die Energie wie eine Sprungfeder absorbieren, um sie beim Hin- und Herpendeln im Sprint wieder abzugeben. Diese Balance aus Gewicht und Steife ist subjektiv und letztlich nicht zu messen. Aus diesem Grund sind bestimmte Rahmen von gewissen Herstellern bis heute begehrt, auch wenn sie bereits seit Jahren nicht mehr produziert werden: die Ultimate-Modelle von Litespeed aus Titan, die MX-Leader-Modelle von Merckx aus Stahl, die Cyfac-Modelle sowie das Team SC von Merckx aus Aluminium oder das Colnago C40 aus Carbon, mit dem Ende der 1990er und zu Beginn der 2000er Jahre die legendären Mannschaften Mapei und Rabobank von Erfolg zu Erfolg eilten. So wie manche Fahrer überlegen sind, obwohl alle über einen guten VO_2max-Wert und ein annehmbares Kraft-Gewicht-Verhältnis verfügen, stechen auch manche Fahrräder aus der Masse heraus. Sie sind aus irgendeinem Grund mehr als ihr Gewicht oder ihre im Labor gemessenen Werte und scheinen über rissigen Asphalt zu schweben oder beim kräftigen Antritt vorwärts zu schnellen.

Die Fahrqualität – im Grunde also die Resonanz des Fahrrads – ist eine höchst komplexe Angelegenheit. Sie beschreiben zu wollen gleicht dem Versuch, den Klang eines Musikinstruments, das Aroma eines Weins oder die Fahreigenschaften eines Sportwagens in Worte zu fassen. Neben dem Material und der Geometrie beeinflussen noch zahllose weitere Faktoren, wie sich ein bestimmter Rahmen anfühlt, von der Wanddicke der Rohre bis zur Art ihrer Verbindung. All dies macht die Beziehung von Rad und Fahrer so einzigartig und persönlich.

Die meisten Radrennfahrer, selbst die schlechten Kletterer, haben in der Nähe ihres Zuhauses oder Trainingsstützpunkts einen Berg, den sie in- und auswendig kennen, wo ihnen jede Kurve und jeder Anstieg, jede Unebenheit und jedes Schlagloch vertraut ist. Wenn man gut in Form ist und mit gesenktem Kopf die Beine mühelos bei niedriger Übersetzung rotieren lassen kann, wird die Fahrt hinauf zur puren Freude. An einem schlechten Tag geht man aus dem Sattel, um mit roher Gewalt in die Pedale zu treten und sich höchst unelegant über exakt denselben Streckenabschnitt zu quälen.

Diese Anstiege sind nicht nur ein Indiz der eigenen Fitness, sie sind auch ein Symbol des zyklischen Vergehens der

Zeit. Unabhängig von allen Veränderungen im eigenen Leben bleibt dieser eine Berg – „dein" Berg – der eigene Maßstab. Während ein Mensch geboren wird und ein anderer stirbt, fährt man immer wieder durch dieselbe Landschaft und erlebt, wie die Natur sich ebenso verändert wie man selbst. Im Frühjahr treiben die vertrauten Bäume Blätter aus, die im Herbst dann am Straßenrand verwelken. Wenn zu Beginn des nächsten Jahres der Winter in den letzten Zügen liegt, färben sich die braunen Hänge allmählich wieder grün und verkünden, dass sich das Leben abermals erneuert und die dunkle Jahreszeit bald vorüber ist.

Von dichten Eichenwäldern über blumengesprenkelte Wiesen bis zu steil aufragenden Bergen – die Umgebung, in der wir aufwachsen, prägt uns nicht nur äußerlich, sondern verleiht unserer inneren Topografie einen Sinn. Anders gesagt: Die Landschaft bestimmter Streckenabschnitte wird zu etwas Heiligem.

Rund drei Meilen von meinem Elternhaus entfernt beginnt eine einsame einspurige Straße, die am Eingang zu einem weitläufigen Naturschutzgebiet namens Henry Coe endet. Über eine Reihe von Serpentinen, durch die selbst der größte Könner keinen Rhythmus findet, überwindet die Straße in etwas mehr als elf Meilen gut 900 Höhenmeter. Da meine Tour mit Jackson und Zach in weniger als einer Woche beginnt, beschließe ich, dass die Zeit für einen Leistungstest an „meinem" Berg gekommen ist.

Obwohl wir bereits Ende Oktober haben, ist es immer noch sommerlich warm, sodass ich weder lange Hose noch Jacke brauche. Die Klettertour soll den Abschluss eines gut fünfstündigen Trainingstages bilden. Also genehmige ich mir am Fuß der Straße noch rasch einen Energieriegel, meine letzte Reserve. Während der ersten Meile säumen unbefestigte Parkplätze den Weg, von denen man die Aussicht auf den Anderson-Stausee genießen kann. Die Straße schlängelt sich zwischen Eichen und Bärentrauben-Büschen hindurch, mit nur wenigen Anstiegen, die nicht der Rede wert sind. Das ändert sich erst, als ich auf einer rostigen Brücke eine Engstelle des Stausees passiere. Am anderen Ufer beginnt die eigentliche Schufterei.

Es kommt mir so vor, als wäre es in einem anderen Leben gewesen, dass mich mein Vater einmal an einem dunklen Sommerabend im Auto auf den Berg begleitete. Ich war 16 oder 17, gerade aus einem Trainingslager zurückgekehrt und so fit wie noch nie. Er hielt sich hinter mir, und die Scheinwerfer des Autos tauchten die Straße unmittelbar vor mir in ihren Lichtkegel, in dem die Mücken und Schnaken ihre Tänze aufführten. Mein Vater war früher Crossläufer gewesen und einmal sogar Zweiter bei den kalifornischen Meisterschaften geworden. Jetzt wollte ich ihm nicht nur zeigen, wie hart ich trainiert hatte, sondern auch, dass ich wie er Schmerzen aushalten konnte. Also stürmte ich in der kühlen Nachtluft den Berg hinauf und unterbot meine Bestzeit um mehrere Minuten. Nachdem er mir für die Abfahrt meine Jacke gereicht hatte, sprach er endlich aus, wonach ich mich mehr als nach allem anderen gesehnt hatte: dass er stolz auf mich war.

An der ersten steilen Serpentine wird mir bewusst, dass meine Gedanken auch nach all den Jahren noch unbewusst zu meinem Vater wandern. Er hat meinen Sohn erst ein einziges Mal gesehen, und ich kann mich nicht entsinnen, wann ich zum letzten Mal mit ihm gesprochen habe. Ich vermisse ihn und habe keine Ahnung, wie ich mit dem, was zwischen uns vorgefallen ist, schmerzfreier umgehen könnte. Der Weg wird immer steiler, sodass ich aus dem Sattel gehen muss, um meinen Rhythmus zu halten. Das Laktat schießt mir in die Beine, und mir wird klar, dass ich es übertrieben habe.

Als die Strecke wieder flacher wird, kehre ich in den Sattel zurück. Meine Hände ruhen auf dem Lenker, ich fahre gleichmäßig, ohne zu schalten. Im Lauf der Zeit hatte ich gelernt, dass ich Zeiteinbußen zumindest begrenzen konnte, wenn ich im Sattel blieb, ein gleichmäßiges Tempo hielt und, wie auf der Bahn, eine hohe Trittfrequenz fuhr. Ein staubiger Kombi kommt mir entgegen. Ich schalte runter, erhöhe meine Frequenz und stelle die Musik in meinen Kopfhörern lauter. Das Dach aus dichten Eichenästen, das die Straße in Schatten getaucht hat, lichtet sich. Zum ersten Mal spüre ich die intensive Kraft der Sonne auf Armen und Oberschenkeln. Ich schaue nach rechts, wo nichts mehr die Aussicht stört. Der Stausee liegt bereits weit unter mir, und mein Blick fällt über den Bergkamm auf die weite Ebene des Santa Clara Valley dahinter. In meiner Trikottasche habe ich nur einen alten iPod stecken, kein Handy. Zumindest für die Dauer meines Trainings will ich von Anrufen, Textnachrichten und E-Mails verschont bleiben.

Mein Philosophie-Studium hat mich gegen die Überzeugung immunisiert, unsere heutige Zeit sei irgendwie wertvoller als frühere Zeiten. In vielerlei Hinsicht komme ich mir wie ein Fremder vor. Ich möchte nichts zu tun haben mit dem kollektiven Ablenkungsdelirium, mit viralen Videos oder YouTube-Stars. Ohne ein Übermensch in Nietzsches Sinne zu sein, folge ich zumindest seinem Vorbild und halte mich von der Masse fern. Doch je älter ich werde, desto zwiespältiger sehe ich mein Bemühen. Vielleicht macht es mich zu einem besseren Menschen. Vielleicht macht es mich auch einfach nur einsamer.

Hinter einem Viehgitter, das sich über die gesamte Straßenbreite zieht, muss ich aus dem Sattel gehen. Ich trete schwer in die Pedale, um den letzten steilen Anstieg zu bewältigen. Als ich bei der Rangerstation am Ende der Straße ankomme, rinnen mir Schweißtropfen in die Augen. Ich trudele zu einer Sitzbank, lehne das Fahrrad an und lasse mich nieder. So weit mein Blick reicht, nichts als Natur. Die Stille wird nur vom Wind durchbrochen, der über das weite Land streicht und sich in den standhaften Eichen und Lorbeersträuchern verfängt, die sich verstreut auf den goldbraunen Grashängen erheben. In einiger Entfernung ragt ein markanter Berggrat auf, an dessen Spitze sich eine einzige moosbewachsene Eiche vor dem klaren Himmel abzeichnet. Ich würde gern ein Foto machen und es Denika schicken, doch ohne Smartphone geht das nicht. Ich ermahne mich, den Moment zu genießen und alles in mich aufzusaugen. Als mir langsam kühl wird, lasse ich ein letztes Mal den Blick schweifen, dann steige ich wieder auf mein Rad und mache mich auf den Heimweg.

Die Abfahrt ist schnell und technisch anspruchsvoll. Ich muss mit allen Sinnen präsent sein und gehe vollkommen auf in dem, was ich tue. Vergangenheit und Zukunft treten als bloße Abstraktionen in den Hintergrund. Ich lege mich in die Kurven und rase die schmale Straße hinab. Auf einer langen, geraden Abfahrt kauere ich mich aerodynamisch zusammen und beschleunige auf mindestens 80 km/h. Mit den Händen oben am Lenker hocke ich auf dem Oberrohr. Diese geduckte Haltung bringt noch einmal 3 oder 4 km/h mehr, als wenn man am Unterlenker fährt. Allerdings ist das Fahrrad auf diese Weise schwieriger zu kontrollieren. Ich scanne die Straße nach herumliegenden Ästen und Schlaglöchern ab, um keine Katastrophe zu riskieren. Als ich mich am Ende der geraden Abfahrt einer scharfen Rechtskurve nähere, warte ich den Bruchteil einer Sekunde länger, als mir der eigene Instinkt rät, bevor ich mich auf den Sattel drücke, den Unterlenker greife und die Bremshebel mit kräftigem Druck auf ihre geschmeidige Carbon-Oberfläche betätige. Nachdem ich meine Geschwindigkeit gerade so weit wie nötig gedrosselt habe, lege ich mich in die Kurve und nutze anschließend die volle Straßenbreite aus, bevor ich aus dem Sattel gehe und aus der Kurve heraussprinte.

Als sich Denika mit einem Lächeln erkundigt, wie mein Training war, erwidere ich nur: „Ganz gut.“ Vielleicht ist das Schrecklichste im Leben nicht, sich über das Wesen der Wirklichkeit zu täuschen, und noch nicht einmal, keinen Sinn zu finden – sondern in seinem Kopf gefangen zu sein. Das Schrecklichste ist es, allein zu sein.

Viele dürften den Spruch „Eine Frau braucht einen Mann genauso sehr wie ein Fisch ein Fahrrad“ kennen. Er wurde von der Feministin Gloria Steinem populär gemacht. Doch er sagt nicht nur etwas über das Verhältnis der Geschlechter aus, sondern führt auch vor Augen, wie sehr sich das Fahrrad von beinahe allen anderen Gegenständen unterscheidet. Man muss sich nur vorstellen, man würde einer intelligenten außerirdischen Lebensform, die noch nie einen Menschen gesehen hat, ein Fahrrad zeigen. Vermutlich würde es diesem Wesen zunächst absurd vorkommen. Doch aufgrund der Form des Fahrrads – also dem symmetrischen Aufbau mit dem Lenker und den zwei Pedalen – würde das intelligente Wesen eine grobe Vorstellung von unserer körperlichen Gestalt entwickeln können. Das Fahrrad ergibt als Gegenstand nur Sinn durch sein Verhältnis zu den Merkmalen des menschlichen Körpers. Wohl kein anderes Objekt reflektiert die Form und die Motorik unseres Körpers wie das Fahrrad. Das ermöglicht uns wesentliche Aufschlüsse darüber, wie wir uns auf die Welt beziehen und uns selbst als denkende Subjekte in einer Welt der Objekte begreifen. Bevor wir uns aber der Art und Weise zuwenden, wie das Fahrrad und Werkzeuge im Allgemeinen unser Selbstbild als „denkende Subjekte", die eine ungewisse und chaotische Welt zu beherrschen suchen, untergraben, gehen wir zunächst einen Schritt zurück und fragen uns, wie diese moderne Vorstellung vom Ich eigentlich entstanden ist.

Ausgehend vom französischen Philosophen René Descartes, der im 17. Jahrhundert den berühmten Ausspruch „Ich denke, also bin ich" prägte, entwickelte die westliche Philosophie ein höchst spezifisches Verständnis vom Menschen als denkendem Subjekt, das der Welt mit kühler, rationaler Distanz begegnet. Auch wenn Friedrich Nietzsche, Sigmund Freud,

Martin Heidegger oder der Wirtschafts-Nobelpreisträger von 2013, Robert Shiller, dieses Menschenbild untergruben, prägt die cartesische Vorstellung eines rationalen Ichs nach wie vor entscheidend unser menschliches Selbstbild und unsere Auffassungen von Fortschritt, Nutzen und sogar vom freien Willen.

Descartes wurde 1596 in Tours geboren und kam als Achtjähriger auf ein jesuitisches Internat. In seinen Schriften befasste er sich mit einer breiten Palette seinerzeit aufstrebender Wissensbereiche wie der Philosophie, den Naturwissenschaften und der Mathematik. Vielfach wird Descartes als „Vater der modernen Philosophie" bezeichnet, weil er für die empirischen Beobachtungen der Naturwissenschaften nach einer ebenso festen Grundlage suchte, wie sie für ihn die Gewissheiten der Mathematik darstellten.

Descartes fragte sich, wie wir trotz unserer fehlbaren Sinne und oftmals falschen Urteile zutreffende Erkenntnisse über den Zustand der Welt erlangen können. Träume, Halluzinationen und optische Illusionen stellen die Glaubwürdigkeit unserer Sinnesdaten infrage und erschüttern das Vertrauen in die empirischen Beobachtungen wissenschaftlicher Untersuchungen. Der Sonnenuntergang nimmt je nach Blickpunkt verschiedene Farben an, Träume wirken derart real, dass man sie mit der Wirklichkeit verwechselt, und aus einiger Entfernung gesehen kann man einen Gegenstand leicht mit einem anderen verwechseln. Auch wenn Descartes ein radikaler Skeptiker war, wollte er nicht einfach nur die bestehenden Überzeugungen umstürzen. Vielmehr hoffte er, den Schleier aus nicht hinterfragten Glaubenssätzen und übernommenen Konventionen zu lüften. Auf diese Weise wollte er ein Fundament errichten, auf dem sich bestimmen lässt, was wir mit absoluter Sicherheit wissen können.

Mit der unumstößlichen Gewissheit der Mathematik als Maßstab begann Descartes seine Erkundung aus einer Position des radikalen Zweifels an unserer Erkenntnisfähigkeit an sich. In einer unmittelbaren, klaren Sprache, die beispielhaft für den forschenden philosophischen Geist steht, erklärte Descartes:

> „Indem ich mir bei jeder Sache besonders überlegte, was sie bedenklich machen und uns Anlaß zur Täuschung geben könnte, schaffte ich mittlerweile alle meine Irrtümer aus meinem Geiste mit der Wurzel fort, die sich ehemals hatten einschleichen können. Nicht daß ich deswegen die Skeptiker nachahmte, die nur zweifeln, um zu zweifeln, und gern so tun, als wären sie immer unentschlossen; denn ich wollte mir im Gegenteil nur Sicherheit verschaffen und lose Erde und Sand beiseitewerfen, um Fels oder Ton zu finden."

Descartes bewegte sich noch in jenem metaphysischen Denken, von dem Nietzsche sich mehr als zweihundert Jahre später zu befreien suchte. Dennoch steht sein Wille, alles infrage zu stellen, für einen gedanklichen Bruch mit der jahrhundertelang vorherrschenden Scholastik, die auf eine Versöhnung des griechischen philosophischen Denkens mit der christlichen Lehre abzielte. Damit läutete Descartes die, nach unserem heutigen Verständnis, moderne Philosophie ein. Auf der Suche nach einem unumstößlichen Fundament des Wissens erwog Descartes in seinen *Meditationen* verschiedene Möglichkeiten, die der Erkenntnis entgegenstanden, etwa dass er verrückt und die Welt nur ein Traum sein könnte und dass es keinen vollkommenen allmächtigen Gott gäbe, sondern ihn „ein ebenso böser wie mächtiger und listiger Geist“ über das Wesen der Wirklichkeit täusche. Den Ausweg aus dieser vermeintlich hoffnungslosen Sackgasse, in der sich das Erkenntnisstreben befand, bot für Descartes die oftmals schlicht als *cogito*-Argument bezeichnete, bereits erwähnte Formel: Cogito ergo sum. Ich denke, also bin ich.

Selbst im schlechtestmöglichen Fall – dass es also tatsächlich einen bösen, täuschenden Geist geben sollte – stellte das selbstreflexive Bewusstsein des denkenden Subjekts den archimedischen Hebel dar, mit dessen Hilfe sich Descartes aus seinen radikalen Zweifeln zu befreien vermochte. Bei aller Fehlbarkeit unserer Wahrnehmung und unserer Urteile bleibt stets ein Denkender als Subjekt der Täuschung. So kommt Descartes zu dem Schluss: „Nachdem ich so alles genug und übergenug erwogen habe, muß ich schließlich festhalten, daß der Satz ‚Ich bin, ich existiere‘, sooft ich ihn ausspreche oder im Geiste auffasse, notwendig wahr sei.“

Mit der Gewissheit von seiner eigenen Existenz als denkendes, vernunftbegabtes Wesen gewappnet, konnte Descartes erneut eine Brücke zur Welt schlagen und nicht nur sich selbst, sondern den Menschen als solchen aus der ursprünglichen Position radikalen Zweifels erlösen. Die Welt der Sinne – Sehen, Hören, Schmecken, Riechen und Tasten – vermag uns in der Tat zu täuschen, doch die rationalen abstrakten mathematischen Eigenschaften der Dinge in der Welt können allein dank des Verstands „klar und deutlich" erfasst werden und für die erforderliche Gewissheit sorgen, auf der sich wissenschaftliche Erkenntnisse begründen und befördern lassen. Für den Rationalisten Descartes war die Wirklichkeit des Denkens einschließlich der Mathematik und unseres Vermögens, quantitative Aussagen über die Dinge in der Welt zu treffen, weit „wirklicher" als unsere fehlbaren Sinneswahrnehmungen.

Indem Descartes dergestalt dem Rationalen und Abstrakten den Vorzug gab, führte er zugleich die grundlegenden Bedingungen sowohl der modernen Metaphysik als auch des modernen Individuums ein. Als denkende Subjekte unterhalten wir nicht nur zur äußeren Welt, sondern auch zum eigenen Körper eine fragwürdige Beziehung. Das moderne cartesische Subjekt ist abgeschnitten vom unmittelbaren Kontakt mit der sinnlich wahrnehmbaren Welt und unfähig sich selbst zu erkennen, außer als denkendes Ding. Somit ist es zugleich stets der Gefahr des Solipsismus ausgesetzt, also der Möglichkeit, dass die gesamte Welt nur in seinem Kopf existiert (was objektiv tatsächlich in vielerlei Hinsicht zutrifft).

Diese Argumentation birgt die leicht zu parodierenden Elemente eines philosophischen Einführungsseminars: *Sag mal, existiert dieser Tisch wirklich?* Doch die Frage, wie wir zu zuverlässigen Erkenntnissen gelangen können, war entscheidend für die Entwicklung der Aufklärung und der modernen Wissenschaft. Ohne Übertreibung lässt sich feststellen, dass die cartesische Ich-Auffassung bis heute die unhinterfragte Grundlage darstellt für das Bild vieler Menschen davon, was es eigentlich bedeutet, ein Mensch zu sein. Die anhaltende Wirkung von Descartes' Gedanken beruht einerseits auf ihren vorgeblichen philosophischen Lösungen, andererseits auf den wissenschaftlichen und materiellen Erfolgen, die ein unmittelbares Ergebnis der rationalen Welterkenntnis waren und sind. Das cartesische, durch und durch metaphysische Subjekt hält die Außenwelt auf Armeslänge entfernt und erlangt somit die berechnende Herrschaft der Ideen und Abstraktionen, aus der die uns bekannte technische Welt hervorging. Aus dem cartesischen Lehnsessel des reflektierenden Zweifels betrachtet, zieht die Welt vorbei wie so viele Phantome, von denen wir uns nie gewiss sein können, dass sie tatsächlich wahr sind. Auch Descartes selbst bekannte in seinen *Meditationen* das rätselhafte Wesen des „Ichs", das sich selbst trotz aller Denkanstrengungen nie vollständig rational erfassen kann. Das Naheliegendste bleibt uns für immer fern. Diese Auffassung vom Ich hat weitreichende emotionale Folgen. Nicht allein können wir den bloßen Erscheinungen nicht trauen, sondern die Person, die denkt, bleibt aus logischer Notwendigkeit für sich selbst blind. Man könnte annehmen, dass diese Auffassung von uns selbst im Lauf der Jahrhunderte verblasst wäre. Doch die Vorstellung, wir alle wären dem Wesen nach rationale, distanzierte Denkende und Diagnostiker der materiellen Welt, ist heute aufgrund des Einflusses der modernen Technik in vielerlei Hinsicht stärker als je zuvor. Die technische Herangehensweise an die Welt, in der wir sie als eine Abfolge zu überwindender Probleme betrachten, war ein faustischer Pakt, dessen Bedingung lautete, dass wir uns von der Welt der Erscheinungen absondern. Obgleich das die Grundlage für beispiellose technische Innovationen und Erkenntnisse bildete, wäre der Glaube naiv, dass wir keinen Preis dafür zahlen müssten.

Das cartesische Ich bereitete mit seiner Entfremdung, seinen Zweifeln und seiner Distanzierung sowohl von der Außenwelt als auch vom eigenen Körper nicht nur der existenzialistischen Revolte die Bühne. Vielmehr können diese Eigenschaften auch ein Stück weit erklären, inwiefern das Fahrrad sich von so vielen anderen Gegenständen in der Welt unterscheidet: Es vermag uns aus dem endlosen Strom der technischen Ablenkungen zu befreien, der das moderne Leben prägt.

Am Tag vor unserer Tour bin ich bereits früh wach. Ich fülle meine Trinkflaschen, pumpe meine Reifen auf und fahre ein letztes Mal zu einer Trainingsausfahrt los. Am nächsten Morgen um diese Zeit werden Jackson, Zach und ich im Schatten der Golden Gate Bridge starten. Ich breche nach Süden auf. Eine steife Brise weht mir ins Gesicht, doch ich fühle mich gut und frisch. Meine Beine sind locker, mein Herz kommt langsam auf Touren. Eine Schlechtwetterfront schiebt sich näher, und ich spüre, wie die feuchte Luft gleichmäßig in meine Lungen herein- und wieder herausströmt. Unterwegs begleiten mich tiefhängende Wolken, die nordwärts ins Tal ziehen. Gerade, als ich mich auf den Rückweg mache, beginnt es zu nieseln. Ich bin immer schon gerne im Regen gefahren und habe bei kühlem, feuchtem Wetter meine besten Ergebnisse erzielt. Heute herrschen erträgliche Temperaturen, sodass das Wasser auf dem Teer verdunstet und die Luft mit diesem unverwechselbaren Duft erfüllt. Wie immer bei Regen kommt mir ein wunderbarer deutscher Satz in den Sinn: „Es regnete ununterbrochen." Dieses unpersönliche „es", das für alles und nichts das Elementare und urwüchsig Schöne evoziert.

Der beständige Nieselregen legt sich wie ein Schleier vor die Landschaft. Aus Vorsicht passe ich meine Fahrweise an. Der erste Regen im Jahr ist immer am gefährlichsten, da er die Öl- und Benzinrückstände aus den Poren des Teers spült, wo sie sich über die langen Sommermonate abgesetzt haben. Durch das vom Fahrbeinscheitel zur Seite ablaufende Wasser kann es passieren, dass eine rot-, blau-, grün- und gelbschillernde Fläche unter den Reifen auftaucht und man urplötzlich über den Asphalt schliddert und sich blutige Ellbogen und Knie holt. Aus Erfahrung klug geworden, fahre ich langsam und nehme behutsam die letzten steilen Kurven.

Als ich das Fahrrad hochhieve, um es an der Wandhalterung aufzuhängen, bemerke ich, wie schmutzig es ist. Es führt kein Weg dran vorbei: Ich muss es vor unserer Tour noch einmal reinigen. In meinen nassen Klamotten fülle ich wie Tausende Male zuvor einen Eimer mit Wasser und Spülseife, rolle das Rad zurück auf die Auffahrt und beginne es zu putzen. Obwohl es ein Carbonrad von der Stange ist, war ich von Anfang an begeistert. Ich verstehe das Rad und vertraue ihm. Die Rohre wirken fließend und organisch. Das Oberrohr geht sanft in das Sitzrohr über, und das Unterrohr zweigt nicht in einem spitzen Winkel, sondern in elegantem Schwung vom

Steuerrohr ab. Mit dem Wasserschlauch spritze ich das Gemisch aus Seifenschaum und Fettlöser ab und beobachte gebannt, wie die Kettenblätter und Zahnräder silbern funkelnd auftauchen.

Ich setze die Laufräder wieder ein, ziehe die Schnellspanner fest und reibe alles vorsichtig trocken. Wenn ich fahre, interessiert mich das Fahrrad nicht technisch-theoretisch, ich erlebe es unmittelbar. Mich verbindet eine echte Beziehung mit ihm, ich nutze es. Im Gegenzug eröffnet es mir einen Ausweg aus meinem Kopf. Es gibt der Welt ihren einstigen Zauber zurück und versetzt mich mitten hinein in die Welt der gelebten Erfahrung.

Dem Konzept des Ichs als cartesisches denkendes Subjekt ist die Überzeugung implizit, dass sich alle Dinge, denen wir in der Welt begegnen, von ihrem Wesen her gleichen. Egal, was etwas ist oder wie es verwendet wird, für Descartes ist jedes Objekt nur wirklich und nützlich, insofern es sinnlich nicht erfassbare rationale Eigenschaften aufweist. Sonne und Mond, Gebäude, Hämmer oder Fahrzeuge sind für ihn alles Dinge, die wir aufgrund unseres abstrakten Wissens über sie gedanklich präzise erfassen können, auch wenn wir uns hinsichtlich ihrer Farbe, Größe und sonstigen Merkmale irren können.

Gegen diese Auffassung von Descartes erhob Martin Heidegger Einspruch. Für ihn erklärte sie bei allem unzweifelhaften Nutzen, die sie haben mochte, nicht die Art und Weise, wie wir in der Welt sind und sie erfahren. Vielmehr sprach Heidegger in Hinblick auf gewisse Dinge, in erster Linie Werkzeuge und

Gebrauchsgegenstände, von ihrer „Zuhandenheit". Solche zuhandenen Dinge lassen sich nicht durch eine Analyse ihrer rationalen, sinnlich nicht erfassbaren Merkmale begreifen, sondern nur mithilfe einer Haltung der Sorge und Fürsorge, die wir ihnen im Gebrauch entgegenbringen – wie etwa ein Radrennfahrer seinem Fahrrad, ein Musiker seinem Instrument oder ein Holzarbeiter seiner Säge.

Beispielhaft für Heideggers Konzept der Zuhandenheit erscheint mir meine Beziehung zu meinem silberfarbenen Marin-Straßenrad, die seinerzeit sicher nicht von abstrakten, wesenhaften Eigenschaften bestimmt wurde, sondern auf Sorge und körperlicher Erfahrung beruhte. Mein Verhältnis zu diesem speziellen Fahrrad gründete auf der Art und Weise, wie es mir beim Fahren Informationen übermittelte. In seinem Werk *Sein und Zeit* von 1927 erklärte Heidegger:

> „Die Seinsart von Zeug, in der es sich von ihm selbst her offenbart, nennen wir die Zuhandenheit. [...] Das schärfste Nur-noch-hinsehen auf das so und so beschaffene ‚Aussehen' von Dingen vermag Zuhandenes nicht zu entdecken. Der nur ‚theoretisch' hinsehende Blick auf Dinge entbehrt des Verstehens von Zuhandenheit. Der gebrauchend-hantierende Umgang ist aber nicht blind, er hat seine eigene Sichtart [...]. Der Umgang mit Zeug unterstellt sich der Verweisungsmannigfaltigkeit des ‚Um-zu'."

Das zuhandene Ding holt in seinem Gebrauch das cartesische Subjekt aus seiner abstrakten theoretischen Distanz zurück in eine Welt, die von menschlichen Anliegen und Problemen durchtränkt ist. Auf diese Weise untergräbt es die begrenzte cartesische Vorstellung, laut der das Ich von der Sinneswelt getrennt ist.

Heidegger zufolge ist der Mensch kein bloßes Subjekt, das eingesperrt in das von ihm sogenannte „'Gehäuse' des Bewusstseins" einer Welt der Objekte begegnet. Wir sind ein Teil der Welt, von ihr in den Bann geschlagen und untrennbar mit ihr verbunden. Das zuhandene Fahrrad unterläuft in seiner unmittelbaren, instinktiven Verwendbarkeit – das heißt ohne Vermittlung durch Abstraktionen oder ein Interface – den streng theoretischen Blick auf die Welt und uns selbst. Im Gegensatz etwa zu einem Autofahrer oder dem Passagier in einem Zug oder Flugzeug erleben wir auf dem Rad unsere Umgebung hautnah, sei es Regen oder Kälte, Hitze, Gerüche oder das Licht einer spezifischen Landschaft. Das Tempo eines Radfahrers wird allein durch sein Können und sein körperliches Leistungsvermögen bestimmt. Er nimmt nicht nur die Strecke, sondern auch die Landschaft mit all ihren Besonderheiten unmittelbar wahr und spürt die Anstrengung bei jedem Anstieg und die Erholung bei jeder Abfahrt in Lunge und Muskeln.

Ein aufschlussreiches und eigentümliches Beispiel für den instinktiven Widerstand von Radrennfahrern gegen alles, was ihr unmittelbares sinnliches Erleben der Welt schwächen könnte, ist die Reifenart, die bis heute von den meisten Profis bevorzugt wird: der Schlauchreifen. Anders als die leicht zu wechselnden Drahtreifen, die durch eine Wulst in der Felge einhaken, werden Schlauchreifen direkt auf die Felge geklebt. Der Schlauch, der bei Drahtreifen lose im offenen Mantel liegt, ist bei Schlauchreifen vollständig vom zugenähten Mantel umschlossen. Das Aufziehen eines Schlauchreifens ist eine mühsame Angelegenheit. Zunächst muss er gedehnt werden, dann werden mehrere Schichten Spezialkleber aufgetragen, die zwischendurch immer wieder Zeit zum Trocknen brauchen. Ein weiterer erheblicher Nachteil ist, dass es sich bei einer Panne aufgrund des eingenähten Schlauchs meist nicht lohnt, einen (teuren) Schlauchreifen zu reparieren. Zusätzlich zu diesen praktischen Schwierigkeiten haben jüngste Laborversuche ergeben, dass der althergebrachte Schlauchreifen vielfach noch nicht einmal Vorteile hinsichtlich des Rollwiderstands bietet. Angesichts dessen fragt man sich schon, warum die Mehrheit der Profis nach wie vor mit Schlauchreifen fährt.

Die Antwort darauf hängt in erster Linie mit dem Wunsch der Fahrer nach einer möglichst direkten Rückmeldung zum Verhalten des Rads in jeder erdenklichen Situation zusammen. Ein Radsportler hat, wie bereits gesagt, an drei Punkten körperlichen Kontakt mit dem Fahrrad, wohingegen die Kontaktfläche des Reifens mit dem Untergrund nur rund zwei Quadratzentimeter misst. Somit beeinflusst die Qualität des Feedbacks der Reifen entscheidend, inwieweit ein Fahrer versteht, wie sich sein Rad in einer bestimmten Situation verhält. Das Profil eines Drahtreifens gleicht einem gestauchten U, wobei die Enden des U in der umlaufenden Nut der Felge einhaken. Dagegen behält der direkt auf die Felge geklebte Schlauchreifen stets sein rundes Profil, auch wenn sich ein Fahrer in die Kurve legt, eine Situation, in der sich das U eines Drahtreifens zur Seite verschiebt. Der Schlauchreifen „sagt" dem Fahrer sehr viel besser als ein Drahtreifen, was gerade geschieht.

Auch der Internationale Radsportverband UCI hat irgendwie verstanden, dass erst die Beziehung zwischen dem Sportler und seinem Fahrrad den Sport zu dem macht, was er ist. Ohne dass es ausdrücklich formuliert worden wäre, wurde allerhand dafür getan, dem technischen Aufwand Grenzen zu setzen und Fahrräder als Fahrräder erkennbar zu halten – von den komplizierten Regeln beim Rahmendesign bis zum langanhaltenden Widerstand gegen Scheibenbremsen bei Straßenrennrädern. Trotz des teilweise ungeschickten Vorgehens der UCI war das übergreifende Ziel stets, dass der Radsport seinen emotionalen und athletischen Charakter behalten und ein sportliches Kräftemessen zwischen Menschen bleiben und nicht zu einem Wettkampf der Maschinen werden sollte.

Unsere Welt ist abstrakter und damit auch weniger greifbar geworden. Unser Vertrauen in die sinnliche Wirklichkeit schwindet nicht zuletzt, weil wir uns ihr kaum noch unmittelbar aussetzen. Auf die Spitze wird der cartesische Rationalismus an Orten wie dem kalifornischen Silicon Valley getrieben, wo unzählige Menschen nicht mehr mit der Erschaffung und Erhaltung von konkreten Dingen oder der Sorge um andere Menschen beschäftigt sind, sondern sich in der sogenannten Wissensarbeit verdingen und ihre Tage in einem Ozean des Irrealen zubringen. Im Finanzwesen, in der Technologiebranche oder im Ingenieurswesen befasst sich diese Form von Arbeit unter dem Deckmantel der „Innovation“ so gut wie ausschließlich mit Abstraktionen oder Ideen, nicht mit konkreten Dingen.

Dass ein „Innovator“ heute eine weit höhere Wertschätzung genießt als ein hochqualifizierter Handwerker oder ein Beschäftigter in der sogenannten Fürsorgearbeit liegt nicht zuletzt an sozialen Klassenkonnotationen. Angesichts des herrschenden Werteparadigmas erscheint es den Begabtesten in meiner Generation als einzig lohnenswerte Aufgabe, immer neue Möglichkeiten aufzuspüren, wie sich aus der Welt oder, weit häufiger, dem Handel noch ein wenig mehr Profit herauspressen lässt. Wer sich mit den natürlichen Grenzen unserer Welt abfindet und sich vielleicht sogar für ihren Erhalt einsetzt, dem fehlt es der „Innovationslogik“ des Silicon Valley zufolge schlicht am nötigen Genie – ein unverkennbares Anzeichen der anhaltenden metaphysischen Attraktivität des Abstrakten und Rationalen (auch wenn ihre Ambitionen und ihre Reichweite geschrumpft sind). Daten sind heute die einzige Währung. Sogar einst konkrete Arbeiten, deren Resultat und Nutzen offensichtlich waren, werden zunehmend ungreifbar und tragen vielfach zur Entfremdung bei.

Selbst bei vormals „realen“ und taktilen Tätigkeiten wie dem Autofahren, dem Einsatz von Werkzeug oder dem Austausch mit anderen Menschen tritt inzwischen häufig eine Schnittstelle vermittelnd zwischen uns und die konkrete Erfahrung. Anstatt von Angesicht zu Angesicht miteinander zu sprechen, sehen wir unseren Gesprächspartner als Abbild auf einem Monitor. In jeder beliebigen Stadt weltweit begegnet man scharenweise halb abwesenden Menschen, die mit gesenktem Kopf auf ihr Smartphone starren, abgeschottet in ihrem eigenen virtuellen Raum. Auch die Software, mit deren Hilfe ich das hier Vorliegende schreibe, erdreistet sich immer wieder, Aufzählungszeichen oder Absätze einzufügen, um die Seite automatisch zu formatieren – weil sie mir fälschlich unterstellt, genau das wolle ich. Tatsächlich jedoch reißt sie mich damit aus dem vorbewussten Prozess des Tippens, bei dem ich meinen Fingern und den Tasten quasi keine Beachtung schenke. Einst wurde dem Können der Nutzer vertraut, mittlerweile wird zugunsten der (scheinbar) größtmöglichen Sicherheit und Bequemlichkeit der Masse eine zusätzliche Ebene eingefügt, damit wir nur ja nicht in direkten Kontakt mit der (vermeintlich) schmutzigen Realität und ihren Unwägbarkeiten kommen.

Es besteht die konkrete Gefahr, dass diese Version der Wirklichkeit zu dem wird, was sich ein großer Teil der Bevölkerung unter „Leben“ vorstellt. Wer es bequem mag und sich am liebsten um nichts kümmert, wird die von mir beschriebene Situation vermutlich nicht als Problem ansehen. Doch aus der Perspektive der Existenzialisten zahlen wir dafür den Preis der Entfremdung und schöpfen in der Folge das Potenzial des Lebens nur unzureichend aus. Von diesem Punkt aus landet man rasch bei der Frage, wohin der technische Fortschritt letztlich eigentlich führt. Müßiggang, Bequemlichkeit und materieller Wohlstand mögen die Antwort sein, aber um was zu tun oder zu fühlen? Colin Wilson formulierte das Problem in *Religion and the Rebel* folgendermaßen:

> „Je mehr sich uns in den Weg stellt, desto lebendiger fühlen wir uns. Daher war für mich die Lösung der Frage *Wie leben?*, mich auf die Suche nach Hindernissen zu begeben, die meine Willenskraft reizten. Sogleich wurde mir klar, dass sich unsere Zivilisation in die entgegengesetzte Richtung bewegt; das Ziel unserer gesamten Kultur und Wissenschaft ist einzig und allein, dass wir so wenig Willenskraft wie möglich aufwenden müssen."

Mit dem Radsport als persönlichem Maßstab fand ich eine solche beschränkte Vorstellung vom Leben, das laut Wilson von „bedeutungsloser Wiederholung" und „menschlicher Vergeblichkeit" geprägt ist, unfassbar beängstigend. Derartige betäubende Annehmlichkeiten rücken die Welt in die Ferne, als würde man in einem Traum leben, aus dem es kein Erwachen gibt. Noch schlimmer scheint, dass man seine Mitmenschen nurmehr als bloße Objekte ansieht, die sich so zu verhalten haben, dass sie einen nicht stören – entsprechend dem Drang, vor sich selbst zu fliehen. Die Wirklichkeit verliert ihre Kraft, und alles wird zu einem bloßen Simulakrum, zur Parodie einer Parodie, bis wie in einem Traum alles möglich erscheint, weil nichts wirklich ist. Die Wahrheit spielt keine Rolle; was wirklich ist, legen diejenigen fest, die von der jeweiligen Definition, der die zerstreuten Massen gerade zuströmen, profitieren. Vor diesem Hintergrund bringe ich nur wenig Sympathie auf für Menschen, die den Fortschritt um seiner selbst willen anstreben. Fortschritt oder materieller Wohlstand hatten für mich jedenfalls nie eine Bedeutung.

Wonach ich mich sehnte, war ein Sinn im Leben – selbst als mir klar wurde, dass sich die Sinnsucher auf lange Sicht beinahe ausnahmslos als gefährlich erwiesen.

Ich sehe den Radsport nicht als ein Mittel zur Selbsthilfe an – um uns zu befreien oder unsere philosophischen, geistigen oder psychischen Probleme zu lösen. Doch zumindest für einen Moment lässt sich durch den Radsport der Irrglaube überwinden, man sei ein cartesischer Geist, gefangen in einem dem Verfall geweihten Körper, und könne die Welt an sich ebenso wie andere Menschen nur begrenzt erkennen. Bei aller Flüchtigkeit hilft mir das Radfahren, meinem Gedankengefängnis zu entkommen und den Abgrund zwischen mir und der Welt zu überwinden. Ob in bitterer Kälte oder brütender Hitze, ob in der sinnlichen Berührung des Lenkers oder der völligen Verausgabung bin ich nicht länger ein denkendes Subjekt in einer Welt von Objekten. All die geistigen Abstraktionen fallen von mir ab, und der Lärm der Welt verstummt, sodass ich einfach nur *bin*.

Kapitel 4

Körper und Schmerzen

[Wenngleich] der Leib nicht eine Sache ist, so ist er doch eine Situation: er ist unser Mittel zur Erfassung der Welt, in dem unsere Projekte anlagemäßig enthalten sind.

Simone de Beauvoir

Mehr noch als in anderen Sportarten wird im Radsport der Schmerz zum Fetisch erhoben – die körperlichen Qualen, die Verletzungen bei Unfällen und die Strapazen in sengender Hitze oder eisigem Regen. In das kollektive Gedächtnis der *Tifosi*, der fanatischen Radsportfans, haben sich nicht nur die glanzvollen Triumphe eingebrannt, sondern mindestens ebenso sehr persönliche Siege über die Elemente oder tragische Stürze. Tyler Hamilton, der mit gebrochenem Schlüsselbein eine Tour-de-France-Etappe gewann. Der berühmte Giro-d'Italia-Etappensieg von Andy Hampsten auf dem schneebedeckten Gavia-Pass. Der scheinbar übermenschliche Eddy Merckx, der nach seinem Stundenweltrekord in der dünnen Höhenluft von Mexico City zusammenbrach und anschließend schwor, sich nie wieder auf so etwas einzulassen. Der Radsport hat körperliche Qualen stets ästhetisiert, seien es die drastischen Bilder von dreckverschmierten

Fahrern in den Duschen des Velodroms von Roubaix, von ausgemergelten und verzerrten Gesichtern beim Anstieg in eiskalten Alpenregionen oder von dem Briten Tom Simpson, der sich auf den Serpentinen des berüchtigten Mont Ventoux zu Tode verausgabt hat. Diese erschöpften, blutverklebten Körper werden zu etwas Schönem und Bedeutungsvollem verklärt, sie verführen zur Identifikation, fast wünscht man, sich an ihrer Stelle im Dienste eines größeren, mythischen Sinnes quälen zu können.

Als junger Fahrer eiferte ich dieser Vorstellung von Heldentum nach und projizierte mich selbst in die große Welt des Radsports, die ich aus alten, körnigen Videos kannte. Die Filme stammten im englischsprachigen Raum allesamt von der Produktionsfirma World Cycling Productions. Darin entwarfen die Kommentatoren Phil Liggett und Paul Sherwen einen ganzen Kosmos aus heroischen Attacken, wagemutigen Abfahrten und ritterlicher Aufopferung für einen in Bedrängnis geratenen Mannschaftskapitän. Kämpften sich die Fahrer in einer Mondlandschaft weit oberhalb der Baumgrenze einen Anstieg hinauf, kletterten sie nicht einfach, sie „tanzten auf den Pedalen“. In dieser Welt litten die Fahrer nicht, sie „quälten sich bis an ihre Schmerzgrenze – und darüber hinaus“. Dies war mein Maßstab. Jede Trainingseinheit im Regen und jeder Sturz, nach dem ich mich wieder aufs Rad zwang, um stundenlang hoffnungslos dem Feld hinterherzuhecheln, wurde für mich zu einem Moment dieser gepriesenen Form von Tapferkeit und Heldentum. Mit dem Radsport hatte ich endlich eine Sphäre gefunden, in der Schmerzen einen Sinn ergaben.

Mein Ziel waren die großen Bühnen. Alles andere betrachtete ich nur als Ablenkung. Als Jugendlicher kannte ich kein größeres Vergnügen, als mich auf dem Rad zu schinden. Unermüdlich fuhr ich zur Radrennbahn, wo ich nach dem Aufwärmen drei oder vier 1000-Meter-Sprints durchzog. Danach war ich so fix und fertig, dass ich mich eine Stunde erholen musste, bevor ich für die nächste Serie bereit war. Für mich war der Sport Schmerz, Qual und Selbstüberwindung, er hatte rein gar nichts mit der Motivation eines Freizeitsportlers zu tun, der einfach ein bisschen besser und fitter werden will. Diese Schinderei war selbstzerstörerisch und höchstwahrscheinlich auch gesundheitsschädlich. Immer wieder trieb ich meinen Körper über seine Grenzen hinaus. Mindestens einmal im Jahr, wenn nicht öfter, hatte ich bei einem Rennen einen schweren Crash. So, wie ich meinen Körper tagein, tagaus malträtierte, erschien es mir ausgemacht, dass der Sport mir kein langes, gesundes Leben bescheren würde, sondern eher ein kurzes und qualvolles.

Der Schmerz war mein beinahe täglicher Begleiter, daher konnte ich ihn ausgiebig studieren. Mit der Zeit lernte ich, seine unzähligen Abstufungen und subtilen Variationen zu unterscheiden. Die schleichende, nagende Erschöpfung bei einer fünf- oder sechsstündigen harten Session auf der Straße war etwas völlig anderes als die brutale, stakkatoartige Tortur eines verbissenen 1000-Meter-Zeitfahrens auf der Bahn, bei dem meine Lungen brannten und mir das Laktat ins Blut schoss. Radsportler haben einen aufschlussreichen Ausdruck dafür, wenn sie ihre körperlichen Grenzen überschreiten: *sich die Seele aus dem Leib fahren.* Besser könnte man die Quälerei im Radsport nicht formulieren. Man verausgabt sich nicht wie etwa beim Holzhacken, sondern wirft wirklich alles in die Waagschale, was Leib und Seele hergeben.

Für mich gab es keinen Unterschied zwischen körperlichem und emotionalem Schmerz. Daher nahm ich an, dass jemand mit stärkeren und tieferen Empfindungen auch eine größere körperliche Leidensfähigkeit haben musste. Es musste insofern auch möglich sein, emotionales Leid in körperliches Leid zu übertragen. Wie ein Künstler oder die Existenzialisten wollte ich meinen Gefühlen Ausdruck verleihen, in meinem Fall durch das Medium Fahrrad, um so all das zu greifen, was ich nicht in Worte fassen konnte. Die Schinderei bei den Rennen und beim harten Training eröffnete mir nicht nur einen Weg ins Hier und Jetzt, sie ließ auch meine seelischen Schmerzen verstummen, die mir vollkommen sinnlos erschienen.

Die Schmerzen schienen nur in meinem Kopf zu existieren. Mit schierer Willenskraft glaubte ich den Schutzmechanismus überwinden zu können, der verhindert, dass wir uns selbst über alle Maßen quälen. Doch egal wie sehr ich mich ins Zeug legte – an einem bestimmten Punkt war immer Schluss. Weder Körper noch Geist schienen darüber hinausgehen zu können. Ich begriff es nicht, denn für mich war es eine bewusste Entscheidung, ob man aufgab, eine pure Willensfrage. Ich erkannte genau den Moment, in dem sich ein Fahrer in sein Schicksal ergab. Die Schultern sanken herab, die Beine traten langsamer, und der Blick wurde beinahe zwangsläufig leer, bevor er nach unten zum Kettenblatt ging. Was ich für eine bewusste Entscheidung hielt, stand dem Fahrer buchstäblich ins Gesicht geschrieben und manifestierte sich in einer Haltung des Geschlagen-Seins. Wenn ich mir heute die Bilder von Fahrern vor Augen rufe, die am Ende ihrer Kräfte waren, spüre ich immer noch diese unangebrachte Verachtung für ihre Schwäche, eine tiefsitzende Mischung aus Scham und Abscheu. Doch genau genommen verachtete ich nicht nur diese x-beliebigen Fahrer, sondern ebenso sehr mich selbst wegen all der Male, wenn einfach nichts mehr ging, so sehr ich es auch wollte.

Der Sport war für mich in einem ganz existenziellen Sinne vor allem ein Wettkampf darum, wer am meisten aushalten konnte. Begreift man das Leiden in diesem Sinne als eine Funktion des eigenen Willens, so erhält es rasch eine moralische Dimension: *Ich habe nicht gewonnen, weil ich besser war, ich habe gewonnen, weil ich mich mehr gequält habe als die anderen.* Wie bei der christlichen Kasteiung durch Selbstgeißelung führt die Fähigkeit, auf dem Rad Schmerzen zu ertragen, nicht nur zu einem Gefühl der körperlichen, sondern auch der moralischen Überlegenheit. Voller Verachtung schaut man auf alle herab, die diese Qualen nicht kennen. Sieg und Niederlage werden zur Charakterfrage erhoben, zum Ergebnis von Durchhaltevermögen und Zähigkeit, nicht von „Banalitäten" wie Physiologie, Vorbereitung oder Talent, die kein vernünftiger Mensch aus einer moralischen Perspektive betrachten würde.

Im Radsport ebenso wie in allen anderen Lebensbereichen neigen die Erfolgreichen dazu, die Bedeutung ihrer eigenen Willenskraft zu überschätzen. Dagegen unterschätzen sie die mächtigen strukturellen Faktoren, die entscheidend zu ihrem Erfolg beitragen.

Als ich wach werde, ist es draußen noch dunkel. Neben mir im Bett schläft Denika tief und fest. Ihr Körper zeichnet sich als sanfte Erhebung unter der Bettdecke ab. Ich lausche, ob unser Sohn Graeme bereits wach ist, doch aus seinem Zimmer dringt kein Laut. In der Finsternis tapse ich nach oben und sehe auf dem Handydisplay, dass Jackson und Zach bereits hin- und hergeschrieben haben, wie viele Ersatzschläuche wir brauchen und wer eine Luftpumpe mitbringt.

Während der Kaffee durchläuft, übernehmen langsam wieder die altvertrauten frühmorgendlichen Automatismen, die ich von unzähligen Renn- und Trainingstagen kenne. Ich versuche mir vorzustellen, wie viele Hunderte Male ich diese Routinen wohl durchgezogen habe. Aus Angst vor einem Hungerast – dass also meinem Körper der Brennstoff Glykogen ausgehen könnte – mache ich mich ohne große Lust über eine Portion Eier mit Speck und Hash Browns her, begleitet von einem Proteinshake. Essen ist eine pure Notwendigkeit, eine Sicherheitsvorkehrung angesichts des langen, anstrengenden Tages, der vor uns liegt. Unten beginnen Denika und Graeme sich zu regen.

Die heutige erste Etappe wird vermutlich die schwerste. Nach dem Start an der Golden Gate Bridge liegen knapp 100 Meilen vor uns, die uns von San Francisco nach Soquel führen, einem verschlafenen Küstenort kurz hinter Santa Cruz. Das Streckenprofil ist wellig, mit einigen steilen Anstiegen im Stadtgebiet von San Francisco sowie unzähligen 30- bis 40-sekündigen Steigungen im späteren Verlauf des Highway 1.

Bereits gestern Abend habe ich mein Fahrrad im Wagen verstaut und mir mein Outfit bereitgelegt. Ich prüfe die Wettervorhersage und überlege, ob ich eine Jacke brauche; schließlich komme ich zu dem Schluss, dass mein Trikot reichen muss. Es soll so warm werden, dass die Jacke spätestens am Mittag überflüssig wird und ich sie in eine Trikottasche stopfen müsste. Die will ich lieber für Proviant nutzen.

Auch Denika ist ein alter Hase, was die Abläufe an einem solchen Tag betrifft. Ich weiß nicht, wie viele Male sie mir zur Seite gestanden hat, wenn ich frühmorgens mit dem Essen gehadert, meine Sachen gepackt oder die Reifen noch einmal aufgepumpt habe. Bereits vor unserer Heirat hat sie mich jahrelang zu Wettkämpfen in der Gegend begleitet, im Innenraum der Radrennbahn die Zeit totgeschlagen oder sich viele Stunden an irgendeiner windigen Straße die Beine in den Bauch gestanden, um mir schließlich einen Beutel mit Proviant oder eine neue Wasserflasche zu reichen. Rückblickend schäme ich mich für meinen Egoismus. Es ging immer nur um mich, um meine Ziele und was ich erreichen wollte. Ich kann nur hoffen, dass ich inzwischen ein etwas weniger narzisstischer Mensch geworden bin als damals, als meine einzige Sorge war, irgendein Radrennen zu gewinnen.

Denika kommt in die Küche. Sie schaut mich an und lächelt. Ihr Blick gleitet über die Gels und Riegel, und sie erkundigt sich, ob ich noch eine Flasche mit einem Elektrolyte-Mix brauche. „Danke, passt schon“, erwidere ich. Sie checkt die Uhr und fragt, ob alles im Wagen sei. Ich bejahe. Sie streicht sich ihre braunen Haare hinter die Ohren und knipst das Licht aus. Dann rufen wir Graeme, und unsere kleine Familie marschiert zum Auto. Als ich meinen Sohn anschnalle, berühren sich unsere Nasen fast. Ich lächele ihn an.

„Was ist, Daddy?“, fragt er.

„Nichts, Schatz.“ Mehr bringe ich nicht heraus, stattdessen drücke ich ihm einen Kuss auf die Stirn. Das Vergehen der Zeit ist mir stets unerklärlich und traurig vorgekommen. Ich habe geheiratet und war bei Graemes Geburt dabei, doch irgendwie habe ich mich in diesen Momenten, die viele als die glücklichsten ihres Lebens bezeichnen, wie ein Zuschauer gefühlt. Ich konnte oder wollte das Geschehen nicht an mich herankommen lassen, aus Angst, überwältigt zu werden.

Nichts verbindet uns stärker mit der Welt als ein Kind. Weder das Radfahren noch das Denken kommen auch nur annähernd da heran. Durch Graemes Geburt erhielt mein Schicksal eine Wendung nach außen. Der Geist ist zu Fleisch geworden, und einst drängende Fragen und Sorgen erscheinen auf einmal vollkommen unbedeutend.

„Losfahren“, fordert Graeme.

Und das tun wir.

Wenn mir klar war, dass ein Ereignis oder eine Erfahrung mit Schmerzen verbunden sein würde, wusste ich, dass ich zwei Optionen hatte. Ich konnte fliehen und mir selbst vormachen, dass etwas gar nicht wirklich geschah. Oder ich konnte mich meinem Schmerz stellen und hinterfragen, was den Fluchtreflex in mir auslöste. Mit der Zeit lernte ich, dass die Auseinandersetzung mit dem Schmerz die bei weitem bessere Option war. Mir vorzustellen, ich wäre an einem sonnigen

Strand oder würde mich unter einer kuscheligen Bettdecke verstecken, machte alles nur noch schlimmer. Also versuchte ich irgendwann nicht mehr vor dem unvermeidlichen Schmerz zu fliehen, sondern ging ihn direkt an.

Als Kind stellte mich mein Vater einmal vor eine Art philosophisches Gedankenexperiment: „Wo in deinem Körper ist das, was man Leben nennt?“ Eben diese unlösbare Frage warf der Umgang mit dem Schmerz erneut auf. Wer oder was ich wirklich war, schien nicht mit meinen körperlichen Empfindungen verbunden zu sein. Bei Zeitfahrwettbewerben oder bei den VO_2-max-Tests im Labor lernte ich, die quälende Erschöpfung wie ein neugieriger Zuschauer zu beobachten. Das „Ich“ war eine Instanz in meinem Kopf, die meinem Körper sagte, was er auf welche Weise tun sollte, und ihn mit purer Willenskraft immer weiter vorantrieb. Uns fehlen buchstäblich die Worte, um den Schmerz in all seinen unterschiedlichen Formen zu erfassen und mitzuteilen. Wir sind gefangen in unserer Subjektivität – in unserem cartesischen Ich und der Hülle aus Haut, die es umgibt –, sodass wir nicht erkennen können, inwiefern sich unser Leid von dem einer anderen Person unterscheidet. Die Beschaffenheit und die Intensität des Schmerzes schienen sich von einem Moment zum nächsten zu verändern. Doch ich stellte mich der Herausforderung und versuchte, diese Gefühle zu ergründen, sobald sie auftauchten. Was ich empfand und wie schlimm es war, schwankte je nach Dauer der körperlichen Anstrengung und meiner Tagesform. Eine endlose Liste unbegreiflicher Faktoren beeinflusste, was mein Körper zu leisten vermochte. Ich dachte an die anaerobe Schwelle, den Blutlaktatspiegel und daran, wie meine arbeitenden Muskeln den Brennstoff umsetzten und Stoffwechselabfälle ausschieden. Radrennfahrer sprechen davon, dass ihre Beine hart werden und sich tot anfühlen. Doch das Bild vom Brennstoff, den ich in Energie umsetzte und dessen Abfallprodukte mein biologisches System abtransportierte, half mir, meine Empfindungen zu begreifen und die unumgänglichen Qualen zu ertragen. Nach besonders harten und intensiven Trainingseinheiten auf der Bahn wurde mein Sehfeld häufig an den Rändern schwarz, sodass ich Probleme hatte, das Gleichgewicht zu halten. Ein Trainer oder Helfer musste mich beim Absteigen stützen, damit ich nicht umkippte. Anschließend krümmte ich mich auf dem Rasen des Innenraums und japste nach Luft. Nicht selten übergab ich mich auch.

So gut wie immer, wenn ich allein trainierte, kam seltsamerweise diese Zwickmühle aus Flucht und analytischer Betrachtung in mir hoch, ansonsten jedoch quasi nie. Wenn ich bei einem Rennen ganz mit der Taktik meiner Konkurrenten beschäftigt war oder mich im Feld orientierte, traten die sonst unerträglichen körperlichen Schmerzen in den Hintergrund. Ich ging vollkommen in der konkreten Aufgabe auf, sodass die Qualen nicht bis in mein Bewusstsein vordrangen. Mit der humanistischen Psychologie könnte man von einer „peak experience" (Gipfelerfahrung) sprechen, dem rauschhaften Erlebnis, wenn man sein Potenzial voll ausschöpft. In diesen Momenten musste ich meinen Körper nicht tyrannengleich meinem Geist unterwerfen, vielmehr existierte ich zugleich in und durch meinen Körper und ging vollkommen im Hier und Jetzt auf.

Egal, ob wir uns mit unseren Schmerzen auseinandersetzen oder vor ihnen fliehen: Stets steht dahinter die Überzeugung, in unserem Kopf gäbe es ein wesenhaftes Ich, das entweder unbeteiligt oder interessiert beobachtet, was mit unserem Körper geschieht. Doch wenn ich vollkommen im Renngeschehen aufging, nahm ich weder gedanklich Zuflucht zu einem angenehmeren Ort noch versuchte ich, mich bewusst dem Schmerz zu stellen. Vielmehr war ich voll und ganz auf das, was ich tat, konzentriert. Dann kam es mir so vor, als wäre der riesige Schatten der Schmerzen, mit dem ich gerungen oder vor dem ich mich weggeduckt hatte, von einer derart mickrigen Gestalt geworfen worden, dass jegliche Furcht unbegründet gewesen war.

Seit den alten Griechen haben sich die Philosophen ausgiebig mit dem geistigen und emotionalen Leid beschäftigt, jedoch so gut wie nie mit dem körperlichen Leid. Dies änderte sich im 19. Jahrhundert, zunächst durch Arthur Schopenhauer und dann, eine Generation später, durch Nietzsche, der, wie bereits gesehen, einen ausdrücklichen Zusammenhang zwischen körperlicher und geistiger Anstrengung herstellte. Ernst genommen, eröffnen die im Radsport allgegenwärtigen körperlichen Schmerzen ein Verständnis der existenzialistischen Revolte gegen die westliche Metaphysik und die von dem körperlosen cartesischen Denkenden erlebte Entfremdung. Für Schopenhauer, Nietzsche und viele der in ihrer Tradition stehenden Existenzialisten zwingen uns die Erfahrungen von Schmerz und Körperlichkeit anzuerkennen, dass „wir alle in der Gosse liegen“. Wir sollten diese Erkenntnis aber nicht einfach hinnehmen, sondern sie zum Ausgangspunkt von etwas Schönem machen und aus unserem schmerzlich eingeschränkten Blickwinkel „die Sterne betrachten".

Arthur Schopenhauer wurde 1788 in der Hafenstadt Danzig geboren und beeinflusste mit seiner Philosophie entscheidend den jungen Nietzsche, der laut einer berühmten Anekdote als Student zufällig in einer Leipziger Buchhandlung auf Schopenhauers bekanntestes Werk, *Die Welt als Wille und Vorstellung*, gestoßen war. Allerdings sollte Nietzsche später Schopenhauers Philosophie aufgrund ihres lebensverneinenden Pessimismus ablehnen. Gleichwohl ist Schopenhauers Auffassung vom menschlichen Körper und der Natur des Leidens entscheidend für das Verständnis der Existenzialisten und bietet eine der treffendsten Beschreibungen der seltsamen Doppelbeziehung eines Sportlers zu seinem Körper als Subjekt *und* Objekt.

Ausgehend von einer nihilistischen Skepsis, sieht Schopenhauer Leiden jeglicher Art als Folge des unstillbaren Begehrens und vergeblichen Strebens des Menschen. Für Schopenhauer war das Leben nur ein endloses Pendeln zwischen den beiden Polen von Langeweile und Schmerz, das durch unsere – niemals vollständig zu erfüllenden – Begierden vorangetrieben wird. Angesichts dieses offenkundig hoffnungslosen Zustands kann laut Schopenhauer nur der umfassende Verzicht auf das unserem Leiden zugrunde liegende Wollen zum Glück oder zumindest zu einem möglichst geringen Unglück führen. Doch die Frage drängt sich auf, wie dieser Verzicht auf das Wollen möglich sein soll.

Die Antwort sah Schopenhauer im Wesentlichen darin, dem eigenen Ich zu entsagen und sich einem unbeschreiblichen mystischen Zustand des allumfassenden Mitleids zu überlassen. Dieser befreit das Individuum aus den Klauen der Fiktion der cartesischen Subjektivität und erlöst es so von seinem Leid. Wir müssen uns von der Vorstellung verabschieden, als isoliertes Subjekt im endlosen Strom unseres Suchens, unserer Wünsche und unserer Begierden gefangen zu sein, nur dann können wir unser Leiden überwinden.

Auf den ersten Blick könnte man denken, Schopenhauer würde hier lediglich die altbekannten Weisheiten der *Upanishaden,* von Laotse und Buddha in westliche Begriffe gießen. Doch bei aller Nähe zur östlichen Philosophie gelangte Schopenhauer über die westliche Metaphysik dorthin. Die wahre Originalität Schopenhauers zeigt sich in seiner Auffassung vom Körper als etwas zugleich Subjektives und Objektives (oder in seinen Worten als „Wille“ und „Vorstellung“).

Nehmen wir zum Beispiel unsere Hand. Sie ist nicht eine Idee, sondern etwas sinnlich Fassbares, existiert in Zeit und Raum und unterliegt den Naturgesetzen. Das heißt, man kann einerseits seine Finger, Sehnen und Nägel von außen betrachten und auf seine Hand Bezug nehmen wie etwa auf einen Berg, ein Auto, einen Stuhl oder den Körper eines anderen Menschen. Andererseits haben wir selbstverständlich nicht nur ein solchermaßen distanziertes Verhältnis zu unserem Körper. Als Subjekte spüren und bewegen wir unsere Hand und beleben sie mit unserem Willen. Eben dieses Doppelwesen unseres Körpers unterscheidet ihn laut Schopenhauer von allen anderen Dingen.

Mit der Erkenntnis, dass unser Körper das einzige Ding ist, das sich gleichzeitig als subjektiver Wille und objektive Vorstellung begreifen lässt, unternahm Schopenhauers Denken seinen letzten und wohl innovativsten Schritt: Die Welt der Dinge, die wir vorfinden und die wir als objektiv – als reine Vorstellung – zu betrachten gelernt haben, verfügt wie wir über ein inneres Wesen, und zwar als Manifestation des allumfassenden Willens, von dem auch wir ein Teil sind. In einem Akt des radikalen Mitleidens begründet Schopenhauer seine mystische Transzendenz in der moralischen Logik: *Wenn ich sowohl über ein inneres Wesen, als Wille, als auch über eine äußere Erscheinung, als Vorstellung, verfüge, dann trifft dies vielleicht auch auf die sonstige Welt zu.* Schopenhauers Denken verortet die Wurzel des Leidens in dem Gefühl, dass wir Individuen sind, die in eine Hülle aus Haut eingeschlossen sind. Den Weg aus dieser Sackgasse weist das Doppelwesen unseres Körpers und die Tatsache, dass wir durch einen ungewöhnlichen Akt des Mitleidens das eigene innere Wesen auf eine Welt projizieren können, die ansonsten fremd und lediglich aus toter Materie bestehend erscheinen würde.

Wie jeder Radsportler, der schon massenhaft Spritzen und endlose Laboruntersuchungen ertragen hat, bestätigen kann, ist der Körper eines Athleten auf eben die von Schopenhauer beschriebene Weise zugleich Objekt und Subjekt – er produziert Wattzahlen, Laktat und Kilojoules, zugleich fühlt er sich gut oder schlecht an, wenn er Leistung erbringen soll. Dieses Doppelverhältnis prägte bei mir wie bei allen Sportlern das Verhältnis zum eigenen Körper. Schopenhauer lieferte eine elegante rationale Version der buddhistischen Sichtweisen, die ich etwa aus den Werken von Alan Watts oder D. T. Suzuki kannte, doch nie in Einklang mit der zwingenden, gleichwohl tragischen Logik der westlichen Philosophie hatte bringen können.

Nietzsche kritisierte in seinen späteren Werken die Aufspaltung der Welt in „Wille“ und „Vorstellung“ als neue lebensverneinende Form der Metaphysik. Doch anders als so viele andere Philosophen eröffnete Schopenhauer mehr als lediglich eine Flucht in eine Idealwelt der Ideen oder Abstraktionen, nämlich die Möglichkeit, sich selbst zu entkommen. Man könnte den Solipsismus – also die Vorstellung, nur man selbst sei wirklich und alles andere ein Traum – leicht für ein pseudointellektuelles Problem halten. Doch in der Praxis ist es alles andere als einfach, das nötige Mitleid aufzubringen und zu erkennen, dass die anderen Menschen genauso wirklich sind wie wir selbst.

Meine Freunde Jackson und Zach – mit denen ich gelacht und geweint habe – haben auf dem Fahrrad dasselbe durchgemacht wie ich. Wenn sie litten, sah ich in ihren erschöpften und verzerrten Gesichtern die Schmerzen, die ich von mir selbst kannte. Iris Murdoch stellte einmal fest: „Liebe ist die äußerst schwierige Erkenntnis, dass außer mir noch etwas anderes wirklich ist.“ In diesem Sinne lieferte Schopenhauer mit seinem Sprung vom inneren Wesen des Einzelnen zu jenem inneren Wesen, das das gesamte Dasein erfüllt und verzaubert, die Rechtfertigung für das, was die nichtphilosophische Welt schlicht Liebe nennt.

In der schwersten Phase meiner Depression hätte ich mir nichts sehnlicher gewünscht, als so eine Tour entlang der

Küste zu unternehmen, wie wir sie nun angingen. Allerdings wäre ich dazu weder körperlich noch psychisch in der Lage gewesen.

Der Begriff Depression ist durch seinen inflationären Gebrauch derart entwertet worden, dass er häufig nur noch ein irgendwie geartetes Gefühl der Niedergeschlagenheit bezeichnet. Doch als bei mir aus Wochen Monate wurden, ohne Aussicht auf Besserung, ließ sich nicht länger leugnen, dass das, was ich gerade durchmachte, fundamental anders war als alles, was ich bis dahin erlebt hatte.

Es begann schleichend. Im Rückblick ist mir klar, dass diese Zeit die bei weitem schlimmste war, doch keineswegs die einzige. Die Depression war erstmals aufgetreten, als ich frisch an die Uni gekommen war. Trotz ihrer Intensität hatte ich mich damit beruhigt, schlicht übertrainiert zu sein. Ein paar Monate Schonung, ein paar Medikamente und mein Zustand hatte sich tatsächlich allmählich gebessert. Die Episode zehn Jahre später war um ein Vielfaches schlimmer.

Ich hatte damals bereits meine Radsportkarriere beendet und arbeitete in der Marketing-Abteilung eines Fahrradherstellers. Die Depression wirkte sich nicht nur auf meine allgemeine Stimmung aus, sondern auf Geist und Körper insgesamt. Meine Gedanken waren nur noch undeutliche Fragmente, als hätte sich eine Milchglasscheibe zwischen mich und die Wirklichkeit geschoben. Ich konnte mich beim Lesen nicht konzentrieren, sah alles verschwommen und befürchtete, meine Identität für immer zu verlieren. Obwohl ich mich die ganze Zeit erschöpft fühlte, konnte ich paradoxerweise vor lauter Unruhe nicht schlafen. Wohl zum ersten Mal in meinem Leben betete ich, mich in die Arme des Vergessens flüchten zu können, und flehte vielleicht nicht direkt zu Gott, aber doch zu einer gottähnlichen Stelle, dass dieses unaufhörliche, nicht begreifbare Leid enden möge.

Da die Symptome ebenso körperlicher wie psychischer Natur waren, schleppte ich mich von Arzt zu Arzt – es musste doch eine organische Ursache zu finden sein! Anfänglich setzte ich mich noch aufs Fahrrad, aber dadurch verschlechterte sich mein Zustand eher. Ich hatte keinen Appetit und verlor fortwährend an Gewicht, bis ich bei 1,83 Meter Körpergröße tatsächlich nur noch etwas über 50 Kilo wog und die Kleidung um meinen Leib schlotterte. Wie ein Schiffbrüchiger trieb ich in einem Meer der Bedeutungslosigkeit, umgeben von einem Nebel der Verzweiflung, durch den ich keinen Sinn mehr in der Welt sah. Ich konnte keinen Zusammenhang zwischen dem Leben und dem endlosen Strudel aus Zeichen und Symbolen herstellen, all diesen sinn- und kontextlosen Informationen, die auf mich einprasselten. Die Schallgeschwindigkeit und der Suezkanal, Heisenbergs Unschärferelation und die Enthauptung von Ludwig XVI., alles war dasselbe: bloße Fakten, die vor dem Hintergrund der beängstigenden Stille und Gleichgültigkeit des Universums keinerlei Bedeutung mehr hatten.

Von einem Tag auf den anderen verlor ich jegliches Interesse an der schwindelerregenden Weite des Daseins und der erhabenen Transzendenz der Kunst und der Philosophie, die für mich bis dahin doch so wichtig gewesen waren. Sie kamen mir wie die zwei Köpfe des Janus vor und wirkten unheimlich und bedrohlich, als würden sie auch noch den winzigen Rest, der von mir übrig war, verschlingen. Ich sehnte mich nach dem Vertrauten, während ich mich den Tränen nahe und voller Ängste durch die Arbeitstage quälte, um anschließend zu Hause vor dem Fernseher zu versacken.

Meine Gedanken wanderten immer wieder zu Familienmitgliedern mit schweren Depressionen, die sich das Leben genommen hatten, zu meiner Tante und meiner Cousine. Mir wurde bewusst, dass ich mich nicht hilfesuchend an die Philosophie, sondern an die Medizin wandte, die ich bis vor kurzem noch als zu materialistisch und reduktionistisch abgetan hätte. Ich las alles über Hormone, Neurotransmitter und Vitamine und probierte aufgrund dieses oder jenes Forschungsaufsatzes Medikamente, Akupunktur, eiskalte Duschen und Meditation aus – alles in der Hoffnung, meinen Zustand irgendwie zu verbessern.

In Büchern, Musik und Kunst fand ich kaum Trost und auch nicht den Halt, den ich mir wünschte. Ich sehnte mich danach, wieder geistigen Zugriff auf die Welt zu gewinnen. Doch mein größter Wunsch war, dass die Qualen ein Ende nehmen und ich wieder fit genug werden würde, um Sport zu treiben. Ich versuchte, mich an das Gefühl zu erinnern, wie es war, an einem Sommernachmittag durch eine Kurve zu rauschen, an die warmen Sonnenstrahlen auf meiner Haut. Aus dem Blickwinkel eines Depressiven hielt ich die Philosophie für gescheitert. Ich kam mir vor wie ein Kind, das nachts aufwacht und das vertraute Heim durch Monster, die in der Finsternis lauern, in einen Ort des Schreckens verwandelt findet. Nichts fühlte sich wirklich an, und all die

Begriffe und Ideen, die ich mir mühsam angeeignet hatte, erschienen mir auf einmal bedeutungslos.

In einer grausamen Parodie von Schopenhauers einst so verlockendem Gedanken einer von Willen und Innerlichkeit erfüllten Welt wurden für mich jeder Baum und jeder Grashalm zu einem Symbol des sinnlosen Schmerzes und einer solch überwältigenden Tragik, dass ich sie weder erfassen noch ertragen konnte. Jeder Sonnenuntergang, jeder Mensch, dem ich auf der Straße begegnete, alles kündete vom Schmerz des Verlusts. Der erbarmungslose Daseinskampf erschien mir zu grausam, um wahr zu sein, wie Science-Fiction. Mein eigenes Dasein wurde mir im wahrsten Sinne des Wortes fremd, als hätte irgendein unbekanntes Wesen von meinem Körper und Geist Besitz ergriffen. Doch das vielleicht Beängstigendste war, dass trotz allem ein kleiner Teil von mir immer noch da war und das volle Ausmaß des Grauens mitbekam, ohne das Geringste dagegen unternehmen zu können.

David Foster Wallace erklärte einige Jahre, bevor er sich das Leben nahm, dass sich nicht zufällig so viele Menschen mit Depressionen in den Kopf schießen. Nicht nur manifestieren sich dort die nie endenden Qualen, sondern rattern auch die Gedanken immer weiter und weiter, bis man keinen anderen Ausweg mehr sieht – um für immer den „Leichenzug" im eigenen „Hirn" zu stoppen, wie Emily Dickinson es formuliert hat.

Normalerweise verschlinge ich stapelweise Bücher. Doch als es mir am schlimmsten ging, konnte ich nur ein einziges Buch lesen: *Sturz in die Nacht* von William Styron. Darin berichtet Styron von seiner schweren depressiven Störung, seinem Aufenthalt in einer Psychiatrie und dem langen Genesungsweg. Als Bewunderer seiner Romane hatte ich das Buch bereits gelesen, allerdings hatte ich zu dem Zeitpunkt seine Schilderung der Depression nicht verstanden, sie kam mir auch übermäßig klinisch vor. Als ich mir das Buch erneut vornahm, schien es wie für mich geschrieben, es schenkte mir ein Fünkchen Hoffnung in einer Zeit, zu der ich es am dringendsten brauchte. Styron erzählt aus jenem fremden Land, in dem auch ich mich befand: dem Ort größter Verzweiflung. Er schreibt: „Depression ist eine Störung des Gefühlslebens, die so geheimnisvoll schmerzhaft ist und durch die Art und Weise, wie sie das Selbst – der vermittelnde Intellekt – erfährt, so schwer faßbar, daß sie sich beinahe jeder Beschreibung widersetzt."

Styrons Schilderung ging mir unaufhörlich durch den Kopf. In meiner tiefen Isolation ergab nur sie einen Sinn für mich, da sie die Erfahrung der Depression in den richtigen Kontext stellte. Ich konnte schon immer schlecht einschlafen, daher hatte ich mit zehn oder elf Jahren fast jeden Abend eine Kassette von Dantes *Inferno* gehört, dessen letzten Vers Styron am Schluss von *Sturz in die Nacht* zitiert. Dante schildert hier die Rückkehr aus der Hölle ans Tageslicht, und man kann sich keine ergreifenderen Worte vorstellen, um die Genesung von einer Depression zu erfassen: „Dort schritten wir hinaus, zu schaun die Sterne."

Meine beiden Freunde warten bereits am Zaun von Zachs Elternhaus. Das zweistöckige, von einer Eckveranda umgebene Haus liegt in einer ruhigen Gegend von Los Gatos am Fuß der Santa Cruz Mountains. Jahrelang sind wir von hier zu Trainingsfahrten oder weit entfernten Wettkämpfen aufgebrochen. An langen Sommertagen sind wir zu dritt die San-Francisco-Halbinsel hinauf nach Los Altos und Palo Alto gefahren oder haben den Weg rüber nach Saratoga eingeschlagen, um von dort über den von Weinbergen gesäumten Highway 9 in die Santa Cruz Mountains zu klettern. Wenn wir fast den gesamten Tag auf unseren Fahrrädern unterwegs gewesen sind, haben wir uns anschließend bei Zachs Eltern den Bauch vollgeschlagen, geduscht und alte Radrennen angeschaut. Und am nächsten Tag dasselbe von vorne.

Zachs Vater war in seiner Collegezeit selbst Radrennen gefahren, und sein altes Cinelli-Straßenrad hing im Keller. Jahrelang gingen Jackson und ich ein und aus, ohne auch nur zu klingeln. Als wären wir dort zuhause, gingen wir ins Bad oder bedienten uns aus dem Kühlschrank.

Jackson rollt zu uns herüber und steigt ab. Er umarmt Denika und lächelt Graeme zu. Währenddessen hole ich Fahrrad und Helm aus dem Kofferraum. Jackson trägt seine dunkelblonden Haare kurz. Er ist gerade aus China von einer Rundfahrt zurückgekommen und erzählt, dass er dort gejoggt sei, aber kaum auf dem Rad gesessen habe, weil die Crew während der Rennen nicht trainieren darf. Jackson ist ein wenig kleiner als Zach und ich und hat ein warmes, leicht verschmitztes Lächeln. Mit seinem muskulösen Oberkörper ist er der klassische *Rouleur,* ein kraftvoller Fahrer, der in den Bergen nicht abgehängt wird und dennoch sprinten kann. Jackson und Zach sind beide ungewöhnlich aufgedreht und stecken mich sofort an.

„Also, Jungs", erklärt Jackson, „ich bin alles nochmal genau durchgegangen. Wir starten um 9.30 Uhr und halten für eine Mittagspause in Pescadero. Spätestens gegen 16 Uhr sollten wir in Soquel sein." Nach vielen Jahren in Europa weigert sich Jackson beharrlich, das amerikanische Zwölf-Stunden-Zeitsystem zu verwenden. Ich rechne 16 minus 12, nicke beifällig und schiebe mein Rad zum Haus.

„Das klingt, als hätte jemand einen Plan", erklärt Zach in dem ausdruckslosen Tonfall, den ich von ihm gegenüber Jackson kenne und der mir stets ein Lächeln entlockt. Jackson grinst Zach zu und macht sich an seinem Leistungsmesser zu schaffen. Ich habe inzwischen meinen restlichen Kram aus dem Wagen geholt und küsse zum Abschied Denika und Graeme.

„Ich liebe dich", sage ich Denika.

„Seid vorsichtig. Und genieß die Zeit."

„Klar. Ich werde dich vermissen", erwidere ich und hole mein Mobiltelefon aus der Trikottasche, um es ihr durchs offene Fenster in den Wagen zu reichen. „Außer dir muss niemand wissen, wo ich gerade bin. Und falls wir uns eine Nachricht schicken wollen, haben ja Jackson oder Zach ein Handy." Ich küsse Denika ein letztes Mal und schaue dem Wagen hinterher. Als er verschwunden ist, geselle ich mich zu den beiden Freunden, die bereits dabei sind, unsere Fahrräder in Zachs SUV zu laden. Schließlich ist alles sicher verstaut. Wir steigen ein und brechen mit Zachs Vater Gary am Steuer über den Highway 101 nach Norden zur Golden Gate Bridge auf.

Allzu leicht tappt man in die Falle, jedem Schmerz, gleich ob geistiger, emotionaler oder körperlicher Art, einen Sinn zuzuschreiben. Das hängt damit zusammen, dass wir nur einen überzeugenden Grund benötigen, um so gut wie alles aushalten zu können. Die Qualen an sich waren für mich nie das Problem. Viel schwerer tat ich mich mit der Unterscheidung zwischen Schmerzen, die tatsächlich einen Sinn ergaben (etwa Abhärtung oder eine Lebensveränderung), und denen, die offensichtlich zu nichts führten.

Manche sehen den Sinn der Quälerei auf dem Fahrrad darin, den Charakter zu stärken oder sich auf das Leben nach dem Radsport vorzubereiten. Doch diese Vorstellung ist gnadenlos überschätzt, wenn nicht sogar falsch. Zweifellos lernt man als Sportler Disziplin und Prioritäten zu setzen. Aber der bürgerliche Aufsteigermythos vom erfolgreichen Sportler, der nach seiner aktiven Zeit aufgrund seines antrainierten Durchhaltevermögens und seiner Arbeitsmoral nahtlos als knallharter Investmentexperte Karriere macht, blendet zahllose Ex-Sportler aus, die sich in der „normalen" Welt nicht zurechtfinden, weil sie jahrelang eben ganz anders gelebt haben. Viele ehemalige Fahrer, die ich sehr respektiere, endeten auf der Straße, wohnten in ihrem Auto oder bekamen so schwere Depressionen, dass sie sich das Leben nahmen. Darunter waren auch Olympiamedaillengewinner und Weltmeister. Obwohl man jungen Radsportlern häufig etwas anderes weismacht, lassen sich Arbeitsmoral und Leidensfähigkeit eben nicht einfach auf andere Bereiche übertragen. Oftmals suchen einen die Dämonen, die man mit dem Sport auszutreiben suchte, wieder heim, sobald die aktive Karriere vorbei ist.

Man sollte nie vergessen, dass der Radsport in erster Linie ein Business ist. Ein Profifahrer kann zu keinem Zeitpunkt frei über seinen Körper verfügen. Er ist eine rollende Reklametafel für diesen oder jenen Fahrrad-, Reifen- oder Pedalhersteller, für Vitaminpräparate oder Krankenkassen und wird stets in Hinblick auf sein Marketingpotenzial taxiert. Als Fahrer fordert man Tag für Tag seinen Körper und entfremdet sich immer weiter von ihm. Trainer und Sportliche Leiter bewerten die Performance dieses Körpers anhand von Rennergebnissen und Leistungsdaten, Physiotherapeuten kneten die Muskeln und dehnen die Sehnen, und Ärzte und Anti-Doping-Kontrolleure analysieren Blut und Urin.

Als ich noch in Santa Cruz lebte, hatte ich einen etwas älteren Freund und Trainingspartner, der denselben Weg durch das System nahm wie ich. Von regionalen Trainingscamps gelangte er über das US-weite Kaderprogramm in ein nationales Spitzenteam, bis sich schließlich sein Traum erfüllte und er einen Vertrag bei einer internationalen Profimannschaft unterschrieb. Als er in der Winterpause von seinem ersten Jahr in Europa zurückkehrte, wo er für Lance Armstrongs US-Postal-Team gefahren war, absolvierten wir mehrere Monate lang gemeinsam unser Grundlagentraining. Auf unseren mit jeder Woche länger werdenden Ausfahrten gewährte er mir nach und nach eher widerwillig wie ein älterer Bruder Einblicke in die Realität des Spitzensports. Sein Fazit: „Gib dich keinen Illusionen hin, jeder von uns ist ersetzbar, nicht anders als ein Rennpferd. Ein gedopter Esel lässt sich ganz einfach gegen einen anderen gedopten Esel austauschen."

Der Radsport war für mich zugleich Krankheit und Medizin. Hier lernte ich, mich selbst zu quälen und mein psychisches Leid durch körperliche Schmerzen zu verdrängen. Wenn ich unruhig oder depressiv war, trainierte ich. Wenn meine Eltern stritten, trainierte ich. Wenn mir Fragen nach dem Tod, dem Sinn des Lebens und den Grenzen der Erkenntnis durch den Kopf schwirrten, fuhr ich so lange, bis ich für meine Sorgen taub war. Jedes Intervall und jede Sprintsession, bei denen mir die Lunge brannte, wurde zum Ventil für meine Probleme – auch wenn mir klar war, dass ich sie so nicht würde lösen können. Die Qualen des Radsports rückten all meine Fragen und Zweifel wie unter ein Brennglas und verwandelten sie in Produktivität – bis auch das irgendwann nicht mehr funktionierte. Es ging nicht nur darum, etwas zu vermeiden oder zu unterdrücken, sondern auch innere Widersprüche auszumachen und sie bis zu ihrer Sollbruchstelle weiterzutreiben. Auf dem Rad wie im Leben suchte ich nach Vergebung durch und Verständnis von eben jenen Dingen und Personen, die mein Leid überhaupt erst verursacht hatten. Ich wollte die Schmerzen spüren, um den Schmerz ein für alle Mal zu überwinden, und denken, um nicht länger denken zu müssen. Unverdrossen versuchte ich das, aus dem ich mich befreien wollte, bis zu seinem logischen Schluss zu treiben, in der Hoffnung, es so von innen heraus zu brechen. Ich stellte mir eine Philosophie ohne Denken vor und hoffte, dass sich die verbissene Schinderei auf dem Rad in mühelose Schönheit verwandelte. Aller Schönheit und Anmut lag doch das Leiden zugrunde. Mit jedem quälenden Trainingsintervall, mit jeder intensiven Session auf dem Ergometer, nach der ich mich übergeben musste, nahm ich an einem Fortschrittsnarrativ teil, das vorangetrieben wurde von der Hoffnung des unverbesserlichen Spielers auf den großen Coup, in meinem Fall dem Wunsch, endlich den Abgrund zu überwinden zwischen dem, der ich war, und dem, der ich sein wollte.

Bei unserer Ankunft an der Golden Gate Bridge wimmelt der Parkplatz vor Touristen. Der Fußweg wird von dicht an dicht parkenden Bussen gesäumt. In meiner Kindheit nannten wir San Francisco einfach „The City“, eine hektische Metropole mit höheren Wolkenkratzern, als ich bis dahin gesehen hatte. Das Hupen der Autos hallt in den Schluchten aus Stahl und Glas wider, und im Finanzdistrikt eilen elegant gekleidete Menschen zu vermeintlich unfassbar wichtigen und glamourösen Terminen.

Wir laden unsere Räder aus dem Auto aus, lassen mit geübten Handgriffen die Räder in die Ausfallenden gleiten, ziehen die Schnellspanner fest und arretieren die Bremsen. Ein paar Freunde sind gekommen, um uns einen Teil der Strecke zu begleiten. Während sie an ihren Trinkflaschen nuckeln, an ihren Armlingen zupfen und das ganze Repertoire an nervösen Ticks von wartenden Radrennfahrern vorführen, diskutieren und bewundern sie gegenseitig ihre Räder und Ausrüstung. Der Wind frischt auf, und kurz bricht die Sonne durch, um schon gleich darauf wieder hinter dichten Wolken zu verschwinden. Ich lasse den Blick über den Parkplatz zur rostig orangefarbenen Brücke schweifen, die über das Wasser der Bucht ins Marin County führt.

Von San Francisco mit seinen steilen Anstiegen werden wir über den Highway 92 durch die Berge nach Half Moon

Bay fahren und unseren Weg dann auf dem Highway 1 fortsetzen, wo es ziemlich windig werden dürfte. Als hätte uns der immer stärker zuziehende Himmel ein Zeichen gegeben, schauen Zach, Jackson und ich uns an und kommen wortlos überein, dass wir das Signal zum Aufbruch geben. Hinter uns rasten die Schuhplatten unserer Begleiter mit einem Klicken in die Pedale ein, dann führen wir unseren kleinen Pulk vom Parkplatz.

Bereits am ersten Anstieg ist das Tempo höher, als mir lieb ist. Doch so beschwerlich die kommenden drei Tage auch werden mögen: Wenn ich an meine Depression zurückdenke, weiß ich, dass alle Qualen unserer Tour nichts sein werden gegen das Leid von damals. Der Schmerz, der mich jetzt erwartet – das Brennen in der Lunge und in den Beinen – kommt mir vor wie die herzliche Umarmung eines alten Freundes.

Kapitel 5

Über das Gewinnen

You need not see what someone is doing
to know if it is his vocation,
you have only to watch his eyes:
a cook mixing a sauce, a surgeon
making a primary incision,
a clerk completing a bill of lading,
wear that same rapt expression,
forgetting themselves in a function.
How beautiful it is,
that eye-on-the-object look.

W. H. Auden

Die Welt besteht aus Gewinnern und Verlierern. Diese Überzeugung ist tief in der amerikanischen Psyche verankert. Der sozialdarwinistischen Maxime zufolge ist das Leben ein gnadenloser, unablässiger Wettbewerb, in dem die Reichen und Erfolgreichen ihren Reichtum und Erfolg im wahrsten Sinne des Wortes *verdient* haben. Auch wenn die Vereinigten Staaten ein Land voller Gegensätze sind, in dem Herzensgüte neben unfassbarer Grausamkeit steht und Arroganz neben Bescheidenheit, thront unantastbar über allem der Gedanke des Verdienstes aufgrund der eigenen Leistung. Jeder, der diese Logik infrage stellt, wird nicht nur reflexhaft als neidisch oder faul angesehen, sondern mit dem mit Abstand stärksten Ausdruck der Verachtung überhaupt bedacht: *Loser.*

Selbst in der vermeintlich liberalen Bay Area rund um San Francisco werden Self-Made-Tycoone wie Steve Jobs von Apple, Larry Page und Sergey Brin von Google oder Mark Zuckerberg von Facebook wie Helden verehrt. Sobald jemand wagt, ihr Genie nicht zu feiern, sondern ihre Erfolge mit Zufall und glücklichen Umständen zu erklären, wird demjenigen oft unterstellt, er wolle nur sein eigenes (weniger erfolgreiches) Leben rechtfertigen. Besonders aufschlussreich ist die Tatsache, dass sich in den Vereinigten Staaten nur wenige Menschen als arm bezeichnen – sie sind schlicht noch nicht reich. Das simple Credo der werktätigen Masse lautet: „Wenn die es geschafft haben, kann ich es auch schaffen." Gestützt auf die Vorstellung vom autonomen, rationalen Subjekt, die sich durch das gesamte westliche Denken zieht, sind wir davon überzeugt, dass der Einzelne selbst für seinen Erfolg verantwortlich ist. Daher sollten die Gescheiterten ihrem Schicksal überlassen werden und nicht noch Hilfe von denen erhalten, die aus irgendeinem Grund „bessere Entscheidungen" getroffen haben.

Von klein auf war ich der so einfachen wie bestrickenden Vorstellung verfallen, zur Gewinner-Kategorie zu gehören. Eigentlich hätte mich meine Neigung zum Außenseitertum gegenüber den Wertvorstellungen der Masse skeptisch machen sollen, doch es gab für mich keinen Zweifel, auf welcher Seite ich am Ende stehen wollte. Jegliches Mittelmaß erfüllte mich mit Abscheu. Bereits lange, bevor ich mit dem Radsport anfing, wollte ich in irgendetwas gut sein – Hauptsache, ich war interessant und erfolgreich und eben nicht angepasst oder durchschnittlich. Angelehnt an das antike griechische Ideal einer Gleichsetzung des Wahren, Schönen und Guten, war die Vorstellung vom sportlichen Erfolg – insbesondere in Ausdauersportarten – von einer Reinheit durchdrungen, wie sie der oscargekrönte Film *Die Stunde des Siegers* (1981) darstellte: Der Erfolg basiert auf harter Arbeit und Talent und, ja, auch auf Tugenden. Im vom Leistungsgedanken besessenen Radsport wurde Aspekten wie Fördersystemen oder Entwicklungskurven selten die ihnen zustehende Bedeutung beigemessen. Wer es in dem Sport bis an die Spitze schaffte, hatte dies wegen seiner Leidensfähigkeit, Beharrlichkeit und harten Arbeit auch verdient – womöglich eine notwendige Fiktion für einen Sportler. Ich glaubte, Gewinnen würde mein Dasein an sich rechtfertigen und dass ich damit eine empfundene Schuld – gegenüber wem auch immer – begleichen und ein Gefühl des inneren Friedens erlangen könnte. So sollte endlich die Person, die ich in meinem tiefsten Inneren zu sein spürte, mit dem Bild, das andere von mir hatten, deckungsgleich werden.

Zu Beginn meiner sportlichen Karriere funktionierte das hervorragend. Ich hatte genügend Talent, um mir als der sprichwörtliche Hecht im Karpfenteich des nahegelegenen Hellyer-Park-Velodroms Respekt zu verschaffen. Die Erfolge flogen mir nur so zu. Im Alter zwischen 14 und 17 Jahren war ich bei den kalifornischen Juniorenmeisterschaften unschlagbar. Mit 17 stieg ich in die Kategorie zwei auf und trat häufig gegen Profis an. Selbst bei den nationalen Bahnradmeisterschaften musste ich niemanden fürchten. Im Laufe der Jahre konnte ich mit den Medaillen von den kalifornischen und nationalen Meisterschaften eine ganze Schublade füllen.

Zunächst war das berauschend. Wenn ich abends ungeschlagen das Velodrom verließ, tat ich das in dem Gefühl, nichts könne mich aufhalten. Ich hatte das Gespenst des Mittelmaßes vertrieben. Aus der hohen Warte des Siegers kam es mir so vor, als würden meine Konkurrenten nur ihre Kreise drehen und auf das Glück hoffen, während ich die Welt meinem Willen unterwarf. Ich siegte nicht einfach, vielmehr brachte mich jeder Erfolg etwas sehr viel Bedeutenderem und Dauerhafterem näher: einem Dasein als Gewinner, in einem umfassenderen Sinn, der über den einzelnen Sieg hinausging.

Doch nach und nach verwandelte sich dieses rauschhafte Gefühl der Überlegenheit in Angst. Alles andere als ein Sieg fühlte sich wie Versagen an. Wenn an einem Freitagabend fünf Wettbewerbe auf der Bahn anstanden, war es für mich eben kein Erfolg, wenn ich bei drei Rennen siegte. Um sämtliche Siege einzufahren, holte ich alles aus meinem Körper heraus und fightete bei einem lokalen Scratch-Rennen, als ginge es um die Weltmeisterschaft. Zur Einordnung muss man sich vergegenwärtigen, dass Gewinnen im Radsport etwas anderes bedeutet als in Mannschaftssportarten, wo man zumindest theoretisch eine fünfzigprozentige Siegchance hat. Im Radrennsport liegt sie deutlich niedriger. So gewann etwa der größte Fahrer aller Zeiten, Eddy Merckx, in seiner erfolgreichsten Saison „nur“ 37 Prozent der Rennen, bei denen er an den Start ging.

An viele meiner Renntage kann ich mich nur noch vage erinnern. Ein bezeichnendes Beispiel für die Macht des Siegens – und Verlierens – werde ich aber nie vergessen. Schauplatz war die kalifornische Meisterschaft, die der Qualifikation für die US-Meisterschaft diente und gewöhnlich an einem einzigen Tag ausgetragen wurde. Die Gewinner der, wenn ich mich richtig entsinne, fünf Wettbewerbe erhielten neben dem Titel auch ein besonderes Trikot. Nur noch eine Disziplin stand aus, das Scratch-Rennen. Bis dahin hatte ich jeden einzelnen Titel geholt, jedes Mal vor ein und demselben Fahrer, einem Typen mit dunklen Haaren und melancholischem Blick, den ich bereits von zahlreichen anderen Rennen kannte. Einmal hatte ich mitbekommen, wie sein Vater ihm zugerufen hatte, es mir endlich zu zeigen: „Gib alles!" Doch egal, welche Taktik er wählte oder wie sehr er sich anstrengte, ich fuhr einen sicheren Sieg nach dem anderen ein.

Als wir uns für das letzte Rennen aufstellten, beschwor er mich mit leiser Stimme, damit sein Vater es nicht hörte, ihn nur dieses eine Mal gewinnen zu lassen, nur dieses eine einzige Mal. Ich konnte nicht fassen, dass er mich tatsächlich darum bat. Wie verzweifelt musste er sein? Ich antwortete nur: „Du würdest doch immer wissen, dass ich dich habe gewinnen lassen. Was hättest du also davon?" Er senkte den Kopf und nickte wortlos. Ich gewann auch das Scratch-Rennen. In der folgenden Saison hielt ich immer mal wieder Ausschau nach ihm, doch ich sah weder ihn noch seinen Vater jemals wieder bei einem Rennen.

Zu verlieren – vor allem absichtlich zu verlieren – stand völlig außer Frage. Damit hätte ich ihn auch unnötig stark gemacht. Vielleicht hätte er sogar daran geglaubt, mich schlagen zu können. Das erschien mir damals vollkommen inakzeptabel. Ich wollte der Beste sein, nichts weniger, insofern musste ich dafür sorgen, dass sich mir niemand in den Weg stellte.

Doch wie in so vielen Bereichen können auch im Radsport allzu mühelose oder frühe Erfolge zu einem Fluch werden.

Wir schlängeln uns in Zweierreihen in einem dichten Pulk durch die schmalen Straßen von San Francisco. Nach einem kurzen Abstecher an die Küste biegen wir landeinwärts in das Viertel Outer Richmond ab, wo wir schließlich erneut ans Wasser kommen und die Betonüberreste des einstmals eleganten Meerwasserhallenbades Sutro Baths passieren, das sich der Pazifik Stück für Stück zurückholt.

An den baumgesäumten Rändern des Golden Gate Park weichen Gewimmel und Schmutz des Stadtzentrums gesetzteren Wohngebieten. Wir kommen an Villen mit gepflegten Gärten hinter Steinmauern und schmiedeeisernen Zäunen vorbei, die von den typischen zweigeschossigen Wohnhäusern des Sunset District abgelöst werden. Von dort gelangen wir zum Lake Merced, wo sich mehr oder weniger identische Bungalows im Ranch-Stil der späten 1950er Jahre in akkuraten Reihen an die baumlosen Hänge schmiegen.

An einem kleinen Hügel setze ich mich neben Zach, da ich dem Können unserer Begleiter nicht hundertprozentig vertraue. Bei ihm muss ich nicht mit einem plötzlichen Schlenker rechnen. An der Spitze geht Jackson aus dem Sattel und reißt mit einigen wenigen kraftvollen Tritten eine Lücke zwischen sich und den nächsten Fahrer. Als der Abstand zur Gruppe komfortabel genug ist, lässt er den Lenker los, befreit sich von seiner Windjacke und stopft sie geschickt in eine Trikottasche. Unvermittelt verengt sich die breite, von parkenden Autos gesäumte Durchgangsstraße. Im Anschluss an eine steile, schnelle Abfahrt nehmen wir eine scharfe Rechtskurve, rollen an einem Friedhof vorbei und landen schließlich auf einer Nebenstraße parallel zum vielbefahrenen Highway. Nach wenigen Minuten biegen wir erneut nach rechts ab auf eine Überführung, von der wir den Ausblick auf einen Stausee genießen. Hier wartet der erste ernsthafte Anstieg des Tages auf uns.

Zu unseren Begleitern auf dieser ersten Etappe gehört unser Freund Matt Dubberley, der früher ebenfalls Profi in einem nationalen Team war. Er hat sich an die Spitze gesetzt und verschärft jetzt das Tempo. Die Gespräche verstummen, nur noch unser Keuchen und hin und wieder das entschlossene Klacken eines Gangwechsels sind durch das Verkehrsrauschen vernehmbar. Ein wenig ungehalten über das Tempo schaue ich zu Zach. Er nickt zustimmend.

„Machbar, aber schneller, als mir recht ist", sagt er.

„Sehe ich genauso."

Ich denke an den langen Tag, der noch vor uns liegt, und fische ein Gel aus meiner Trikottasche. Um die zähe Masse herunterzubekommen, spüle ich mit einem Schluck Wasser nach. In dem Moment überholt uns ein Pick-up mit viel zu wenig Abstand. Um meine Geschwindigkeit zu halten, rutsche ich mit den Händen vom Oberlenker zu den Bremsgriffen, schalte und gehe aus dem Sattel, um an dem Anstieg nicht den Anschluss an die Gruppe zu verlieren. Oben angekommen, ziehen alle für die Abfahrt wieder die Reißverschlüsse ihrer Trikots hoch und rücken noch einmal ihre Sonnenbrillen zurecht. Mein Blick geht über die gebräunten Beine und leuchtend weißen Radschuhe, während wir uns zu einer Reihe auffädeln, um in Formation durch die langgezogenen Kurven vor uns zu rasen. Plötzlich tut sich ein ungehinderter Ausblick auf den Pazifik vor uns auf.

Die Straße wird allmählich flacher, und wir beginnen wie beim Teamzeitfahren zu rotieren. Jeder bleibt für 20 oder 30 Sekunden an der Spitze, schert dann aus und reiht sich hinter dem letzten Fahrer wieder ein. Obwohl wir uns den Ausläufern von Half Moon Bay nähern, mussten wir bisher noch nicht wegen Ampeln Tempo rausnehmen. Problemlos ziehen wir an der Autokarawane auf der Nebenspur vorbei. Die Straße führt an einem Brackmarschgebiet mit Schilfrohr und Binsen vorbei, das abrupt von einem Einkaufspark abgelöst wird, im Mittelpunkt ein Burger King. Auf dem Gehweg liegt eine Tüte mit Essensresten, und ein Krähenschwarm streitet sich um die auf dem Beton verstreuten Pommes. Mein Blick fällt auf eine amerikanische Fahne mit ausgefransten Rändern und verblassten roten Streifen, die im Wind flattert. Ein paar harte Intervalle an der Spitze später gelangen wir in das malerische Zentrum von Half Moon Bay.

Zu den angenehmsten Aspekten der Touren mit Jackson und Zach – und unserer Freundschaft insgesamt – zählt, dass wir einander nichts mehr beweisen müssen, im buchstäblichen wie im übertragenen Sinne. Es spielt keine Rolle, wer von uns der beste Fahrer war oder ist. Jeder von uns hat seine Krankengeschichte oder ist einmal durch Übertraining in ein Loch gefallen. Jackson war dennoch stets der mit Abstand Talentierteste und Vielseitigste von uns, er hat an hochklassigen Events von Paris–Roubaix bis zur Cyclocross-WM teilgenommen; ich gehörte auf der Bahn zur Spitze und Zach beim Zeitfahren.

Vor mir übernimmt Jackson die Führungsarbeit in unserer in dichtem Abstand dahinrasenden Formation. Nach einiger Zeit zeigt er mit einem kurzen Abspreizen des Ellbogens an, dass er gleich ausschert. Wir haben immer noch Rückenwind, doch die Straße geht kaum wahrnehmbar in eine trügerische Ebene über, und ich muss kräftiger in die Pedale treten, um das Tempo zu halten. Wie einst auf der Bahn rutsche ich auf die Sattelspitze und neige den Kopf nach unten, um trotz meiner Körpergröße einen kleinen aerodynamischen Vorteil herauszuholen. Nach rund 30 Sekunden Führungsarbeit zähle ich noch zehn Pedaltritte ab, dann schere ich aus und reihe mich hinten an Jacksons Hinterrad ein. Wir haben nicht nur Abertausende Kilometer zusammen abgerissen, er war auch mein Partner beim Paarzeitfahren und beim Madison, einer dem Staffellauf ähnlichen Bahnraddisziplin, bei der sich die zwei Fahrer eines Teams ablösen, indem sie einander durch einen „Schleudergriff" ins Rennen schicken. Nach den vielen gemeinsamen Jahren kenne ich seine ureigene Art des Tretens in- und auswendig. So wie man die Marke eines Autos, ohne es zu sehen, allein am Klang des Motors identifizieren kann, erkenne ich Jackson daran, wie er in die Pedale tritt – unverwechselbar flüssig, seine Fersen einen Tick später nach unten streckend als die meisten Fahrer und den linken Knöchel beim Hochziehen eine Winzigkeit weniger zur Seite neigend als den rechten.

Vorne beschleunigt der Fahrer, der gerade noch an meinem Hinterrad war. Mein Puls geht hoch, und ich spüre das Laktat in den Beinen. Um meine Frequenz zu halten, tippe ich den Schalthebel an und gehe aus dem Sattel, sobald ich spüre, dass die Kette auf dem kleineren Ritzel ist. Was ich im Voraus nicht bedacht hatte, war, dass Jackson, Zach und ich uns zwar nichts mehr beweisen müssen, dass wir aber als Ex-Profis für lokale Amateure eine Herausforderung darstellen. Und ehrlich gesagt sind sie im Moment in besserer Form als wir.

Als wir nach Süden auf den Highway 1 einbiegen, wird aus dem Rückenwind ein steifer Seitenwind, der über die Straße fegt, die sich zwischen den hoch aufragenden erodierenden Klippen links und dem Sandstrand rechts entlangwindet. Um uns gegenseitig ein wenig Windschatten zu geben, fahren wir in gleichmäßiger Staffelung, wofür wir die gesamte Breite des Seitenstreifens nutzen. Bei der Anfahrt an einen Anstieg geht das Tempo abermals hoch. Vor mir reißt eine kleine Lücke auf. Aus einer Radlänge werden schnell zwei, dann drei. Als Jackson meine Probleme bemerkt, lässt er sich zurückfallen, nimmt wortlos eine Hand vom Lenker und streckt sie mir grinsend entgegen. Ich greife die Hand meines früheren Madison-Partners, und wir gleiten mit wenigen Zentimetern Abstand nebeneinanderher. Er beschleunigt kurz, öffnet seine Schulter wie zu einem Unterhand-Wurf und schleudert mich nach vorn. Mein Rad nimmt mühelos Tempo auf, sodass ich oben auf dem Anstieg die Lücke schließen kann. Ich gelange in den Windschatten des vor mir Fahrenden und bin wieder in der Gruppe zurück.

Im Radsport fungiert der Stundenweltrekord – die Strecke, die ein Fahrer solo in einer Stunde auf der Bahn zurücklegt – seit jeher als Leistungsstandard. Doch was der Italiener Francesco Moser im Januar 1984 vollbrachte, ging nicht nur in die Rekordbücher ein, es wurde zu einem Wendepunkt und veränderte ein für alle Mal das Bild vom professionellen Radrennfahrer.

Unter Leitung einer kleinen Expertentruppe, die Mosers Sportgetränkesponsor zusammengestellt hatte, begann bereits im Sommer 1983 die Umsetzung des Plans für das Weltrekordunternehmen. Vom herzfrequenzbasierten Training über computergesteuerte Zeitmessung bis zur aerodynamischen Optimierung überließen Moser und sein Team kein Detail dem Zufall, um den langjährigen Rekord von Eddy Merckx zu brechen. Wie Merckx rund zwölf Jahre zuvor entschieden sich der Italiener und sein Team für die Betonbahn in der Höhenluft von Mexico City. Der Ort blieb die einzige Gemeinsamkeit zwischen beiden Projekten. Das Fahrrad von Merckx war zwar speziell für den Stundenweltrekord entworfen und gebaut worden, dennoch glich es weitgehend einem normalen Bahnfahrrad. Der Rahmen war in Ernesto Colnagos Werkstatt aus extraleichten runden Rohren handgefertigt worden, ergänzt von dem üblichen Rennlenker und traditionellen Speichenrädern. Mosers Weltrekordrad hingegen reizte die aerodynamischen Möglichkeiten voll aus. Sein Entwicklerteam hatte begriffen, dass der Feind nicht wie von Merckx gedacht das Gewicht war, sondern der Luftwiderstand. Das schlug sich in der Rahmenform und den geschlossenen Scheibenrädern ebenso nieder wie in den Schuhen und dem enganliegenden Rennanzug, alles speziell für die Rekordfahrt entworfen. Der radikal neue Ansatz zeigte sich nicht nur in der Ausrüstung. Als noch entscheidender für mich und die folgenden Generationen erwiesen sich Mosers Trainingsmethoden und die physiologischen Schlussfolgerungen daraus. Statt sich wie bis dahin üblich durch Rennen in Form zu bringen, war Mosers Training flankiert von Ärzten und Physiologen unter der Leitung von Dr. Francesco Conconi von der Universität Ferrara. Moser wurden Intervalle mit exakt kontrollierten Phasen von Anstrengung und Erholung bei einer bestimmten Herzfrequenz vorgegeben, zudem wurde sein Fitnesszustand mit einer beispiellosen Präzision kontrolliert. Um die Maximalgeschwindigkeit zu ermitteln, die Moser eine Stunde lang durchhalten konnte, überwachte Conconi das Training mit einem seinerzeit vollkommen neuen Gerät, einem tragbaren Herzfrequenzmesser. Der tägliche Einsatz dieses Geräts brachte Conconi zu der entscheidenden physiologischen Entdeckung, die das Training von Ausdauerathleten für immer verändern sollte: die Entdeckung der anaeroben Schwelle.

Um Conconis Konzept der anaeroben Schwelle zu verstehen, stelle man sich einen Becher mit einem kleinen Loch im Boden vor. Je mehr sich ein Sportler anstrengt, desto schneller wird dieser Becher mit Laktat und sonstigen Stoffwechselabfällen gefüllt, bis schließlich weniger durch das Loch im Boden abfließt, als oben nachströmt. Dieser

Kipppunkt wurde als „anaerobe Schwelle“ bekannt. Conconi erkannte, dass sie sich verschieben ließ, wenn man die genaue Herzfrequenz an diesem Punkt der maximalen, konstant vom Athleten durchzuhaltenden Anstrengung kennt. Nach seiner Theorie konnte dadurch ein Radsportler über einen längeren Zeitraum ein höheres Tempo gehen. Die Erkenntnis veränderte nicht nur die Trainingspläne, sondern auch die Rennstrategien.

Conconis Entdeckung war ungefähr so, als habe man endlich begriffen, wie der Motor eines Autos tatsächlich funktioniert. In den kühlen Morgenstunden des 19. Januar 1984 verbesserte Francesco Moser in der dünnen Höhenluft von Mexico City Eddy Merckx' lange für unantastbar gehaltenen Stundenweltrekord um mehr als 1 km/h!

Einige Tage nach Mosers Rekordfahrt interviewte die Radsportzeitschrift *Winning* einen verblüfften und skeptischen Eddy Merckx, der erklärte:

„Ich war wirklich überrascht, denn wie viel ein Mensch leisten kann, wird von unseren angeborenen Fähigkeiten begrenzt. Niemand kann sich in einen Außerirdischen verwandeln; das ist, als wollte man aus einem alten Esel ein Rennpferd machen! [...] Natürlich hatte ich zu dem Zeitpunkt keine genauen Informationen über die verwendete Ausrüstung. Das Einzige, was man braucht, sind ein großes Budget und der Mut und die Meriten für eine ausgiebige wissenschaftliche Vorbereitung. Von nun an ist alles möglich.“

Zum Erstaunen vieler, darunter Merckx, erkannte die UCI Mosers Weltrekord an, trotz der Scheibenräder und anderer

Ausrüstungsmerkmale, die sich am Rand des Reglements bewegten. Die Entscheidung öffnete einen Weg zu technischen Innovationen, die in den folgenden 25 Jahren scheinbar vollkommen willkürlich zugelassen und wieder verboten wurden.

Mosers Projekt verschlang mehr als eine Million Dollar. Kurz nach seiner Weltrekordfahrt beichtete Moser den Medien, dass er nicht nur die neueste Ausrüstung und innovativsten Trainingsmethoden unter Conconis Leitung eingesetzt hatte, sondern sich auch einer anderen neuartigen, zu der Zeit noch legalen Prozedur unterworfen hatte: Er hatte sich seine eigenen aufbereiteten roten Blutkörperchen spritzen lassen, um seine aerobe Leistungsfähigkeit zu steigern – zu diesem Thema äußerte er sich später nicht mehr derart offenherzig.

Von einem Tag auf den anderen war ein Sport, der im Wesentlichen durch Leiden und Durchhaltevermögen gekennzeichnet gewesen war, in technische Einzelprobleme zerlegt worden, die von smarten Ingenieuren und Wissenschaftlern gelöst werden konnten. Durch Mosers Stundenweltrekord war aus dem traditionellen Radsport eine technisch hochgerüstete und durchkalkulierte Unternehmung geworden, in der Labore und Windkanäle wesentlich zum Erfolg eines Fahrers beitragen. Was einst eine Kunst gewesen war, hatte nun das Feld der Wissenschaft betreten – und von dort gab es kein Zurück mehr. Das Wettrüsten im Radsport hatte begonnen.

In meiner Kindheit thronte Heideggers Werk *Sein und Zeit* von 1927 bedeutungsschwanger bei uns zu Hause im Bücherregal, als würde es die Antworten auf alle Rätsel des Lebens enthalten. Die Philosophie erzeugte eine ungewöhnliche Form der intellektuellen Nähe zwischen meinem Vater und mir. Wie bei einem Witz, den nur wir verstanden, war uns beiden klar, dass die Wirklichkeit keineswegs so war, wie die meisten dachten. Ich weiß noch, wie ich als Teenager meinen Vater fragte, worum es in *Sein und Zeit* eigentlich gehe. Er antwortete, ob er das Buch wirklich verstanden habe, wüsste er nicht, aber seiner Ansicht nach wollte Heidegger sagen, dass wir das Dasein nur verstehen können, wenn wir uns zunächst vergegenwärtigen, was es wirklich heißt „zu sein". Auf jeden Fall sei *Sein und Zeit* höchstwahrscheinlich das bedeutendste philosophische Werk des 20. Jahrhunderts.

Für mich persönlich war Martin Heidegger stets ein Fixpunkt. Einerseits verkörperte er beispielhaft die moralischen Unzulänglichkeiten des philosophischen Denkens, andererseits nährte er meine tiefe Hoffnung, dass in einer fernen Zukunft das Denken zu einer universell verständlichen Sprache wie die Musik werden könnte – zu einer Sprache des reinen Gefühls.

Heidegger wird für immer mit seinem schuldhaften Engagement für den Nationalsozialismus in den 1930er Jahren verbunden bleiben. Dennoch dürfte wohl kein anderer Denker des 20. Jahrhunderts vergleichbar originelle Einsichten in die Fragen von Technik und Moderne geliefert haben. Er war weder ein reaktionärer Maschinenstürmer noch ein Verfechter des materiellen Fortschritts, vielmehr war seine Beschäftigung mit der Technik eingebettet in eine umfassende Auseinandersetzung mit der Geschichte des Seins. In seinen

Augen hatte die westliche Philosophie dieses Problem sträflich ignoriert, weil sie nur Erkenntnisse über diese oder jene Sache gewinnen wollte. Für ihn dagegen besaß „die Notwendigkeit einer Wiederholung der Frage nach dem Sinn von Sein" oberste Priorität.

Heidegger ging in seiner Darstellung der westlichen Philosophie bis zu Sokrates und Platon zurück und erklärte, dass das Sein in dieser Tradition „zugedeckt" worden war. Entweder war es in der Tradition von Platons Ideenwelt als eigenständige metaphysische Entität aufgefasst oder, in eher materiell orientierten Ansätzen, mit dem Dasein dieses oder jenes bestimmten Dings verwechselt worden. Die „Vergessenheit" von dem, was jedem von uns am nächsten ist, nämlich das Sein selbst, führte dazu, dass sich der moderne Mensch „heimatlos" und von der Grundlage seines Daseins abgeschnitten fühlt. In seinem langen Schaffen beschäftigte sich Heidegger mit der Frage, wie wir zu einer mehr oder weniger vorsokratischen Denkweise zurückkehren könnten, um das Sein nicht als bloße Eigenschaft der in der Welt seienden Dinge zu betrachten, sondern als nahezu mystische Offenbarung. Laut Heidegger ermöglicht ein Denken, welches das Sein bedenkt, eine Art „Lichtung" und eröffnet damit den Raum und die Freiheit, dank derer der Mensch sich erneut geborgen und als Teil der natürlichen Ordnung fühlen kann. Durch die Hinwendung zum Sein können wir zu einer verzauberten, poetischen und sinnreichen Erfahrung des Daseins zurückkehren.

In seiner Beschäftigung mit den sogenannten zuhandenen Dingen pries Heidegger die Vorzüge des vorbegrifflichen

Umgangs des Handwerkers mit seinen Werkzeugen. Daher auch seine Auseinandersetzung mit der „Frage nach der Technik“ in seinem Spätdenken der 1950er und 1960er Jahre, in dem er darlegte, inwieweit das technische „Weltverständnis“ alle anderen Auffassungen von der Welt inzwischen überlagerte.

Mit dem technischen Weltverständnis (das er ausdrücklich von der Technik selbst unterscheidet) meinte Heidegger nicht eine spezifische Technologie oder den erreichten Fortschritt in einem bestimmten Bereich, vielmehr legte er dar, wie uns ein technikorientiertes Denken beinahe zwangsläufig ein beschränktes Weltverständnis aufzwingt, in dem das Dasein selbst im Grunde nur als auszubeutende Ressource erscheint. Im Licht des „rechnenden“ technischen Denkens wird die Welt als „Bestand“ aufgefasst, dessen sich der Mensch bedient. „Das Erdreich entbirgt sich jetzt als Kohlenrevier, der Boden als Erzlagerstätte“, der begradigte Rhein wird zu einem „Wasserkraftwerk“ oder zu einer bloßen Touristenattraktion. Das Ziel ist die „größtmögliche Nutzung bei geringstem Aufwand“, doch niemand weiß, was abgesehen von Profiten der eigentliche Zweck dieser Nutzung ist, sodass „nicht nur die Menschen, sondern das Wesen des Menschen“ in einer unbegreiflichen Welt „umherirrt“. In einer Rede erklärte Heidegger 1955:

> „In allen Bereichen des Daseins wird der Mensch immer enger umstellt von den Kräften der technischen Apparaturen und der Automaten. Die Mächte, die den Menschen überall und stündlich in irgendeiner Gestalt von technischen Anlagen und Einrichtungen beanspruchen,

> fesseln, fortziehen und bedrängen – diese Mächte sind längst über den Willen und die Entscheidungsfähigkeit des Menschen hinausgewachsen, weil sie nicht vom Menschen gemacht sind."

Die Technik übersteigt inzwischen nicht allein unsere Fähigkeit zu ihrer Beherrschung, sie reduziert zudem das menschliche Dasein durch das Streben nach Rohstoffen und materiellen Werten auf die Aspekte von Willen, Kontrolle und Selbstbehauptung. Dadurch verwandelt sie sowohl uns selbst als auch die Dinge, die wir nutzen und produzieren, in bloße Objekte, die ausgebeutet und „vernutzt" werden.

Hellsichtig scheint Heidegger bereits die allgemeine Verfügbarkeit von Konsumgütern wie Smartphones, Computern oder Fahrrädern mit ihren jährlichen Produktionszyklen und geplanten Verfallsdaten vorausgesehen zu haben, als er schrieb: „Je rascher sie vernutzt werden, um so nötiger wird, sie immer noch rascher und noch leichter zu ersetzen."

In der Nachfolge von Nietzsche diagnostizierte Heidegger nicht allein den Tod Gottes, sondern noch radikaler den Tod der menschlichen Sehnsucht nach Sinn, die überhaupt erst die Vorstellung eines Gottes hervorgebracht hatte: „Nicht nur die Götter und der Gott sind entflohen, sondern der Glanz der Gottheit ist in der Weltgeschichte erloschen." Die Ursache dieser „Flucht der Götter" am Grunde unserer modernen Heimatlosigkeit stellte für ihn das technische, metaphysische Denken dar, das zwangsläufig das Geheimnis des Seins – und somit das Geheimnis und die Göttlichkeit des Daseins selbst – verdeckt.

Zugleich bleibt uns damit die Idee „des Heiligen“ ein für alle Mal verborgen, was unsere tiefe Entfremdung und Heimatlosigkeit vollkommen macht. Doch Heidegger sieht noch in dieser finstersten, von ihm als „Weltnacht“ bezeichneten Stunde einen Ausweg. So könne das poetische, philosophische Denken das Sein wieder aufrufen und unsere Begegnung mit den „entflohenen Göttern“ erneuern. Heidegger bezieht sich auf Nietzsches Diktum „Gott ist tot“, wenn er schreibt:

> „Dürftig bleibt die Zeit nicht nur, weil Gott tot ist, sondern weil die Sterblichen sogar ihr eigenes Sterbliches kaum kennen und vermögen. Noch sind die Sterblichen nicht im Eigentum ihres Wesens. Der Tod entzieht sich in das Rätselhafte. Das Geheimnis des Schmerzes bleibt verhüllt. Die Liebe ist nicht gelernt. Aber die Sterblichen sind. Sie sind, insofern Sprache ist. Noch weilt Gesang über ihrem dürftigen Land. Das Wort des Sängers hält noch die Spur des Heiligen.“

Nicht der rationale Philosoph, sondern nur der „Sänger“, sprich der Dichter, kann unsere zunehmend brüchigere Verbindung mit „der Spur des Heiligen“ aufrechterhalten. Anstatt die Welt in technische, rechnende Begriffe zu bringen, eröffnet das dichterische Denken in seiner einzigartigen Fähigkeit zur Anrufung des Seins eine „Offenheit für das Geheimnis“.

Mich reizt weniger Heideggers philosophische Argumentation an sich, sondern seine Erzählung: unser Abfall aus der

Gnade der Einheit mit dem Sein in eine dürftige technische Welt, die ihres Geheimnisses und ursprünglichen Wunders beraubt wurde. Heidegger entwarf den Entwicklungsweg des Westens als tragischen Bogen von Platon zu Nietzsche und dem Tod Gottes. Aus der „Heimatlosigkeit" der Moderne vermag uns nur die „Erneuerung der Seinsfrage" – die „Anwesenheit" oder „das Heilige" – wieder herauszuführen, um so der Welt der alltäglichen Erfahrung durch das „ekstatische" Staunen über die simple und gleichwohl unerklärliche Tatsache, dass überhaupt etwas und nicht nichts ist, ihren Zauber zurückzugeben.

Als Sportler wünschte ich mir stets, dass mir die Dinge mühelos zuflogen. Doch je besser ich wurde, desto stärker wurde mein Verdacht, dieser Wunsch zeige letztlich nur, dass ich nicht zu den Auserwählten gehörte. Ich verfügte über eine außergewöhnliche sogenannte gewichtsbezogene Leistung, wodurch ich im Sprint schneller beschleunigen konnte als andere Fahrer. Doch in Hinblick auf so gut wie alle übrigen körperlichen Parameter war ich nur Mittelmaß. Die im Grunde einzigen Gelegenheiten, bei denen ich mich auszeichnen konnte, waren knackige Bergauf-Sprints und Bahnwettkämpfe mit stehendem Start. Obwohl meine körperlichen Grenzen immer deutlicher zutage traten, hatte ich zu Beginn jeder neuen Saison die Enttäuschungen der vorangegangenen Saison wieder vergessen und neue Hoffnung geschöpft. Ich veränderte etwa meine Position auf dem Rad oder probierte einen neuen Trainingsansatz aus, indem ich zum Beispiel mehr – oder weniger – Höhentraining absolvierte. Wie einem Spieler erschien es mir, als wäre ich kurz davor, den Jackpot abzuräumen und endlich mein Potenzial voll auszuschöpfen. Also arbeitete ich unter Anleitung meines Coaches Harvey mit Mechanikern, Ärzten und Physiologen zusammen, um nichts unversucht zu lassen.

Im internationalen Radsport treten Erfolge oft generationenweise auf, wenn sich mehrere Fahrer aus einem Land gegenseitig pushen. Ein Beispiel waren die Mitglieder des legendären US-Olympiateams von 1984, die für mich und meine Altersgenossen Vorbilder waren. In jenem Jahr fanden die von der Sowjetunion boykottierten Spiele in Los Angeles statt. Dort spielte das amerikanische Radsportteam nach langer Zeit wieder eine Hauptrolle auf der internationalen Bühne und beendete mit insgesamt neun Medaillen auf Straße und Bahn eine langjährige Flaute. Die damaligen Fahrer wurden von Eddie Borysewicz gecoacht und hatten die von Mosers Stundenweltrekord ausgelösten Veränderungen am eigenen Leib getestet. Aufgrund ihres Geburtsjahres rasten sie in eine Zeit der Windkanaltests, aerodynamisch optimierten Fahrräder und pharmakologischen Eingriffe.

Eine der Säulen der Olympiamannschaft von 1984 war mein Trainer Harvey Nitz, der Silber in der Mannschaftsverfolgung und Bronze in der Einerverfolgung gewann. Er war für mich eine Art Ersatzvater und mein Vorbild. Ich wollte mir wie Harvey vor allem auf der Bahn einen Namen machen, als eine Art Allroundfahrer vom 1000-Meter-Zeitfahren bis zum Punktefahren. Harvey war als Fahrer stets für Innovationen aufgeschlossen und taktisch clever gewesen, außerdem konnte er sich wie kaum ein anderer quälen. Er wurde von so gut wie jedem in unserem Sport über alle Maßen geschätzt. Für mich verkörperte er das Idealbild eines erfolgreichen Athleten. Als der Druck auf mich stieg, vertraute ich Harvey mehr als jedem anderen, denn er kannte alles aus eigener Erfahrung.

Gerade dem Juniorenbereich entwachsen, erhielt ich meinen ersten Profivertrag beim Shaklee-Team, das sich vor allem auf Bahnrennen spezialisiert hatte. Nach und nach ging mir auf, was Spitzensport tatsächlich bedeutete. Wir erhielten eine intensive Medienschulung, uns wurde eingebläut, wie wir unsere Sponsoren der Presse gegenüber zu präsentieren hatten. Es wurden Werbefotos geschossen, und wir Fahrer glichen in unseren Trikots wandelnden Reklametafeln. Ich erkannte, dass ich ein jederzeit ersetzbares Marketing-Instrument geworden war. Im jährlichen oder zweijährlichen Turnus rückte ein neuer herausragender Nachwuchsfahrer in den Profibereich nach, der nur darauf wartete, sich einen Namen zu machen, und mindestens so talentiert war wie ich. Die kleineren lokalen Rennen waren für mich nicht mehr wie früher ein Sprungbrett zu etwas Größerem. Aber gerade das ließ sie umso schlimmer werden. Es hagelte Kritik und Kommentare, wer wegen seiner Leistung eigentlich was verdient hätte, meist von irgendwelchen Besserwissern, die noch nie selbst bei einem Rennen am Start gestanden hatten. Auch wenn ich einen bestimmten Wettkampf nur als Abschluss eines harten Trainingsblocks und zur Vorbereitung auf ein wichtigeres Rennen nutzte, zog eine Niederlage bei einem kleinen Event unweigerlich Beurteilungen nach sich wie: „Mein Fahrer hat diesen Profi geschlagen, also verdient er seinen Platz.“

Ich wollte nach wie vor um jeden Preis gewinnen und mich im Glanz des Erfolges sonnen. Zugleich jedoch begann ich meine Gründe zu hinterfragen. Von wem wollte ich eigentlich die ersehnte Anerkennung? Von den Menschen im Velodrom, die ich kaum kannte? Von den Eltern der anderen Fahrer? Meinen Teamkameraden? Vielleicht von der Radsportcommunity, wer auch immer das sein mochte? Es war unschwer zu sehen, dass die Menschen nur ein kurzes Gedächtnis hatten und sogar erfolgreiche Fahrer rasch in Vergessenheit gerieten. Sportler sind im Grunde Unterhaltungskünstler. Ich erlebte, wie die Aufmerksamkeit verblüffend schnell von einer jungen Hoffnung zur nächsten wechselte, sobald eine Karriere auch nur den geringsten Knick bekam. Wie wohl jeder Außenseiter fragte ich mich, warum ich eigentlich so zwiegespalten war. Warum sehnte ich mich so sehr nach der Bewunderung von Menschen, die ich größtenteils noch nicht einmal respektierte? Mit der Zeit wurde mir klar, dass ich eigentlich nur einen einzigen Menschen zufriedenstellen wollte, und das war Harvey.

Während meiner Saisonvorbereitung kam ich immer wieder über längere Zeit in einer Wohnung von ihm vor den Toren von Sacramento unter, unweit von seinem Zuhause. Hier arbeitete ich an der notwendigen aeroben Basis für die kommende Rennsaison und wurde nebenbei von Harvey mit Geschichten und Sprüchen versorgt. Er erzählte mir, wie er gegen die gefürchteten (und vollgedopten) Fahrer aus der DDR und der Sowjetunion angetreten war (und sie hin und wieder besiegt hatte). Von seinem furchtbaren Sturz aufs Gesicht, weil die Mechaniker des Nationalteams das

Vorderrad seines Verfolgungsfahrrads nicht fest genug gezogen hatten. Oder wie sehr er sich gequält hatte, um bei den Olympischen Spielen in L.A. die Bronzemedaille im Verfolgungsrennen einzuheimsen. Und obwohl sich der Sport seit Harveys Rücktritt erheblich verändert hatte, unternahmen wir alles in unserer Macht Stehende, damit ich auf moralisch unbedenkliche Weise in einem zunehmend tafferen Umfeld bestehen konnte.

Im Gefolge von Moser hatte sich nicht nur Doping zu einer Plage entwickelt, auch die Budgets der Profimannschaften und vieler nationaler Verbände waren immer stärker aufgebläht worden. Spitzenfahrer waren zunehmend das Produkt von hochentwickelten, finanziell bestens ausgestatteten Systemen. Als ich mich einmal mit der Juniorennationalmannschaft in einem Trainingscamp in der Nähe von Dallas befand, versammelten wir uns alle vor dem Hotelfernseher und verfolgten gebannt, wie Harveys ehemaliger Mannschaftskamerad Lance Armstrong – der knapp ein Jahrzehnt zuvor dasselbe Nachwuchsprogramm wie wir durchlaufen hatte – den Prolog der Tour de France 1999 gewann. Keiner von uns hätte sich damals auch nur vorstellen können, was Armstrong und viele andere unternahmen, um derartige Erfolge zu feiern.

Vor den Ausscheidungswettkämpfen für die Olympischen Spiele 2000 steigerten sich die Leistungen mancher Fahrer sprunghaft (und oftmals unerklärlich). Also investierten Harvey und ich Energie in ein Projekt, von dem wir uns viel versprachen: Mit einer Höhenkammer wollten wir auf legale Weise meinen Hämatokrit-Wert und damit meine Kapazität zur Aufnahme und zum Transport von Sauerstoff steigern. Da seinerzeit kaum derartige Apparaturen auf dem Markt waren und die wenigen verfügbaren ein Heidengeld kosteten, konstruierten wir unsere eigene Höhenkammer. Wir besorgten uns einen Motor mit 0,75 PS, ein Drainagerohr, dessen Wände dick genug waren, um dem Druck standzuhalten, und das gerade so breit war, dass ich mit meinen Schultern hineinpasste. Um zu kontrollieren, in welcher „Höhe" ich mich gerade aufhielt, nahmen wir ein preiswertes KFZ-Höhenmeter. Während die Ausscheidungskämpfe näher rückten, trainierte ich vormittags auf Meereshöhe, den Nachmittag und Abend verbrachte ich in unserer improvisierten Kammer auf 2.700 Meter „Höhe", in der Hoffnung, mein Körper würde mehr rote Blutkörperchen produzieren, damit ich konkurrenzfähig war.

Für meine 18 Jahre schlug ich mich als Fünfter wacker. Doch das reichte nicht, um es in die Olympiamannschaft zu schaffen. Während also meine Kameraden nach Sydney flogen, kehrte ich nach Kalifornien zurück, um mein Studium aufzunehmen. Einige Jahre später erlangte mein Trainingspartner für die Olympiaqualifikation (die er gewann) den zweifelhaften Ruhm, als erster amerikanischer Sportler überhaupt wegen der Verwendung des Blutdopingmittels EPO gesperrt zu werden. Mit meiner selbstgebauten Höhenkammer war ich dem technischen und pharmakologischen Wettrüsten, zu dem der Radsport geworden war, einfach nicht gewachsen. Nur war mir das damals nicht bewusst.

Selbst als ich viele Dinge am Radsport zu hinterfragen begann, blieb Harvey mein strahlendes Vorbild. Der Sport hatte sich seit seiner aktiven Zeit verändert, aber ich klammerte mich weiter an die Hoffnung, wenn er erfolgreich gewesen war, müsste ich das auch schaffen können. Sein Geheimnis waren doch Entschlossenheit und Ideenreichtum gewesen.

Das Tempo unserer kleinen Gruppe ist angenehm, und auch der Wind bläst hier an der Küste nicht so stark wie befürchtet. Zur Mittagszeit biegen wir vom Highway ab und unterbrechen unsere Tour in dem ländlichen Flecken Pescadero, um uns mit Proviant einzudecken. Pescadero und die anderen Dörfer des San Mateo County liegen eingezwängt zwischen dem Meer im Westen und dem südlichen kalifornischen Küstengebirge im Osten. Durch diese isolierte Lage scheint die Zeit hier stillzustehen, davon zeugen auch die Agrarbetriebe, kleinen Häuser und Tante-Emma-Läden. Rund um Pescadero erstrecken sich in einer Ebene weite Felder. Der Ort hat wenig mehr zu bieten als eine Hauptstraße mit einigen Gewerbebauten aus seiner Blütezeit im 19. Jahrhundert: einen Laden mit angegliederter Tankstelle, eine Taqueria und einen Gebrauchtwarenladen. Die verwitterten Bänke hinter dem Laden sind von einigen Touristen besetzt, zu denen sich eine Gruppe von Motorradfahrern mittleren Alters mit luxuriösen Touring-Maschinen gesellt hat.

Als Zach und Jackson absteigen und ihre Räder gegen das Gebäude lehnen, wirken beide frischer als ich. Jackson wird von einem unserer Escortfahrer in ein Gespräch verwickelt. Zach und mir erzählt Jackson freimütig alles, ansonsten ist er zurückhaltend. Als Profi, der sein gesamtes Erwachsenenleben im Radsport verbracht hat, drängt es ihn nicht, diesen oder jenen Fahrerwechsel, einen bestimmten Sieg oder Teamrivalitäten zu erklären – zumindest niemandem, der nicht aus eigener Erfahrung weiß, wie unfassbar hart das Leben eines Spitzenprofis ist. Für ihn ist der Radsport weder ein Haufen Klatschgeschichten noch TV-Spektakel vom heimischen Sofa aus – sondern Realität und Broterwerb, auf eine Art, die ein Außenstehender nicht begreifen kann.

Mit den Platten unter unseren Schuhen veranstalten wir einen Heidenlärm auf den Hartholzdielen des Ladens. Die anderen Kunden beäugen uns neugierig, während wir uns mit Getränken, Schokoriegeln und Energydrinks eindecken. Auf dem Weg zur Kasse denke ich an die endlosen Stunden, die noch vor uns liegen, also greife ich mir auf den letzten Drücker noch einen weiteren Schokoriegel und eine Banane. Ich zahle und stakse zu den Betonbänken, wo sich die anderen bereits niedergelassen haben.

Als zum Aufbruch geblasen wird, stürze ich noch eine Cola und einen Schokoriegel hinunter. Die ersten Schuhe rasten mit einem Klicken in die Pedale ein, und ehe ich mich versehe, setzen wir unseren Weg südwärts in Richtung Santa Cruz fort. Das dunkle Band des Highway 1 verläuft hier fast auf Meereshöhe und bietet nur noch wenig Schutz. Weit draußen vor der Küste entdecke ich einen einsamen Fischkutter auf dem dunklen Wasser. Ich bin versucht, dem Anblick eine tiefere Bedeutung zuzuschreiben, als er verdient. Meine Gedanken wandern zu meiner Depression und der Angst, niemals wieder derselbe zu sein. Damals hatte ich jegliche Hoffnung verloren. Es war mir so vorgekommen, als sei mein Wille erloschen. Heute fühle ich mich wie neugeboren.

Ich spüre, wie mein Herz gleichmäßig pocht und die Sonne auf meiner Haut brennt.

Nach einer schnellen Abfahrt führt die Straße an einer kleinen Bucht vorbei, die von einem Sandstrand gesäumt ist. Vor der Küste brechen die Wellen, beinahe zum Greifen nah, und auf einmal erscheint mir die Welt lebendig, wild und überschäumend. Alles ist genau so, wie es sein sollte. Ich denke an meinen Vater und meinen Sohn und wie eine Generation der nächsten folgt. Wie Neues entsteht und Altes verschwindet. Das unsagbare Geheimnis des Daseins scheint sich mir plötzlich klar und deutlich zu offenbaren. Einen flüchtigen Moment lang weiß ich, dass ich für diese Welt bestimmt bin. Doch schon bald wird er nur noch eine blasser werdende Erinnerung sein.

Aus der Perspektive der traditionellen Radsportnationen Belgien, Spanien, Italien und Frankreich raubte die angloamerikanische Art zu siegen dem Radsport seine romantische Seele. Die Siege von Lance Armstrongs US-Postal-Team und später der britischen Mannschaften Sky und Ineos waren das Ergebnis einer sterilen Auffassung von Sport unter dem Diktat von Leistungsmessern, mit deren Hilfe die Fahrer ihre Leistung genau dosieren konnten, und von Teamfunk, durch den die Mannschaftsleiter in den Begleitwagen die Taktik vorgaben. Doch in der existenzialistischen Tradition eines Nietzsche oder Heidegger ist für viele aus der Profiszene noch immer das *Wie* des Gewinnens von entscheidender Bedeutung. Eine heldenhafte Niederlage gilt ihnen oft mehr als ein Sieg, der kaltem Kalkül entspringt. Wohl niemand vertritt diese Auffassung im heutigen Profiradsport vehementer als der Franzose Marc Madiot, der als Aktiver den Klassiker Paris–Roubaix gewann und inzwischen Leiter des traditionsreichen Groupama-FDJ-Teams ist.

Er sprach sich nicht nur unmissverständlich gegen Doping aus, sondern prangerte auch die lähmende Wirkung von Leistungsmessern und Rennfunk auf die Dynamik des professionellen Radsports an. Einmal bat Madiot Fans und Medien, seinen langjährigen Kapitän Thibaut Pinot zu unterstützen, und seine Begründung sagt alles über seine Einstellung: „Weil er anders ist. Er wird euch zum Weinen bringen, und immer wieder werdet ihr tiefbetrübt sein, aber er wird auch dafür sorgen, dass ihr vor Freude an die Decke springt. Seine Siege werden anders schmecken als die der anderen." Mit seiner romantischen Auffassung steht Madiot nicht allein da. Ein anderer namhafter Sportlicher Leiter, der Italiener Luca Scinto, ging sogar so weit, seinen Fahrern in der Saison 2020 zu verbieten, bei Rennen mit Leistungs- oder Herzfrequenzmessern anzutreten: „Ich will keine Roboter, sondern Fahrer, die in ihren Körper hineinhorchen und wissen, was für sie richtig ist." Zumindest im Radsport hat also doch eine gewisse Gegenentwicklung eingesetzt.

Man kann eine direkte Linie von Heideggers Technikkritik zu den schlimmsten Auswüchsen des heutigen Profisports ziehen. Das technische Denken reduziert den Athleten im Grunde auf einen Datensatz. Er wird zur Geisel der von ihm selbst gelieferten Informationen; alles wird vermessen und beziffert, vom Laktatspiegel im Blut bis zur Wattleistung und Herzfrequenz. Diese Logik beschränkt sich nicht auf die Performance und das Potenzial eines Fahrers. Vielmehr sind auch die Dopingskandale, die den Radsport seit mehr als zwei Jahrzehnten beschäftigen, in vielerlei Hinsicht ein Symptom derselben Logik und der verbreiteten Nur-der-Sieg-zählt-Einstellung zum Leben, die allein auf die Ausbeutung des „Bestands“ abzielt.

Wenn man immer nur für Siege Lob und Anerkennung erfährt, führt das beinahe unausweichlich zu einer gewissen Fixierung auf die eigene Person. Fast jeder erfolgreiche Sportler wird früher oder später lernen, sämtliche äußeren Einflüsse zu kontrollieren, denn Alltagstätigkeiten oder schlaflose Nächte können sich ganz konkret auf die Leistung auswirken. Das Training kommt an erster Stelle, dann folgt ganz lange nichts. Energie ist für ihn eine endliche Ressource, die einzig und allein im Dienst des Radsports verbraucht werden darf. Nur die Schinderei im Training und die anschließende Regeneration zählen. Die gesamte Welt zerfällt in zwei Kategorien: in Dinge und Personen, die den eigenen Erfolg befördern, und solche, die ihm im Weg stehen. Die egozentrische Besessenheit wird belohnt, alles andere bleibt auf der Strecke. Sollen sich doch die Eltern oder Partner darum kümmern. Eine gängige Losung unter Fahrern und Trainern lautet: „Steh nicht rum, wenn du sitzen kannst, und setz dich nicht hin, wenn du liegen kannst.“ Mit einem Spaziergang im Park und noch viel weniger mit Hausarbeiten braucht man einem Sportler nicht zu kommen. Das Rad wird zum Alpha und Omega, zum Einzigen, das zählt. Ich weiß noch genau, wie ich einmal als 17-Jähriger zu Weihnachten nach Hause kam und mit meiner High-School-Freundin zu einem Aussichtspunkt oberhalb der Stadt fuhr. Unter uns schimmerten die Lichter des Tals. Ihren Kopf an meine Schulter gelehnt, fragte sie mich, wofür ich mich im Ernstfall entscheiden würde, für sie oder den Radsport. Meine Antwort kam wie aus der Pistole geschossen: „Für den Radsport."

Doch im Grunde ging es mir wie Salieri mit Mozart: Ich war gerade gut genug, um wirklich herausragende Sportler aus der Nähe zu erleben. Allerdings erkannte ich mit der Zeit, dass eben jene Eigenschaften, durch die sie auf dem Rad Außergewöhnliches zu leisten vermochten, die meisten von ihnen im echten Leben bestenfalls unerträglich und schlimmstenfalls zu kompletten Narzissten machten. Zweifellos gab es auch Ausnahmen, warmherzige, facettenreiche Menschen wie Harvey und Jackson, die gleichzeitig herausragende Sportler und großartige Menschen waren. Doch mit dem Älterwerden stellte sich für mich nicht nur die Frage, wo die Grenzen meines körperlichen Talents lagen, sondern auch, was für ein Mensch ich bereit war, für den Erfolg zu werden.

Im Rückblick ist es für mich nahezu unbegreiflich, weshalb es für mich einmal nichts Wichtigeres gab, als zu gewinnen. Jede Erklärung, die mir in den Sinn kommt, erscheint mir übermäßig psychologisierend: dass ich aus einer unglücklichen Herkunftsfamilie kam, eine Leere füllen oder die Zuneigung meiner Eltern sichern wollte. Irgendwie scheint keine davon wirklich erklären zu können, warum ich mich so sehr nach dieser einen Sache sehnte. Trotz (oder vielleicht wegen) meiner Erfahrungen als Sportler betrachte ich heute das unreflektierte Streben nach Spitzenleistungen skeptisch. Besser sollte man sich immer wieder die Frage stellen, wer oder was ein eigennütziges Interesse an der „Verbesserung“ hat, sprich welche Institutionen oder ökonomischen Systeme davon profitieren.

Was die eigenen Wünsche betrifft, ist stets das Für und Wider abzuwägen. Erfolg kann einen genauso sehr im Negativen wie im Positiven verändern. Selbst eine vermeintlich großartige Leistung kann sich letztlich als Pyrrhussieg erweisen, wenn nicht sogar als destruktiv. Es ist nicht nur eine Frage der „Opportunitätskosten“, was ich alles aufgebe, um etwas Bestimmtes zu erreichen. Sondern auch, wie der Erfolg meine Einstellung zu mir selbst und meine Beziehung zur Außenwelt beeinflusst.

Kapitel 6

Die Welt, das Selbst und die anderen

Die Gefühle, die am meisten schmerzen,
die Emotionen, die am meisten quälen, sind zugleich die
absurdesten – das Verlangen nach Unmöglichem, weil genau
es unmöglich ist, die Sehnsucht nach dem, was niemals war,
der Wunsch nach dem, was hätte sein können,
der Kummer, kein anderer zu sein […].

Fernando Pessoa

Wohl kaum ein anderer Gedanke ist derart allgegenwärtig und verführerisch wie der, dass es tief in uns ein wahres, vollkommen authentisches Ich gibt. Um zu diesem vorzudringen, scheint man nur den verderblichen Einfluss der Gesellschaft überwinden zu müssen, die Masken, die uns auf Schritt und Tritt aufgenötigt werden.

Spuren dieser Vorstellung von einem feststehenden, unveränderlichen Ich finden sich in der Metaphysik der alten Griechen und ihrer beinahe schon obsessiven Frage nach den definierenden Merkmalen, die etwas zu „diesem, nicht jenem" machen; sie finden sich auch in der christlichen Theologie mit ihrem Konzept der Seele und in der Romantik des späten 18. Jahrhunderts, ausgehend von Rousseaus Idee vom

„edlen Wilden", der sich sein ursprüngliches Wesen bewahrt, da er nicht dem verderblichen Einfluss der Zivilisation ausgesetzt ist.

In den Vereinigten Staaten ist der Glaube, dass sich nicht nur jeder Mensch selbst genügt, sondern sogar selbst erschaffen kann, zentraler Bestandteil des Nationalcharakters. Dem Siedlermythos, im Westen sein Glück zu finden, lag ebenso wie etwa Henry David Thoreaus Rückzug an den Walden Pond die Vorstellung zugrunde, Amerikaner zu sein bedeute nicht einfach, sich selbst zu finden, sondern zum Schöpfer seiner selbst zu werden. Die amerikanischen Ideale von Freiheit und dem Streben nach Glück gehen von der Voraussetzung aus, wir hätten die Fesseln unserer Herkunft, des Ererbten und unserer vorherbestimmten Identität abgestreift. Doch statt diese Form von Freiheit als Verlust von Sinn oder Tradition zu betrauern, wird sie in den Vereinigten Staaten beinahe flächendeckend glorifiziert. Wenn uns nichts bindet oder definiert, sind wir frei, wirklich alles zu werden – so die Legende. Bob Dylan verbindet nur noch wenig mit der Person, die als Robert Allen Zimmerman in Minnesota das Licht der Welt erblickte, die Popsängerin Elizabeth Woolridge Grant aus dem Bundesstaat New York ist auf gewisse Weise mehr die Kunstperson Lana Del Rey als ihr bürgerliches Ich. Für die amerikanische Psyche gehen die großartigsten Beispiele echter Persönlichkeiten nicht auf soziale oder persönliche Rahmenbedingungen zurück, sondern sind quasi *ex nihilo* entstanden, durch einen singulären Willensakt der Selbsterschaffung. *Dir gefällt dein Leben nicht? Dann pack einfach dein Zeug zusammen und fang woanders als ein anderer neu an.*

Auf Grundlage der individualistischen cartesischen Vorstellung vom Ich fordern die heutigen Vorstellungen der Authentizität beinahe durchgängig von uns, „unser wahres Selbst" zu finden und entsprechend zu leben. Sich selbst zu erschaffen – oder zumindest die Parodie davon – ist von der Ausnahme zur Regel geworden. Die berühmte Aufforderung „Erkenne dich selbst" über dem Eingang zum Apollon-Tempel in Delphi ist herabgesunken zu dem Projekt, eine Version seiner selbst zu entwerfen, die in ihrer vermeintlichen Wahrhaftigkeit auf andere einen Reiz ausübt. Letztlich handelt es sich um eine domestizierte Form des radikalen Akts der Selbstschöpfung, den Nietzsche mit seinem Konzept des Übermenschen einführte. Das Ergebnis ist ein durchdesigntes fiktives Ich, das strategisch für den allgemeinen Konsum entworfen wurde. Nicht umsonst begreifen sich viele heute selbst als Marke. Bereits das Wort „Person" deutet als Ableitung vom lateinischen *persona,* der Maske des Schauspielers, darauf hin, dass die „wahre Persönlichkeit" in ihrem buchstäblichen Sinn womöglich wenig mehr als eine authentische Täuschung ist.

Mittlerweile erlebt wirklich jeder seine „15 Minuten Ruhm", wie Andy Warhol es ausdrückte, sodass das einst radikale Projekt des Selbstentwurfs lediglich immer mehr Masken produziert. Letztlich drängt sich die Frage auf, ob es überhaupt ein wahres Selbst gibt, das zu finden wäre.

Das Koffein aus der Cola in Pescadero scheint seinen Zweck zu erfüllen. Plötzlich sind meine Beine leichter. Wie eine gutgeölte Maschinerie wechseln wir uns in kurzen Intervallen an der Spitze ab, sodass die Meilen nur so vorüberrauschen. Inzwischen haben wir wieder Rückenwind und halten in dichter Formation unser Tempo. Über Lenker und Sattel spüre ich die Struktur des Straßenbelags, den Asphalt mit den scharfen Kiesstückchen unter meinen Reifen. Durch die unzähligen Stunden, die ich im Windkanal verbracht habe, weiß ich, wie viel mehr Energie ich in aufrechter Haltung oder bei geöffnetem Reißverschluss am Trikotausschnitt für dieselbe Geschwindigkeit aufwenden muss. Sobald ich also einen Hauch von Erschöpfung spüre, strecke ich meinen Oberkörper aerodynamisch nach vorne, senke den Kopf und richte meine Hände in der gummierten Mulde der Bremsgriffe neu aus.

Allmählich wandelt sich die Landschaft. Die Felsklippen entlang der Küste des San Mateo County werden im nördlichen Santa Cruz County von sanften Hügelzügen und der dunklen Erde der frisch umgepflügten Äcker abgelöst. Auf den Parkplätzen entlang des Highways stechen zwischen den staubigen Autos der Landarbeiter glänzende SUV mit Surfbrettern und Mountain Bikes hervor. Inzwischen ist es so warm geworden, dass ich, als ich mich abermals hinten einreihe, meine Armlinge abstreife und in eine Trikottasche stopfe. Wir wechseln gelegentlich ein paar Worte, dazwischen gibt es immer wieder längere Zeitspannen, in denen die Geräusche unseres Atems und des Windes nur vom melancholischen Kreischen der Möwen in der Ferne durchbrochen werden. Die Sonne steht hell am Firmament und taucht die Umgebung in ihr reines weißes Licht, während sie langsam zum endlosen Horizont herabsinkt, an dem Himmel und Pazifik miteinander verschmelzen.

In meiner Kindheit waren wir oft an diese Strände gefahren, um der drückenden Sommerhitze im Valley zu entkommen. Jedes Mal, wenn ich in die kühle Brandung tauchte, warnte mich meine Mutter vor der Gezeitenströmung, die mich ins Meer hinausziehen würde. Das Meer strahlte eine unbekannte Gefahr aus, nicht vergleichbar mit einem Autounfall oder einer Krankheit. Wenn der Ozean jemanden verschluckte, war es, als hätte es die Person nie gegeben. Ich weiß noch, wie ich einmal am Strand hockte, vielleicht war es sogar genau jener, an dem wir gerade vorbeifahren, und auf diese unermessliche Weite schaute. Zum ersten Mal begriff ich wirklich, was Angst bedeutete – nicht die kindliche Angst vor diesem oder jenem *Ding*, sondern echte Angst, die sich nicht an irgendeinem Objekt festmacht. Die Angst vor dem *Nichts* – davor, *nicht zu sein*.

Nach einem Anstieg geht es wieder bergab. Neben der Straße reiht sich ein parkender Wagen an den anderen. Instinktiv ziehen wir vom Randstreifen weg, um nicht Opfer einer plötzlich auffliegenden Autotür zu werden. An meiner Seite löst Zach den Fuß aus der Pedalverbindung, um sein Bein auszuschütteln. In einiger Entfernung entdecke ich das Wahrzeichen des Küstenörtchens Davenport, die markanten, vor sich hin rostenden Silos eines aufgegebenen Zementwerks. Von dort ist es noch ungefähr eine Stunde bis Santa Cruz.

Reflexartig wandern meine Gedanken zum Essen, zu einem sauberen Bett und einer warmen Dusche – zu einfachen, sehr konkreten Dingen. Wenn ich ausgeruht, gesund und entspannt bin, wünsche ich mir oft, alles Kleine und Unbedeutende hinter mir zu lassen. Doch sobald dieser Wunsch tatsächlich einmal in Erfüllung geht, stelle ich erschreckt fest, dass ich das nur kurz aushalte. Stets fühle ich ein unwiderstehliches Verlangen danach, in mein kleines, gewöhnliches Ich zurückzukehren, das sich durch die überwältigende, den Einzelnen transzendierende Erfahrung der Schönheit bedroht fühlt, die ich bei gewissen Musikstücken und Büchern, beim Radfahren oder bei meinen wenigen Experimenten mit psychedelischen Drogen hatte. Vielleicht war ich immer schon ein Feigling und bin es bis heute; vielleicht auch spürte ich, wie, um mit Nietzsche zu sprechen, „der Abgrund auch in mich schaute".

Nach einer Kurve überqueren wir einen Bahnübergang, dann sind wir in Davenport. Auf meinen Trainingsfahrten legte ich hier früher oft einen Zwischenstopp ein. Damals war das Zementwerk noch in Betrieb und überzog den ganzen Ort mit einer feinen Staubschicht, sodass man auf den Gehwegen das Hin und Her der Fußspuren erkennen konnte. Inzwischen ist das permanente, gleichförmige Röhren der Anlage einer Grabesstille gewichen. Abgesehen von ein paar kleinen Läden und Lokalen ist der Ort wie ausgestorben. Im Vorbeifahren fällt mir auf, dass die von der salzigen Meeresluft angegriffene weiße, braune und blaue Farbe von den alten Gebäuden abblättert. Der Weg führt leicht bergab. Ein ödes, mit Maschendraht umzäuntes Grundstück bildet den Schlusspunkt von dem, was von Davenport noch übrig ist. Die nächsten Meilen wird es wieder nur uns und die Straße geben.

Der Radsport wird oft als „individueller Mannschaftssport" bezeichnet. Er ist zugleich zutiefst sozial und hochgradig attraktiv für Einzelgänger und Außenseiter. Dieses Bewusstsein der eigenen Entfremdung – des Gefühls, nicht nur von seinem wahren Ich, sondern auch von der Gesellschaft abgeschnitten zu sein – ist eine Grundempfindung des Existenzialismus. Viele literarische Werke dieser Strömung erfassen die unaufhörliche Spannung zwischen dem Einzelnen und einer als oberflächlich und geistig bankrott betrachteten Gesellschaft, etwa Dostojewskis *Aufzeichnungen aus dem Kellerloch,* in dem ein namenloser ehemaliger Beamter den Wert des Leidens rühmt und die abstumpfende Dekadenz der Gesellschaft attackiert, *Der Steppenwolf* von Hermann Hesse, dessen Erzähler zwischen der bürgerlichen Gemütlichkeit mit ihrem Halbleben und der chaotischen Wahrheit seiner inneren Realität zerrissen ist, oder Kafkas *Die Verwandlung,* deren Hauptfigur eines Morgens als Ungeziefer aufwacht.

Der französische Existenzialist Jean-Paul Sartre diagnostizierte das Problem scharfsinnig: Auch wenn wir noch so sehr ein souveränes Individuum sein wollen, hängt unser Selbstbild stets von den anderen ab. Die Frage ist nicht allein, wer oder was wir sein möchten, sondern, sehr viel grundlegender, ob es überhaupt so etwas wie ein Ich gibt. Wenn wir uns selbst nur durch die anderen erkennen können, wie können wir uns dann ihrem Einfluss entziehen und zu einer wahrhafteren Version dieses Etwas, das sich stets unserem Zugriff entzieht, werden? Laut Colin Wilson geht das Unglück der *Outsider* darauf zurück, dass sie sich auf einer gewissen Ebene aus ihrer Entfremdung befreien und zu *Insidern* werden wollen. Doch in diesem Bestreben bleiben sie stets in sich gespalten, da die Ablehnung der Werte der

Masse zu einem unwiderruflichen Bestandteil ihrer Identität geworden ist. Auch wenn sich die Outsider nichts sehnlicher wünschen, als aufgrund irgendeiner Form von Erfolg oder künstlerischer Anerkennung Insider der bürgerlichen Mainstream-Gesellschaft zu werden, würde es sich für sie zugleich gewissermaßen wie eine Art Tod anfühlen.

Doch im Radsport kann niemand vorankommen, ohne sich zumindest in einem gewissen Maße in eine bestehende Gemeinschaft einzugliedern. Auch wenn man in einem Rennen auf sich gestellt ist und für sich allein leidet, lässt sich nur im Zusammenspiel mit Trainern, Bikefittern, Mechanikern und vor allem den anderen Fahrern herausfinden, wer man ist und was man zu leisten vermag. Der Radsport ist eine durch und durch soziale Angelegenheit. Nicht nur spielen die einzelnen Fahrer eine spezifische Rolle in ihrem Team, auch ihr Selbstverständnis beruht auf dem Verhältnis zu den anderen. Ein Kletterer oder Sprinter, ein Zeitfahrer oder ein *Rouleur* zu sein bedeutet lediglich, dass man im Vergleich zu anderen Fahrern besonders gut klettern, sprinten oder zeitfahren kann oder über eine besondere Tempohärte verfügt. Im Peloton muss man sich den Respekt verdienen, und wenn man bei 50 oder 60 km/h den anderen Fahrern hautnah kommt, ist das nicht, wie man denken könnte, ein Ausdruck rücksichtsloser Aggressivität, sondern des unbedingten Vertrauens in das Können und die Entscheidungen der anderen. Jedes Verhalten, das die Gruppe in Gefahr bringt, wird streng geahndet. Selbst Gewinnen und Verlieren sind eher relative als absolute Kategorien. Ohne ein großes Feld von „Verlierern“ könnte es *per definitionem* keinen „Sieger“ geben. Der

Sieger ist also in einem höchst konkreten Sinne auf die Verlierer angewiesen. Somit ist die Auffassung, die anderen Fahrer seien bloße Probleme, die es zu überwinden gelte, mindestens stark simplifizierend, wenn nicht grundlegend falsch. Wie Sartre erklärte: „Der andere besitzt ein Geheimnis: das Geheimnis dessen, was ich bin."

Der ehrgeizige Sportler verkörpert somit beispielhaft den Outsider, der eigentlich Insider werden will, um von den anderen so gesehen und anerkannt zu werden, wie er anerkannt und gesehen werden möchte. Auf ganz konkrete Weise muss er den anderen vertrauen, dass sie ihm sagen, wer und was er ist. Genau dem begegnete ich stets mit Argwohn und Misstrauen. Die anderen wurden zu meinem Spiegel, zugleich fragte ich mich, für welche Werte dieser Spiegel eigentlich stand, von dem ich mir Anerkennung und Verständnis erhoffte. Einerseits wollte ich ein Außenseiter bleiben, andererseits wollte ich genau dafür Anerkennung, so irrational und paradox es war.

Wohl niemand hat die gelebte Erfahrung der Existenzphilosophie derart scharfsinnig aus einem relationalen und psychologischen Blickwinkel dargestellt wie Jean-Paul Sartre. Weit mehr als ein bloßer akademischer Gelehrter, verkörperte er auf eine nur in Frankreich denkbare Weise als öffentlicher Intellektueller, Romanautor, Dramatiker und Avantgardist den Geist des linken Pariser Seine-Ufers. Der ausgesprochen medienaffine, durch seine Pfeife und die Glasbaustein-Brillengläser unverkennbare Sartre wurde gemeinsam mit seiner kongenialen Partnerin Simone de

Beauvoir und seinem zeitweiligen Freund Albert Camus zur Galionsfigur des Nachkriegsexistenzialismus. Sein Einfluss hält bis heute an.

Unter den Existenzialisten besaß Sartre das ausgeprägteste Interesse an der Psychologie. In seinen fiktionalen Werken ebenso wie in seinen theoretischen Abhandlungen befasste er sich mit der, in seinen Worten, Situation der „radikalen Freiheit", in der wir uns angesichts des „Nichts" einer weitgehend sinnlos gewordenen Welt befinden. Für Sartre war die Praxis des Selbstentwurfs ein unablässiger und zutiefst sozialer Prozess. Ohne eine Seele, ein unwandelbares Selbst oder eine feste Identität, an der wir uns festhalten können, gibt es nur die radikale Freiheit, in die wir geworfen werden. Auf zugleich philosophische wie dramatisierende Weise schildert Sartre, wie wir mit jedem Blick, jeder boshaften Bemerkung und jedem Lob verzweifelt das Naheliegendste und gleichwohl Rätselhafteste zu erfassen suchen: *Wer bin ich wirklich?* Anders als der durch und durch akademische Heidegger, der seine tiefen Einsichten aus der Abgeschiedenheit seiner Schwarzwälder Berghütte in die Welt zu entlassen schien, engagierte sich Sartre gesellschaftlich und politisch. Die Philosophie war für ihn nicht eine strikt theoretische Praxis, sondern unumgänglich mit den konkreten Entscheidungen und Handlungen leibhaftiger Männer und Frauen im Angesicht der vollen Tragweite ihrer Freiheit verknüpft.

Sartre, der 1940/41 in Kriegsgefangenschaft Heideggers *Sein und Zeit* gelesen hatte, verlieh in seinem eigenen philosophischen Hauptwerk, *L'Être et le néant* (dt.: *Das Sein und das Nichts*), Heideggers Gedanken über das Wesen des Seins eine soziale und psychologische Ebene. Heidegger reagierte darauf mit seinem berühmten Urteil: Bei *Das Sein und das Nichts* handele es sich um „Dreck". In dem ausufernden, fast 800-seitigen Werk unternahm Sartre eine gründliche Schilderung des Bewusstseins aus phänomenologischer Perspektive.

Sartre trennte zwischen den Dingen mit ihrer Seinsweise des „An-sich-seins" und dem Menschen mit seiner spezifischen Existenzform des „Für-sich-seins". Während ein Ding als unbelebtes „An-sich" in sich abgeschlossen und vollkommen ist, besitzt das bewusste menschliche Subjekt – als „Für-sich" – niemals eine festgelegte Identität. Um, wie Sartre es nannte, als Individuum „authentisch" zu leben, müssen wir uns der Tatsache stellen, dass wir im Gegensatz etwa zu einem Tisch oder Stuhl mit ihrer spezifischen Seinsweise des „An-sich" aufgrund unserer Freiheit als ein „Für-sich" auf ewig irreduzibel bleiben. Laut Sartre sind wir unsere Entscheidungen.

Doch so sehr Sartre auch unsere Freiheit hervorhob, hätte er vermutlich das in unserem Jahrhundert vorherrschende Ideal des sich unabhängig von anderen Menschen selbst findenden oder erfindenden Individuums als grob vereinfachend abgelehnt. Ihm zufolge setzen wir die Bedingungen unserer Freiheit nicht autonom, vielmehr entstehen diese relational, sprich in unserem Verhältnis zu den anderen. Nur so können wir ein authentisches Leben führen, in dem wir unsere einzigartigen Fähigkeiten der Wahl und des Selbstentwurfs verwirklichen.

In einer berühmten Passage des Romans *Der Ekel* von 1938 schrieb Sartre über den Geschäftsführer eines Cafés:

„Wenn es [das Café] sich leert, leert sich auch sein Kopf." Dieses „Leeren des Kopfes" gilt nicht nur für den Geschäftsführer, sondern für jede von uns vermeintlich selbst gewählte Identität. Ob Kesselflicker, Schneider, Soldat, Seemann oder eben Radrennfahrer: Statt als wahre Menschen selbst zu entscheiden und uns in einem Akt der negativen Freiheit der engen, von unseren sozialen Rollen auferlegten Definition des Selbst zu widersetzen, lässt sich laut Sartre jeder von uns in einer Manifestation freiheitsverneinender Unaufrichtigkeit allzu oft auf ein Objekt reduzieren. Wir verinnerlichen unsere sozialen Masken und die Art und Weise, wie die anderen uns wahrnehmen.

Am weitesten treibt Sartre seine Darstellung des Verhältnisses vom Ich zum anderen – von Subjekt und Objekt – in seiner ausgiebigen Analyse der romantischen Liebe. Laut Sartre interessiert sich die wahre Liebe für den anderen und reduziert ihn nicht zu einem bloßen Objekt-an-sich, das wie ein Werkzeug oder ein lebloses Objekt lediglich eine Funktion erfüllen oder dem Liebenden ein bestimmtes Gefühl von sich selbst schenken soll. Man denke etwa an Äußerungen wie „Ich liebe es, wie ich mich in deiner Gegenwart fühle" oder „Ich liebe es, wie ich mit dir zusammen bin". Bei aller wohlmeinenden Absicht reduzieren derartige Geständnisse das Objekt der eigenen Liebe zu einem bloßen Werkzeug, mit dessen Hilfe man sich selbst als die Person sehen kann, die man gern wäre. Doch eine solche Objektifizierung verschwindet Sartre zufolge in der wahren romantischen Liebe und der echten Freundschaft. Sie bewahren uns vor der, in Sartres Worten, „Klippe des Solipsismus", insofern wir durch sie den anderen nicht als bloßes Objekt sehen, sondern als gleichwertiges Subjekt. Obwohl Sartre weitgehend psychologisch argumentiert, verfügt seine Darstellung auch über eine metaphysische Ebene. Allerdings ist diese bei ihm weit weniger explizit als bei anderen der bereits vorgestellten Denker und knüpft an die Metaphysikkritik von Nietzsche und Heidegger an.

Man vergegenwärtige sich noch einmal Nietzsches Vorwurf an den Platonismus, dieser würde das gelebte Leben auf eine tote Abstraktion reduzieren. Die Beschränkung einer anderen Person auf ein festgelegtes Ideal, das für uns selbst eine bestimmte Funktion erfüllen soll, schreibt dieser Person eine objekthafte unwandelbare Identität zu, die sie ihrer Subjektivität und Freiheit beraubt, so schmeichelhaft das jeweilige Ideal auch sein mag. Wenngleich Sartre in vielerlei Hinsicht noch dem cartesischen Dualismus anhing, war er sich, wie die meisten Existenzialisten, der verhängnisvollen Folgen des abstrakten metaphysischen Denkens für unser Verhältnis zu anderen Menschen sehr wohl bewusst.

Sartres Sprache ist in seinen philosophischen Schriften oftmals sperrig und ächzt gleichsam unter der Last der Aufgabe, die Umrisse von Erfahrungen am Rand des philosophisch Beschreibbaren darzustellen. In seinem literarischen Werk hingegen zeigte er frei von abstrakter Argumentation sinnlich fassbar, wie der Einzelne die unterschiedlichen Seinsformen praktisch erlebt. Schmerzhaft detailliert schilderte er darin die physische Welt und physiologische Zustände, um die vorbegriffliche Fremdheit am Grunde des Daseins zu enthüllen. Für den Atheisten Sartre gab es keinen metaphysischen oder göttlichen Maßstab, auf den man sich berufen kann, keinen „jenseitigen Zweck", sondern lediglich ein beängstigend gleichgültiges Universum von Dingen, deren bloße Existenz bedrohlich wirkt, sobald sie ihre übliche Bedeutung einbüßen und wir sie nicht auf gewohnte Weise begrifflich zu erfassen vermögen. In einer der eindrücklichsten und aufschlussreichsten Passagen von *Der Ekel* sitzt Sartres autobiografisch geprägte Hauptfigur, ein Historiker namens Antoine Roquentin, auf einer Parkbank und starrt auf die Wurzeln eines Kastanienbaums:

> „Und mit einem Schlag, mit einem einzigen Schlag zerreißt der Schleier, ich habe verstanden, ich habe *gesehen.* [...] Die Wurzel des Kastanienbaums bohrte sich in die Erde, genau unter meiner Bank. Ich erinnerte mich nicht mehr, daß das eine Wurzel war. Die Wörter waren verschwunden und mit ihnen die Bedeutung der Dinge, ihre Verwendungsweisen, die schwachen Markierungen, die die Menschen auf ihrer Oberfläche eingezeichnet haben. Ich saß da, etwas krumm, den Kopf gesenkt, allein dieser schwarzen und knotigen, ganz und gar rohen Masse gegenüber, die mir Angst machte. [...] Und dann, plötzlich: auf einmal war es da, es war klar wie das Licht: die Existenz hatte sich enthüllt. Sie hatte ihre Harmlosigkeit einer abstrakten Kategorie verloren: sie war der eigentliche Teig der Dinge, diese Wurzel war in Existenz eingeknetet. Oder vielmehr, die Wurzel, das Gitter des Parks, die Bank, das spärliche Gras des Rasens, das alles war entschwunden; die

> Vielfalt der Dinge, ihre Individualität waren nur Schein, Firnis. Diese Firnis war geschmolzen, zurück blieben monströse und wabbelige Massen, ungeordnet – nackt, von einer erschreckenden und obszönen Nacktheit."

Das bloße Dasein von Dingen in der Welt – von Baumwurzeln, dem Meer und sogar anderen Menschen – ist, in Sartres Worten, „erschreckend und obszön" und offenbart das bedrückende und überwältigende Nichts, das zutage tritt, wenn das begriffliche Gefüge wegfällt, welches das Dasein in sich birgt und ordnet.

Im verzweifelten Versuch, uns weiterhin dem kollektiven Fiebertraum der Sinnhaftigkeit unseres Lebens hingeben zu können, überladen wir es mit Beschäftigungen jedweder Art, hasten zu Meetings oder schmücken uns mit imposanten Stellenbezeichnungen, die Bedeutsamkeit suggerieren. Doch unter dieser dünnen Schicht lauert die wortlose Gleichgültigkeit eines Universums, das letztlich jeden von uns verschlingen wird. Nimmt man uns die gewohnten Möglichkeiten, dem Leben einen Sinn zu verleihen, sieht Sartre uns nicht nur wie Nietzsche vor die herkulische Aufgabe gestellt, aus den Trümmern der Vergangenheit unsere eigenen Werte und unseren eigenen Sinn zu erschaffen. Zudem müssten wir auch das mächtige Gefühl überwinden, das Sein an sich sei grotesk. Ohne Gott oder transzendenten Sinn bleibt uns nur die radikale Wahlfreiheit und die Bürde des Selbstentwurfs in einer, laut Albert Camus, „absurden" Situation.

Während das Denken von Nietzsche und Heidegger noch von mystischen und dichterischen Momenten durchzogen war – und Heidegger sogar die Möglichkeit einer erlösenden Rückkehr in den vorbegrifflichen, dichterischen Schoß des Seins erwog –, findet sich bei Sartre dieser Ausweg nicht mehr: „Der Mensch ist dazu verurteilt, frei zu sein." Dieser Freiheit müssen wir uns klarsichtig, stoisch und unbeeindruckt von Erlösungsversprechen stellen.

Im Jahr 2000 wurde ich als 18-Jähriger zum ersten Mal vom nationalen Radsportverband USA Cycling für eine internationale Meisterschaft nominiert, die Southern Games, die in dem kleinen karibischen Inselstaat Trinidad und Tobago ausgetragen wurden. Mit meiner riesigen Radtasche flog ich alleine von Kalifornien nach Miami, wo ich mich am folgenden Tag mit einem Trainer und meinem Zimmergenossen aus dem Trainingszentrum, einem kräftigen Bahnsprinter aus Indianapolis namens Josh Weir, treffen sollte.

Nach der Landung in Miami nahm ich ein Taxi zu dem Hotel, in dem der Verband ein Zimmer für mich gebucht hatte. Verglichen mit unseren sonstigen Unterkünften war das im Art-Deco-Stil gehaltene Hotel mit seinem marmornen Eingangsbereich ziemlich schick. Nach dem Auspacken machte ich mich zu einem kleinen, etwas versteckt gelegenen Pool auf. Eine feuchtwarme Brise strich durch die Palmen. Die ganze Szenerie war surreal, wie in einem Film, und mein sehnlichster Wunsch schien in Erfüllung gegangen zu sein: Endlich war ich der erstickenden Langeweile und dem Stumpfsinn meiner Herkunft entkommen und zu meinem eigenen Geschöpf geworden, zugleich mehr *und* weniger ich selbst.

Nach einem einsamen Frühstück am folgenden Morgen traf ich mich mit Josh und unserem Trainer am Flughafen. Als wir nach der Landung in Port of Spain die Zollkontrolle hinter uns hatten, war es bereits wieder dunkel. Vor dem Gebäude wurden wir von einem Vertreter des Radsportverbands von Trinidad und Tobago in Empfang genommen. Nachdem wir unser Gepäck auf seinen Pick-up geladen hatten, brachen wir zu dem Haus auf, in dem wir die bevorstehende Woche verbringen sollten. Auf der Fahrt palaverten wir im Radsport-Fachchinesisch über Bahnen, Zeiten und die vor uns liegenden Rennwochen. Wir erfuhren auch einiges über die Tradition des Radsports in Trinidad und Tobago und den einheimischen Star, Michael Phillips.

Kaum hatten wir das in helles Licht getauchte Straßengewirr rund um den Flughafen verlassen, wurde es dunkler als an jedem anderen Ort, an dem ich bis dahin gewesen war. Rechts und links der Straße erstreckten sich Felder. Nur gelegentlich durchschnitten die Scheinwerfer eines Autos die pechschwarze Finsternis, die auf unheimliche Weise noch von den Feuern betont wurde, welche an den Straßenständen entlang des Weges in alten Ölfässern loderten. Durch die heruntergelassenen Fenster des Pick-ups strömte die kühle Abendluft herein, dazu dröhnte Reggaemusik aus dem Radio. Die zweispurige Straße wirkte neu und hatte keine Mittelmarkierung. Doch selbst wenn ein Wagen oder ein Bus direkt auf uns zuzusteuern schien, erkundigte sich unser Fahrer seelenruhig weiter nach unseren sportlichen Erfolgen oder was man in den USA von Trinidad und der Schwesterinsel Tobago wusste.

Ich kann nicht sagen, ob ich in dieser Situation weniger ich selbst war oder im Gegenteil meinem eigentlichen Selbst näherkam. Letztlich lautet die Frage, ob man seine gewohnte Umgebung verlassen muss, um sich selbst zu finden, oder ob man im Gegenteil gerade in der eigenen Gemeinschaft am meisten man selbst ist. Darin zeigt sich einmal mehr, wie weit die gängigen Auffassungen vom Ich auseinandergehen.

Als wir bei unserer Unterkunft ankamen, war es bereits nach Mitternacht. Man zeigte uns das Zimmer und kurz darauf schlief ich auch schon tief und fest. Am nächsten Morgen wurden wir noch vor Sonnenaufgang von dem Lärm aus der Autowerkstatt nebenan geweckt. Nach dem Frühstück setzten wir unsere Räder zusammen und machten eine lockere Ausfahrt. Wieder zurück, streiften wir unsere Poloshirts von USA Cycling über und brachen nach Port of Spain auf, wo für uns ein Fernsehinterview anstand.

Im Tageslicht erkannte ich, dass die Stadt größer war, als ich am Abend gedacht hatte. Am einen Ende schmiegten sich Wohnblöcke an eine üppig grüne Hügelkette, am anderen Ende folgten Hochhäuser dem sanften Bogen von Küste und tiefblauem Meer.

Das Fernsehstudio war zwar klein, ließ aber keine Wünsche offen. Während Josh und ich verkabelt wurden, erzählte uns die Produktionsassistentin, dass die Moderatorin, eine Mittvierzigerin mit freundlichem Lächeln, die Oprah Winfrey von Trinidad wäre. Wir sollten als zweiter Beitrag drankommen. Der erste Gast, ein hochrangiger Vertreter der Verkehrsbehörde, ermahnte die Zuschauer, vorsichtig zu fahren. Also hatte ich am Vorabend durchaus zu Recht ein mulmiges Gefühl gehabt.

Schließlich wurden wir ins gleißende Scheinwerferlicht vor das überschaubare Publikum gebeten. Die Moderatorin stellte uns in ihrem schweren karibischen Singsang ein paar Fragen zu unserer Person und der Veranstaltung. Doch vor allem der Moment, als sie uns vorher den Zuschauern als „amerikanische Radrennfahrer" angekündigt hatte, war der größte für mich.

Genau das hatte ich ja immer sein wollen. Den Rest des Tages gingen mir die Worte durch den Kopf: *ein amerikanischer Radrennfahrer.* Ich horchte diesem Label und seiner Bedeutung nach, der Verbindung aus meiner Nationalität, die ich immer als gegeben hingenommen hatte, und meinem Sport. Es war eine Identität, nicht mehr, aber auch nicht weniger.

Simone de Beauvoir, die in vielerlei Hinsicht ihrem Partner Jean-Paul Sartre einiges voraushatte, stellte einmal fest: „Wenn man lange genug gelebt hat, sieht man, daß jeder Sieg sich eines Tages in eine Niederlage verwandelt." Dieses von de Beauvoir proklamierte Schicksal ereilte im Laufe der Jahre auch meinen Sieg der Anerkennung und der Identität. Die Frage ist letztlich, als wer oder was man anerkannt werden möchte, und vor allem von wem.

Die Wettbewerbe in Trinidad waren ein Erfolg. Vor vollbesetzten Rängen des Velodroms holten sowohl Josh als auch ich Medaillen im internationalen Starterfeld, motiviert durch die Klagen, unser Verband hätte mangelnden Respekt gegenüber der Veranstaltung gezeigt, indem er blutjunge Fahrer geschickt habe. Viele Jahre ging ich davon aus, dass ich in ferner Zukunft mein angestrebtes Ideal erreichen würde und dann würden sich auch meine inneren Spannungen auflösen. Dieses ferne Ideal trug einen Namen: Glück. Ich gelangte nie dorthin. Sich vorzunehmen, jemand zu werden, führt einen zwangsläufig in ein undurchdringliches Spiegelkabinett und lässt das Ich zu einem Begriff schrumpfen, der die Grundlosigkeit in unserem Kern offenbart.

Dem modernen Ideal der „Selbstfindung" hat sich auch Alan Watts auf die für ihn typische humorvolle und klarsichtige Weise gewidmet. Für ihn war dieses Unterfangen so, als würde man von einer Zwiebel eine Schicht nach der anderen abziehen, nur um schließlich – belustigt oder erschreckt – festzustellen, dass es keinen Kern gibt. Ich war Teil eines Systems geworden, das um ein Vielfaches größer war als ich, und dadurch in den Augen der anderen zu dem geworden, der ich immer hatte sein wollen – nur dass ich nun nicht wusste, was ich damit anfangen sollte.

Man bleibt sein Leben lang blind für sich selbst. Nur eine Sache bietet ein wenig Trost und gibt uns das Gefühl, unser Schicksal in der eigenen Hand zu halten: dass wir selbst bestimmen können, von welchen Personen und Systemen wir all das über uns erfahren möchten, was wir nicht selbst erkennen können. Vielleicht war ich nur das eine, aber immerhin das: Ich war ein amerikanischer Radrennfahrer.

Die folgende Stunde haben wir den Highway 1, der zwischen Hügeln und Meer verläuft, fast für uns. Nur hin und wieder wird die Ruhe von einem Auto oder einem Wohnmobil auf seinem Weg die Küste entlang gestört. Während ich die Strecke vor mir auf Glasscherben, Nägel und andere Gefahren scanne, gehen meine Gedanken auf Wanderschaft. Da vernehme ich hinter mir ein verräterisches Zischen und schaue mich um. Einer unserer Begleiter hat einen Platten. Jackson, Zach und ich machen kehrt, um zu sehen, ob wir ihm helfen können. Doch er hat bereits sein Hinterrad aus der Gabel geholt und macht sich am Mantel zu schaffen, während sein strahlend weißes Trek-Rennrad neben der Straße im Gras liegt. Zerknirscht entschuldigt er sich bei uns für die Zwangspause, doch Zach beruhigt ihn: „Das passiert." Der Pechvogel wechselt den Schlauch und pumpt den Reifen auf, dann geht es weiter. Nach dem Zwangshalt fühlen sich meine Beine schwer an, und es dauert eine Weile, bis ich meinen Rhythmus wiederfinde. Aus Angst vor einem Hungerast greife ich zu einer Banane und nehme die letzten lauwarmen Schlucke aus meiner Trinkflasche. Der Randstreifen wird breiter, und wir formieren uns zu einem kompakten, mehrreihigen Pulk.

Das Erste, was einem im Peloton bei einem Rennen auffällt, ist die unheimliche Stille. Im Schutz der anderen Fahrer flauen die Geräusche des Windes ab, sodass man nur noch das charakteristische Summen der Baumwollkarkasse der Rennreifen vernimmt. Wie ein Schwarm Fische oder Stare besteht das Feld aus lauter Individuen, dennoch bewegt es sich und handelt es als Einheit. Über die Fahrer eines einzelnen Teams hinaus gehen auch die verschiedenen Mannschaften auf organische Weise vorübergehende strategische Bündnisse ein. Wenn sich eine Ausreißergruppe vom Feld absetzt, schließen sich die Teams, die nicht darin vertreten sind, zusammen und bündeln ihre Energie für die Führungsarbeit. Doch sobald sie ihr gemeinsames Ziel erreicht und die Ausreißer eingeholt haben, endet das Bündnis sofort wieder. Einen guten Fahrer zeichnet nicht allein körperliche Fitness aus, sondern auch Cleverness, sodass er durchschaut, weshalb die anderen Teams und Fahrer in einem bestimmten Moment einen bestimmten Zug machen. Es ist ein bisschen wie beim Schach. Im Verlauf eines stundenlangen Rennens werden immer wieder neue Wenn-dann-Szenarien durchgespielt und Prognosen aufgestellt, wer wann und auf welche Weise seine Stärken einsetzen wird. Es ist ein ständiges Agieren und Reagieren auf Grundlage der sich ständig verändernden Entscheidungen der anderen. Gleichzeitig liegen den Rennen vorhersagbare Muster zugrunde, die ein Profi mit der Zeit intuitiv erkennt. Oder in der Sprache von Fahrern und Sportlichen Leitern: Man lernt, ein Rennen zu „lesen“. Neben den Interessen der verschiedenen Fahrer und Teams wirken sich auch der Wind und der Streckenverlauf auf das Renngeschehen aus. Ein erfahrener Sportler weiß oftmals bereits nach wenigen Kilometern, wie aggressiv ein Rennen wird und wer motiviert und fit genug ist, um an dem Tag eine wichtige Rolle zu spielen. Auch wenn die Fahrer scheinbar stupide vor sich hin strampeln, erfüllt jeder von ihnen in seiner Mannschaft eine bestimmte Funktion.

In Ballsportarten verändert sich das Geschehen plötzlich und unvorhersehbar, etwa wenn ein Ball gefangen oder nicht gefangen wird oder ein Tor fällt. Dagegen entfalten sich im Radsport die taktischen Entscheidungen mit geradezu anmutiger Eleganz über Minuten oder sogar Stunden. Nimmt sich ein Fahrer ein Herz und wagt einen Ausreißversuch, weiß er nicht, ob sich sein Mut auszahlen und er im Kampf gegen die verrinnende Zeit den rettenden Zielstrich erreichen wird – oder ob er doch vom heranrasenden Feld geschluckt wird und wieder in die Bedeutungslosigkeit zurückfällt.

Einst sagte den Fahrern allein ihr Bauchgefühl, wer wann was unternehmen wird. Durch den Rennfunk und die Liveübertragung in die Mannschaftswagen haben das inzwischen im Wesentlichen die Sportlichen Leiter übernommen. Als nahezu allwissende Instanz funken sie sämtliche Informationen an die Fahrer, etwa, auf wen die anderen Teams bei einem bestimmten Rennen setzen (wobei das meistens ziemlich offensichtlich ist), wann und wie die eigene Mannschaft attackieren soll und wer gerade Probleme hat.

Bei Gruppenausfahrten ist es seit ewigen Zeiten Tradition, kurz vor einer Stadt einen Sprint bis zum Ortsschild anzuziehen. Da es bis Santa Cruz nur noch knapp einen Kilometer sein dürfte, frage ich mich, ob es auch hier und heute zu diesem spielerischen Kräftemessen kommen wird. Ich halte Ausschau nach verräterischen Indizien: ob jemand seinen Griff ändert, einen letzten Schluck aus der Flasche nimmt oder noch einmal seine Beine lockert. Als reiner Sprinter – jemand mit explosivem Antritt – habe ich immer die letzten hochkonzentrierten Minuten, bevor es richtig zur Sache ging, besonders genossen.

Die größte Tugend eines Sprinters ist Geduld. Während sich das Rennen über viele Stunden entfaltet, Ausreißer sich absetzen und wieder gestellt werden und andere Fahrer den Anschluss verlieren, wartest du ab und sparst all deine Kraft für deinen großen Moment auf, den fieberhaften Schlussspurt. Jedes bisschen unnötige Energie, das du zuvor aufgewendet hast, könnte am Ende fehlen. Also rollst du einfach im Feld mit.

Doch wenn du die Ziellinie schließlich witterst, vertauschen sich die Rollen. Die Zeit der Attacken und Ausreißer ist vorbei. Jetzt wird die Beute zum Jäger. Du hast ein gutes Gefühl in den Beinen und weißt, es lohnt sich, um den Sieg zu kämpfen. Im Inneren legt sich ein Schalter um und auf den letzten Kilometern schießt dir das Adrenalin in die Adern und übertönt die Schmerzen. Du bist vollkommen offen und zugleich extrem fokussiert, einzig und allein auf das Hinterrad vor dir fixiert. Der unverkennbare Klang, mit dem die Kette unter Höchstlast auf das nächste Ritzel springt, wird durch die Hochprofil-Carbonfelgen noch verstärkt. Im Feld eingekesselt, nimmst du die anderen Fahrer nur noch schemenhaft wahr; du spürst sie als Luftstrom an den Armen oder registrierst ihren Schatten unterhalb des Ellbogens. Vollkommen im Moment aufgehend, passt du dich kontinuierlich der sich stetig wandelnden Situation an und surfst von einem Hinterrad zum nächsten, dosierst die Anstrengung instinktiv – und bist exakt in dem Moment, wo du die Ziellinie überquerst, vollkommen ausgepumpt.

Rund 250 Meter vor uns taucht das grüne Ortsschild auf. Da wir leichten Gegenwind haben, sollte man den Sprint erst so spät wie möglich anziehen. Ich warte auf den richtigen Moment. Aus 200 Metern werden im Handumdrehen weniger als 175 Meter. Plötzlich geht Zach aus dem Sattel und beschleunigt. Ein oder zwei Pedaltritte gehe ich mit, doch anstatt voll durchzuziehen, beginne ich zu lachen über diese Pantomime unserer früheren Verbissenheit. Ich spüre einen weiteren Fahrer neben mir – Jackson, vielleicht Matt –, doch ich richte mich auf und beobachte den spielerischen Sprint vor mir. Die anderen rasen wie früher an mir vorbei – nur dass sie es früher nicht geschafft hätten. Inzwischen ist mir klar, dass das alles nie die Bedeutung hatte, die wir ihm einmal zugeschrieben haben.

Aus heutiger Perspektive werden Jean-Paul Sartre und Albert Camus oft in einem Atemzug erwähnt. Gerade die Unterschiede in ihren Ansätzen und ihrem Temperament offenbarten mir jedoch die Grenzen des philosophischen Denkens.

Ab Ende der 1930er Jahre besprachen die beiden Autoren voller Hochachtung die Werke des jeweils anderen, bevor es im Sommer 1943 schließlich zu ihrem ersten persönlichen Treffen kam. Rasch entwickelte sich aus dem gegenseitigen Respekt eine Freundschaft zwischen dem in Algerien in einfachen Verhältnissen geborenen Camus und dem großbürgerlichen Sartre. Als prominente Vertreter des Existenzialismus beschäftigten sich beide mit der Freiheit, der Möglichkeit menschlichen Handelns und der Frage, wie wir dem Leben trotz seiner Absurdität Sinn geben können. In vielerlei Hinsicht waren sie tatsächlich sehr unterschiedlich. Während Sartre körperlich wenig einnehmend wirkte, stach Camus durch sein schneidiges Auftreten und elegante Kleidung hervor. Bei manchen Fotografien von ihm könnte man an Humphrey Bogart denken, so lässig wirkt er mit seinem warmen, wissenden Lächeln und der Zigarette zwischen den

Lippen. Wenig überraschend liebten die Medien Camus, der neben Sartre und de Beauvoir zu einem Aushängeschild des Existenzialismus in der Nachkriegszeit wurde.

Rund fünf Jahre vor ihrem ersten Treffen schloss Camus 1938 seine überwiegend positive Besprechung von Sartres Roman *Der Ekel* mit einer Feststellung, in der bereits die künftigen Differenzen zwischen den beiden Autoren anklingen. Die verschiedenen Fäden des Buches würden „sich nicht zu einem Kunstwerk fügen: Der Übergang vom einen zum anderen vollzieht sich zu abrupt, zu unmotiviert, um im Leser jene tiefe Überzeugung zu bewirken, die einen Roman in den Rang der Kunst erhebt". Man spürt Camus' Unbehagen darüber, dass Sartres Werk trotz seiner handwerklichen Qualität vor allem der Illustration der abstrakten philosophischen Gedanken des Autors diente. Camus war dagegen bei aller philosophischen Gelehrsamkeit in erster Linie ein Romancier und zudem ein eleganter Stilist. Anders als Sartre wollte er nicht den gordischen Knoten der Metaphysik durchschlagen, sondern die irreduziblen Umrisse des Konkreten darstellen.

Was ihre unterschiedlichen Ansätze für mich so bedeutsam machte, war die Tatsache, dass ich im Gefolge von Nietzsche und Heidegger davon ausging, jeglicher Versuch, das rationale, metaphysische Projekt auf Grundlage seiner eigenen Bedingungen – sozusagen von innen heraus – zu liquidieren, würde mich von dem falschen und destruktiven Versprechen befreien können, die Vernunft allein könne mich retten. Für die Philosophen in der Nachfolge Nietzsches und Heideggers lag die „Antwort" offenkundig nicht in noch mehr philosophischem Denken, wie ich es etwa bei Sartre vorfand, sondern in einer neuen Form der Kunst oder der poetischen Praxis, die auf einer tiefen Ehrfurcht vor dem Konkreten gründete. Ich ging davon aus, dass es nach dem „Dynamit" Nietzsche einer neuen Definition der Philosophie und ihrer Ziele bedurfte. Aus dieser Perspektive war Camus paradoxerweise gerade deswegen als Philosoph erfolgreich, weil er sich nicht mehr den traditionellen Grenzen und Bedingungen des philosophischen Denkens unterwarf.

Sartre und Camus unterschieden sich nicht nur in ihrem philosophischen Ansatz – auch hinsichtlich ihrer emotionalen Grundhaltung hätten sie nicht unterschiedlicher sein können. Der existenzialistische Topos des „Weltschmerzes" als einer Art Ehrenabzeichen, so klischeehaft und übertrieben das klingen mag, geht weitgehend auf Sartre zurück und wurde zu einem Symbol des Widerstands gegen die Dummheit und Grausamkeit in der Welt. Der The-Cure-Sänger Robert Smith verkörpert ebenso wie etwa der Spruch „Alles scheiße" beispielhaft die verbreitete Auffassung, dass die Lossagung von einer Gesellschaft, die für das Elend in der Welt verantwortlich ist, von moralischem Verantwortungsbewusstsein zeuge. In meinen Augen zeigte jeder, der als Insider freudig mitmachte, nicht nur mangelndes Bewusstsein, sondern stimmte zudem stillschweigend der allgemeinen Dummheit, ja sogar Grausamkeit der Welt zu und beging einen Verrat an dem allgegenwärtigen Leid, das für jeden sichtbar war, der nicht seine Augen verschloss.

Angesichts dieser erdrückenden Last kam mir der Radsport oftmals überflüssig und albern vor. Es war einfach nur komplett sinnlos, dass ich Geld dafür erhielt, mich gemeinsam mit hundert anderen auf ein Fahrrad zu schwingen und dann auch noch zu versuchen, eine vollkommen willkürliche Strecke schneller als die anderen zurückzulegen.

Nimmt man die dünne Schicht der gesellschaftlich konstruierten Bedeutungen fort, wird die Welt nicht nur größtenteils sinnlos, sondern sogar im wahrsten Sinne des Wortes absurd. Der Gedanke an all die Leben, die ich nicht lebte, wurde für mich unerträglich – an all die Versionen meiner selbst, die ich dafür geopfert hatte, um ein Radrennfahrer zu werden. Dass man sein Leben nicht für irgendwelchen Unsinn vergeuden will, ist einfach gesagt. Doch wie Camus sehr viel deutlicher als Sartre herausstellte, ist es weitaus schwieriger, für sich selbst festzulegen, was eigentlich *kein* Unsinn ist. Schließlich ergibt auf gewisse Weise nichts einen Sinn. Die Nichtigkeit allen Seins anzunehmen, statt am Rand zu stehen und das Leben aus Prinzip abzulehnen, ist ein Zeichen tiefer Weisheit, ja sogar von Mut. Dieser grundlegende Unterschied in ihrem Temperament trennte Camus und Sartre unabhängig von allen literarischen Verdiensten. Bezeichnenderweise führte die Veröffentlichung von Camus' *L'homme révolté* (dt.: *Der Mensch in der Revolte*) 1951 zum endgültigen Bruch zwischen den beiden Freunden. Sartre befand die gewaltlose politische Haltung von Camus als nicht ausreichend radikal. In seinen Augen konnte zumindest vorübergehend Gewalt erforderlich sein, um die linken Ziele von sozialer Gerechtigkeit und Freiheit zu erreichen, für die sich beide Männer voller Überzeugung einsetzten. Selbst noch in diesem Bruch zeigen sich die grundsätzlichen

Unterschiede zwischen ihnen: auf der einen Seite Camus mit seinem Humanismus, auf der anderen Sartre mit seinem unnachgiebigen Einsatz für bestimmte ideologische Positionen, der sein Leben und sein Werk von Beginn bis Ende prägte.

Nach ihrem Bruch wechselten die beiden Männer nie wieder ein Wort. Neun Jahre darauf starb Camus mit 46 Jahren bei einem Autounfall, nachdem er sich im letzten Augenblick entschlossen hatte, nicht im Zug nach Paris zurückzukehren. Es mutet absurd an, dass man sein ungenutztes Zugticket bei ihm fand, neben dem Fragment eines autobiografischen Romans, von dem Camus erwartete, dass er sein bedeutendstes Werk werden würde. Bei seinem Tod erklärte sein ehemaliger Freund Sartre in einem warmherzigen Nachruf:

> „Wir hatten uns überworfen, er und ich: aber ein Zerwürfnis – selbst wenn man sich nie mehr sehen sollte – bedeutet nichts, ist lediglich eine andere Art, *miteinander* und ohne sich aus den Augen zu verlieren in dieser engen kleinen Welt zu leben, in die wir gestellt sind. Es hinderte mich nicht daran, an ihn zu denken, mir vorzustellen, wie sein Blick auf der Buchseite oder Zeitung ruhte, die er gerade las, und mich zu fragen: ‚Was sagt er dazu? Was sagt er dazu *in diesem Augenblick?*'"

In unserer unentrinnbaren Einsamkeit wollen wir immer wieder von der Welt erfahren, wer und was wir tatsächlich sind, auch wenn wir den Antworten nicht wirklich trauen.

Als wäre jeder Einzelne von uns in den Grenzen einer Sprache gefangen, die nur er selbst beherrscht, vermögen wir die emotionalen Erfahrungen eines anderen Menschen höchstens mithilfe unzureichender Analogien zu erfassen. So sehr wir eine andere Person auch lieben, können wir ihr Leid und ihre Freude nicht auf dieselbe Weise empfinden, sondern bestenfalls bruchstückhaft in unsere eigene Erfahrungswelt übertragen. Doch je besser wir uns in andere Menschen einzufühlen vermögen, desto eher können wir diesen solipsistischen Abgrund überwinden. Das ist unsere einzige Hoffnung, das Grauen der Einsamkeit zu überwinden, dem so viele mit riesigem Aufwand zu entfliehen suchen.

Mit der Zeit ging mir auf, dass all mein Tun im Sport wie auch außerhalb davon nicht nur von der Suche nach Bestätigung getrieben wurde, sondern auch von dem Wunsch, zu erkennen, was mein Dasein eigentlich ausmachte. Mein Ehrgeiz im Radsport wie im sonstigen Leben verriet meinen unbedingten Wunsch, etwas oder jemand zu sein. Doch gerade dadurch wurde mir klar, dass wir uns selbst und noch viel weniger andere Menschen nicht interesselos erkennen können, also so, wie wir oder sie tatsächlich sind. Wohin ich mich auch wandte, kam ich mir wie gefangen vor. Trotz allem spürte ich tief in mir, dass ich *irgendetwas* oder *irgendwer* war. Denn da sich alles in mir gegen die Idee sträubte, wir könnten ein irgendwie geartetes wahres Ich finden oder erfinden, musste da ja zumindest etwas in mir sein, das derartigen schalen Lösungen widerstand.

Manche Denker eröffnen uns einen vollkommen neuen Blick auf unser eigenes Dasein. Sartre allerdings verlieh nur meinen größten Ängsten Ausdruck, ohne mir einen Schimmer der Hoffnung auf eine zumindest vorübergehende Erlösung zu eröffnen. Auch wenn ich Sartres Diagnose des Lebens in einer Welt ohne jeglichen Sinn zustimmen konnte, erschien mir seine Reaktion darauf, sprich der Ekel über die nackten Tatsachen des Daseins, stets einzig und allein von seiner Persönlichkeit bestimmt. Sofern man von den Philosophen nicht nur eine Diagnose der Zustände erwartet, sondern die Heilung der zugrundeliegenden geistigen Krankheit, erwies sich Sartre als vollkommen ungenügend. Vielleicht war ich zu sehr Amerikaner und konnte deshalb nicht anders, als Freiheit stets auch als eine Möglichkeit zu sehen, sodass es mir schwerfiel, Sartre auf seinem Weg zu folgen. Vielleicht aber auch war ich einfach zu sehr Nietzsches Ideal verhaftet, der Grausamkeit des Daseins in die Augen zu schauen und dennoch ja zu sagen. Statt Sartres Nihilismus und hartnäckigem Solipsismus nachzugeben, hielt ich es für möglich, seiner Diagnose eine optimistischere Wendung zu geben und sie nicht als Fluch zu interpretieren, sondern als Gabe, die für frühere Generationen undenkbar gewesen wäre.

Ganz anders als bei Sartre begegnen wir bei Albert Camus der Freude. Sein wohl bekanntestes nichtfiktionales Werk, *Der Mythos von Sisyphos*, schließt mit einer Form des trotzigen Glücks:

> „Ich verlasse Sisyphos am Fuße des Berges! Seine Last findet man immer wieder. Sisyphos jedoch lehrt uns die

> höhere Treue, die die Götter leugnet und Felsen hebt. Auch er findet, dass alles gut ist. Dieses Universum, das nun keinen Herrn mehr kennt, kommt ihm weder unfruchtbar noch wertlos vor. Jeder Gran dieses Steins, jedes mineralische Aufblitzen in diesem in Nacht gehüllten Berg ist eine Welt für sich. Der Kampf gegen Gipfel vermag ein Menschenherz auszufüllen. Wir müssen uns Sisyphos als einen glücklichen Menschen vorstellen."

Der Sisyphos von Camus erträgt nicht einfach nur sein Schicksal der endlosen Vergeblichkeit, sondern tut dies freudig, in einem Akt des radikalsten denkbaren Selbstentwurfs.

Diese Form der freudigen Akzeptanz erschien mir als die einzige Perspektive, die der Mühe wert war. Ich musste nur die Kraft aufbringen, dann würden sich alle Spannungen und Gegensätze auflösen, und ich könnte, wie der aus der Hölle emporsteigende Dante, „die Sterne schaun".

Kapitel 7

Abschied von der Perfektion

Philosophie: Strecke mit vielen Wegen,
die von Nirgendwo nach Nichts führen.

Ambrose Bierce

Als wir Santa Cruz erreichen, mutiert der Highway 1 zu einer vielbefahrenen Landstraße voller Autos, Ampeln und Fußgänger. Die Stadt liegt am nördlichsten Punkt der Monterey Bay. Zum Silicon Valley führt von dort nur eine steile Serpentinenstraße, sodass man den Eindruck hat, vom Rest der Bay Area abgeschnitten zu sein. Ein Ableger der University of California thront auf einer Kuppe über der Stadt. Unterhalb drängen sich im Zentrum entlang der Hauptstraße – der Pacific Avenue – alternative Cafés und Geschäfte neben Haschischläden, die Wasserpfeifen, Batikshirts und psychedelische Poster von Jim Morrison und Bob Marley verkaufen. Im Sommer und bis in den Herbst hinein hallen Bongotrommeln durch die Gassen, in denen ein beißender Uringeruch steht. Aus den verschiedensten guten wie schlechten Gründen machen sich viele Leute auf den Weg an die Westküste, in Orte wie Santa Cruz.

Es ist die Stadt, in der ich studiert und Denika kennengelernt habe. Mit gerade einmal sechs oder sieben Jahren traf ich dort auch zum ersten und zugleich letzten Mal meinen Großvater väterlicherseits. Wir alle nannten ihn einfach Ed. Meine Erinnerungen an ihn sind nur noch bruchstückhaft: ein struppiger langer Bart, ein Obdachlosenheim, mein Vater, den ich zum ersten Mal weinen sah, und, wie ich heute weiß, die Alkoholfahne eines alten Mannes, den ich nicht kannte. Die Details kamen in meiner Familie selten zur Sprache, aber die Kindheit meines Vaters stelle ich mir seit jeher schrecklich vor. In Anbetracht der Umstände hatte er vielleicht sein Bestes gegeben, und ich frage mich, ob es wohl stimme, dass Leid erblich sei. Oder dass Traumata nicht nur durch emotionale Gewohnheiten tradiert werden, sondern tatsächlich die DNA verändern und an die nächste Generation weitergegeben werden. Ed starb kurz nach unserem Besuch. Ich weiß, dass sich mein Vater als einziges noch lebendes Kind um die Einäscherung kümmerte. Jedes weitere Wort darüber wäre melodramatisch, Spekulation oder beides.

Eine Weile fährt unser kleiner Trupp an einem Gewerbegebiet von Santa Cruz entlang und biegt dann auf den West Cliff Drive ab, der den Windungen der erodierenden Küstenlinie folgt. Auf der einen Seite stehen zwei- und dreigeschossige Strandhäuser mit Meerblick, auf der anderen erstreckt sich der breite Strand, darauf Spaziergänger, Surfer und wacklige Radler auf gemieteten Beach Cruisern. Landeinwärts in Richtung Wohnviertel erhasche ich einen Blick in die Straße, in der Denika wohnte, als wir uns kennenlernten.

Als wäre es gestern gewesen, blitzen Momentaufnahmen vor meinem inneren Auge auf: wie sie mich im fahlen Licht einer Straßenlaterne küsste; wie sie an Halloween mit Engelsflügeln aus weißem Musselin auf bronzefarbener Haut durch die Menschenmassen schlüpfte und dabei erwartungsvoll über die Schulter nach hinten schaute, ob ich ihr auch folgte. Die elektrisierenden ersten Monate, in denen wir einander entdeckten – all das hatte hier stattgefunden.

Die Begleitfahrer, die sich uns angeschlossen haben, biegen strahlend und winkend auf einen Parkplatz ab, wo sie von Freunden abgeholt werden. Nur noch zu dritt fühle ich mich entspannter, so bedingungslos vertraue ich Jacksons und Zachs Fahrweise. Ohne die geringste Anstrengung schlängeln wir uns durch die im Schritttempo fahrende Autokolonne wie früher durch die Karawane zurück zum Peloton. Ich teste meine Reflexe und merke, dass ich müder und mental weniger fit bin, als mir lieb ist. Noch ehe sie in mein Blickfeld kommt, höre ich den Lärm der Achterbahn am Boardwalk: zuerst das rhythmische Klackern, mit dem die Bahn die Holzträger hinaufklettert, dann das unvermeidliche Kreischen der Fahrgäste.

Zügig passieren wir die Beachvolleyball-Plätze und eine Spielhalle, aus der elektronisches Zirpen tönt. In den Straßenbelag eingebettet sind Bahnschienen, die ich achtsam umschiffe. Eine andere Straße mündet ein, und wir mischen uns in den steten Strom der Autos und Touristenbusse. Nur einen Moment passe ich nicht auf, und prompt bleiben meine schmalen Reifen in der Schiene hängen. Ich versuche, die Fahrtrichtung durch Gewichtsverlagerung zu ändern, aber es ist zu spät. Ich kann das Gleichgewicht nicht halten. Als mir klar wird, was los ist, läuft alles wie in Zeitlupe ab. Während der Asphalt näherkommt, wandert eine Abfolge von Gedanken durch meinen Kopf, von Ungläubigkeit bis Verärgerung, dann nur noch: *Verdammte Scheiße!* Auf den Pedalen fest eingeklickt, knalle ich auf Hüfte, Knie und Ellbogen. Mein Körper bebt im Adrenalinstoß. Ich kann mich nicht erinnern, wann ich das letzte Mal so gestürzt bin. Es muss mindestens zehn Jahre her sein. Erst nach einigen Sekunden merken Jackson und Zach vor mir, was passiert ist. Ich richte mich auf und begutachte die Schäden an Rad und Körper. Meine Hose hat einen Riss, und ich blute an Hüfte und Ellbogen. Am meisten haben offensichtlich Schalthebel, Sattel und Schuh gelitten und auf dem rauen Straßenbelag reichlich Kratzer abbekommen. Ein Skateboarder mit langem blondem Haar ruft vom Bürgersteig herüber, ob alles okay sei, und gibt mir noch den gutgemeinten Rat: „An den Schienen musst du aufpassen." Noch bevor Zach und Jackson bei mir sind, steige ich wieder auf und schließe zu ihnen auf. Mein linker Schalthebel hat sich durch den Aufprall verdreht, und als ich danach greife, um ihn wieder zurechtzurücken, merke ich, dass auch meine linke Handfläche blutverschmiert ist. *Was mache ich hier eigentlich, wieso bin ich nicht zu Hause bei Denika und Graeme?*, schießt es mir durch den Kopf. Es fühlt sich an, als hätte ich meine Freunde enttäuscht – Drama und Schwierigkeiten waren bei unserer Tour nicht vorgesehen, wir sind doch alte Hasen! Wie früher, wenn mir bei einem Rennen jeder Knochen weh tat, möchte ich plötzlich alles hinwerfen. Ich überlege, ob ich Denika anrufe, damit sie mich abholt. Logistisch wäre das kein Aufwand, sie ist keine Autostunde von uns entfernt.

Erstaunt, aber ohne Vorhaltungen oder Belehrungen fragen Jackson und Zach, ob alles in Ordnung sei. Ich behaupte, es gehe mir gut, und wir wissen alle drei genau, dass es gelogen ist. „Keine 20 Meilen mehr", meint Zach aufmunternd. Und so tue ich das Einzige, was ich kann: Ich fahre weiter. Die Tour wird nicht mehr halten, was ich mir davon versprochen habe, aber Aufgeben kommt nicht infrage.

Auf den ersten Blick leuchtet es durchaus ein, wenn man sich Perfektion als etwas Erstrebenswertes vorstellt, für das es sich anzustrengen lohnt. Vor dem inneren Auge erscheinen Bilder von auf Hochglanz polierten Oldtimern, fehlerfreien Eiskunstlauf-Küren und Bilderbuchfamilien. Fast mein ganzes Leben lang hat mich das Streben nach dieser Perfektion angespornt und zugleich gequält. Ähnlich dem Mythos vom American Dream, wie ihn etwa Horatio Alger in seinen Romanen pries, suggeriert dieser Perfektionsbegriff überall dort, wo er Fuß gefasst hat, es gäbe eine Diskrepanz zwischen der Welt, wie sie ist, und der Welt, wie sie sein sollte, und: Diese Kluft ließe sich durch Fleiß und Beharrlichkeit überwinden. Nur zu gern glaubt man fest daran, irgendwann werde der Punkt schon kommen, an dem sich die Realität endlich mit dem ersehnten Ideal deckt und man sich entspannt zurücklehnen kann.

Den Zusammenhang zwischen Perfektion in Gestalt von materiellem Erfolg und quälenden existenziellen

Fragen sezierte der große US-Romancier des Jazz-Zeitalters, F. Scott Fitzgerald, scharfsinniger als manch ein Philosoph. Fitzgerald wurde wegen seines augenscheinlichen Faibles für die Reichen und Schönen oft belächelt. Für mich ist er dennoch, eher als sein Zeitgenosse Hemingway, der Inbegriff des amerikanischen Romanautors. Aus seinen Büchern spricht die Überzeugung, Amerikaner würden – vor allem anderen – nach materiellem Erfolg streben; erst wenn diese Stufe erreicht ist, seien sie bereit, sich mit tiefschürfenden Fragen zu befassen, zum Beispiel was ein gelungenes Leben ausmacht. Die Menschen in den USA sind seit jeher besessen von Leistung, Fortschritt und Erfolg; existenzielle Fragen schieben sie gern auf. Bei den gut Betuchten, auf die sich Fitzgerald kaprizierte, entfallen automatisch all die praktischen Widrigkeiten und finanziellen Zwänge, die andere davon abhalten, sich mit den letzten Fragen auseinanderzusetzen. Dem Existenzialismus einer Simone de Beauvoir oder eines Albert Camus durchaus ebenbürtig, schrieb Fitzgerald 1920 in seinem Debütroman *Diesseits vom Paradies* über sein literarisches Alter Ego Amory Blaine: „Immer träumte er, etwas zu werden, nie, etwas zu sein."

Fitzgeralds Figuren mangelt es materiell an nichts. Gerade deshalb sind sie gezwungen, sich den grundlegenden Fragen zu stellen. Sie tun dies auf eine Art und Weise, die man bei unzähligen Prominenten beobachten kann. Sie fühlen sich in besonderem Maße hingezogen zu den Jim Morrisons, Marilyn Monroes oder Kurt Cobains, die scheinbar alles haben und sich dennoch selbst zerstören und damit das für viele von uns im Alltag so tröstliche Klischee Lügen strafen, mit dem Erfolg komme automatisch das Glück. Wir fragen uns: Was mögen sie erlebt haben – sie, die „alles“ hatten und dennoch ihr Leben achtlos wegwarfen?

Ich war zwar bei weitem nicht in dem Wohlstand aufgewachsen, wie ihn Fitzgeralds Figuren vorleben, aber wenn ich darüber nachdachte, was Perfektion für mich so attraktiv machte, erkannte ich, dass ich mich voll und ganz mit dem Wunsch identifizierte, den bedrückenden Verfall der materiellen Welt hinter mir zu lassen. Die flüchtige Schönheit des Lebens überwältigte mich, und irgendwie hatte ich das Gefühl, gerade das, was mir am meisten am Herzen lag, gleite mir ständig durch die Finger. Ich sehnte mich nach dauerhafter Perfektion, nach einem unwandelbaren, wohlbehüteten Leben wie in einer Museumsvitrine. Intellektuell verstand ich das Kreisen der Philosophie um Abstraktes. Zugleich konnte ich das Leid nachempfinden, das der Metaphysik mit all den unsichtbaren, ungreifbaren Dingen und Ideen zugrunde liegt. Diese Dinge verheißen auf ewig Sicherheit und sind vollkommener als alles, was wir sehen, hören oder tasten können. Das Streben nach materiellen Werten empfand ich nie als Ziel, sondern als Mittel zum Zweck, um das Weltliche hinter mir zu lassen. Erst dann nämlich – so der Trugschluss – würde ich mich endlich ganz den wirklich wichtigen, den transzendentalen Fragen widmen können. Geleitet von der Idee des reinen Denkens stellte ich mir eine Welt vor, in der Häuser immer aufgeräumt, Fahrräder immer tipptopp und Autos stets gewaschen sind. In einem rundum tadellosen Umfeld würde mich endlich nichts mehr stören oder von den

Dingen ablenken, auf die es ankommt. Wie ein loderndes Leuchtfeuer am Ufer des vorüberströmenden Lebensflusses verhieß die Perfektion Erlösung. Und ich wünschte nichts mehr, als mich eines Tages in diese tröstliche Ruhe hineinfallen zu lassen.

Kratzer, Fehler, Makel und Verfall bezeugten nicht nur mein eigenes Versagen, sondern die ultimative Sinnlosigkeit des Lebens an sich. Ich erinnere mich gut an das erhebende Gefühl, mit dem ich jeweils Ende Dezember, Anfang Januar beim ersten Trainingscamp des Jahres im Hotelzimmer Taschen voller neuer Trikots, Helme und Ausrüstung am Fußende des Bettes vorfand, während draußen die Mechaniker glänzende nagelneue Fahrräder zusammenschraubten. Wenn ich nach anstrengendem Training mittags nach Hause kam, musste ich als Allererstes drinnen alles putzen, mein Rad polieren und meine Sachen waschen. Erst dann – mit krümelfreier Küchenarbeitsplatte und blitzblanker Fahrradkette – konnte ich endlich abschalten. Wenigstens für ein Weilchen hatte ich das Chaos in seine Schranken verwiesen. Im Deutschen gibt es eine schöne Wendung: „Es ist alles in Ordnung." Seit ich darauf achtete, fand ich an allen Ecken und Enden etwas zu bemängeln. Ich meinte, nur durch unablässige Wachsamkeit könnte ich verhindern, dass die mir vertraute Welt im Chaos versank. Loslassen hieß Durcheinander und Verfall. Alles, was ich besaß und was ich war, würde sich in Luft auflösen.

Zwischen dem Streben nach Perfektion und übertriebenem Perfektionismus verläuft nur ein schmaler Grat. Auf Perfektion hinarbeiten war notwendig, aber man durfte es keinesfalls übertreiben. Ein echter Perfektionist zu sein, erschien mir ausgesprochen unmännlich, genau wie so viele andere vermeintlich neurotische Charakterzüge. Bei Männern empfand ich Perfektionismus als kühl und steril, weil es bedeutete, dass sie Dinge höher bewerten als Gedanken oder sogar Menschen. Diese Leere füllen sie mit aufgeräumten Garagen, alltagsuntauglichen Sportwagen, vielleicht einer Uhrensammlung. Ein solch bornierter Typ mit vorprogrammiertem Verhalten wollte ich auf keinen Fall werden.

Mir ging es nicht unbedingt darum, alles unter Kontrolle zu haben. Aber wonach genau sehnte ich mich dann eigentlich? War eine Macke im Lack schon Grund genug, dass ich etwas als „unvollkommen“ empfand? Oder ein Fussel in der Klarlackschicht eines ansonsten einwandfreien Fahrradrahmens? Tief im Inneren war mir klar, dass optische Perfektion an sich schon eine Illusion ist, denn unter dem Mikroskop oder im hellen Lichtstrahl wird man bei jedem noch so makellos wirkenden Gegenstand Mängel entdecken. In Wahrheit ist nichts rundum perfekt, geordnet und aus einem Guss. Ab wann man etwas als perfekt einordnet, ist willkürlich; Perfektion ist kein Zustand, sondern wird durch die gesetzten Kriterien und Blickwinkel bestimmt.

Je länger ich darüber nachdachte, was Perfektion eigentlich ist, desto seltsamer und unverständlicher erschien mir der Begriff. Im platonischen Denken existiert das vollkommene Ideal, wie wir schon gesehen haben, nur in der Ideenlehre. Jenseits von Zeit und Raum stellen Platons Ideen auf ewig die Urbilder nicht nur für alle Gegenstände in der Welt, sondern auch für sämtliche Vorstellungen dar. Wer nach dem Guten, Wahren und Schönen strebt, hat vor seinem inneren Auge ein Idealbild des Guten, Wahren und Schönen *an sich* als ultimativen Richtwert, denn sonst hätten solche Konzepte keinerlei Gehalt. Ideen (Idealbilder) sind der sichtbaren Welt übergeordnet; wie Leitsterne weisen sie der Menschheit den Weg zum immer weiter zurückweichenden Horizont der Perfektion.

Viele dieser Ideen übernahmen später christliche Theologen und Philosophen. Für sie war „Vollkommenheit“ unweigerlich ein Attribut Gottes, sprich des Wesens, das in jeder Beziehung makellos ist und deshalb Perfektion in jeder erdenklichen Form verkörpert. In diesem Sinne bedeutet „vollkommen“ nicht einfach frei von Mängeln zu sein, sondern rundum vollendet, also unübertrefflich. Vollkommenheit ist der Unordnung und den Zufällen der Wirklichkeit entrückt und vor allem autonom. Was bedeutet „autonom“ in diesem Zusammenhang? Am Ausgangspunkt all der kontingenten (beliebigen) Ereignisse, die unsere reale Welt hervorgebracht haben, von der zufälligen Begegnung unserer Eltern zurück bis zu den Anfängen des Universums, kann man immer eine Ursache, einen Auslöser für bestimmte Ereignisse ausmachen: C folgt aus B und B aus A, in einer endlosen rückläufigen Kette. Mittelalterliche Theologen und Philosophen (meist in Personalunion) sahen Vollkommenheit und damit Gott als sogenannte Erste Ursache, die selbst keiner weiteren Ursache bedarf, als *primum movens,* das alles in Bewegung versetzt, das war, ist und jemals sein wird.

Am eindeutigsten offenbart sich die Verknüpfung von Gott und Perfektion im ontologischen Gottesbeweis. Die Ontologie, abgeleitet vom griechischen Wort *ontología,* befasst sich mit der Lehre vom Sein im weitesten Sinne. Das ontologische Argument zählt zu den vielen sogenannten rationalen, das heißt allein auf Logik gestützten Beweisen für die Existenz Gottes, die ohne Empirie auskommen. Der berühmteste Beweis stammt von Anselm von Canterbury: Dass es Gott gibt, „beweist" Anselm durch die Behauptung, Gott sei das vollkommenste vorstellbare Wesen und uns Menschen sei die Erkenntnis dieser Vollkommenheit angeboren. Etwas, das auch in der Wirklichkeit existiert, leitete Anselm hieraus ab, ist vollkommener als etwas, das nur im Geiste ist. Wenn wir also ein Gottesbild hegen, in dem Gott nicht auch real existiert, ist das ein Widerspruch in sich, denn die Logik lautet: Auch wenn es Gott nicht gäbe, wären wir in der Lage, uns ein Wesen vorzustellen, das in der Wirklichkeit existiert und damit vollkommener ist als der nicht existente Gott. Um diesen logischen Widerspruch in unserem Begriff von Vollkommenheit zu umgehen, „beweist" Anselm damit die Existenz Gottes.

Kein Zweifel, diese Logik ist uns heute ausgesprochen fremd. Zugleich lässt sie sich als solche nicht ohne weiteres restlos widerlegen. Die dem ontologischen Gottesbeweis zugrunde liegende Wahrnehmung der Wirklichkeit veranschaulicht, wie eng miteinander verflochten die Konzepte des Vollkommenen, Wahren und Guten sind. Sie wurzeln tief im abendländischen Denken und prägen unsere Weltsicht bis heute.

Mit sinkendem Adrenalinspiegel machen sich meine Verletzungen durch pochende Schmerzen bemerkbar. Nach einer gefühlten Ewigkeit biegen wir in die Straße ein, in der wir Zimmer in einer Pension gebucht haben. Es weht eine leichte Nachmittagsbrise, und durch die hohen Bäume über uns sprenkelt Sonnenlicht den Asphalt. Die Straße kommt mir endlos vor. Dass die Auffahrt steil ist, hat man uns schon gesagt. Beim Einbiegen stellen wir fest, dass die Steigung mindestens 30 Prozent beträgt. Wir werden uns also noch einmal ordentlich ins Zeug legen müssen. Um möglichst viel Schwung zu haben, sprinten wir das letzte Stück, aber an der Steigung werden wir sehr schnell sehr langsam und müssen im Stehen und in den kleinsten Gängen fahren. Die Räder unter uns kippen zur Seite, während wir uns beim Treten hin und her schwingen, wobei gerade noch so viel Gewicht auf dem Hinterrad lasten darf, dass es am Boden haftet, zugleich aber so viel auf dem Vorderrad, dass es nicht abhebt.

Oben angekommen, empfängt uns der Inhaber der Pension. Er zeigt uns die Unterkunft neben dem Haupthaus. Wir drei kommen überein, dass ich nach dem Sturz als Erster duschen darf. Einen dunklen Flur entlang geht es zum Bad. Jetzt erst habe ich Gelegenheit, den Schaden genauer zu begutachten. Socken, Hose und Armlinge sind zerrissen und blutverschmiert; lediglich mein Trikot ist unversehrt. Ich drehe das Wasser in der Dusche auf, ziehe mich aus und stopfe bis auf das Trikot alles in den Mülleimer neben der Toilette – mit einem Gefühl der Erleichterung, denn so bin ich die sichtbarsten Spuren des Unfalls los. Ich steige in den warmen Dampf und schaue mir die Wunden an. Hände, Knie und

Hüfte sind blutig, und als ich die Hüfte genauer begutachte, merke ich, dass sie schon anschwillt und das Gewebe die Haut darüber wie eine Wurstpelle dehnt.

Mir fällt ein, was Harvey einmal sagte: „Wenn du als Sprinter nicht mindestens einmal im Jahr schwer stürzt, gehst du nicht genug Risiken ein." Seit ich keine Rennen mehr fahre, gibt es vieles, was ich schmerzlich vermisse, nur eines ganz sicher nicht: unter der Dusche meine Schürfwunden auszubürsten. Genau das steht jetzt an. Ich erinnere mich nur zu gut daran, wie man die Reste des Straßenbelags am besten aus den Wunden entfernt. Ich wünschte, ich hätte eine Bürste, doch meine Fingernägel müssen reichen. Wichtig ist, den Schmutz und die winzigen schwarzen Asphaltpartikel loszuwerden. Ich atme tief durch und beginne, das rohe Fleisch mit den Nägeln abzukratzen. Dabei merke ich, dass eine alte Narbe von einem anderen Sturz vor langer, langer Zeit wieder aufgerissen ist; sie hatte sich bis heute Nachmittag wie ein Berggrat quer über meine Hüfte gezogen. Nach dem Auskratzen ist nur noch eine glatte Schürfwunde übrig, und ich sehe, dass es nun genug ist, als aus dem freiliegenden Gewebe nicht nur dunkelrotes Blut, sondern auch ein bernsteinfarbenes Sekret sickert. Ich kratze auch die Wunden an Handflächen, Ellbogen und Knie aus und lasse mir dann das heiße Wasser über den Rücken rinnen. Ich höre Jackson und Zach im angrenzenden Zimmer reden und lachen. Als Kind – lange, bevor ich mit dem Radfahren begann – kränkelte ich oft und verbrachte viele Tage und Nächte bei laufender Dusche im dampfgefüllten Badezimmer, um meine Bronchitis zu lindern. Selbst heute noch fühle ich mich unter der

Dusche sicherer als irgendwo sonst. Ich nehme einen tiefen Atemzug und spüre, wie die feuchte Luft meine Lungenflügel füllt. Ich überlege, ob ich Denika eine Nachricht schicke und ihr von dem Sturz erzähle, aber ich entscheide mich dagegen. Es bringt nichts, denn ich fahre ja weiter. Ich denke an mein Rad, die verkratzten Schalthebel und den angerissenen Sattel, und ermahne mich, dass alles, was heute passiert ist, reparabel ist.

Ich trockne mich ab, geselle mich zu meinen Freunden und fühle mich einen Moment lang wieder wie mit sechzehn.

Kein Thema im christlichen-jüdischen Glaubenssystem ist von zentralerer Bedeutung als der Sündenfall. Mag das Leben auf Erden mühselig und voller Leid sein, so gab es doch einst eine Zeit, als alles vollkommen und eins war. Die Vorstellung vom tragischen Verlust dieses Urzustands, gefolgt von der Sehnsucht nach einer Rückkehr in dieses Paradies, zieht sich durch die gesamte westliche Philosophie. Vor diesem Hintergrund kamen Philosophen und Naturforscher in Europa während der naturwissenschaftlichen Revolution der frühen Neuzeit zu dem Schluss, die Welt müsse von einer Art göttlichem, ergo unfehlbarem „Uhrmacher" geschaffen worden sein. Zu erkennen gebe er sich in der Perfektion und Beständigkeit der naturwissenschaftlichen Gesetze, die man in dieser Epoche gerade in rascher Folge entdeckte.

Von den neu entdeckten Bewegungsgesetzen über die Wechselwirkungen zwischen den Substanzen bis zum Lauf der Sterne offenbarte sich bei der Erforschung dieser sogenannten

Naturgesetze überall der Fingerabdruck eines unfehlbaren göttlichen Schöpfers als Urheber der kosmischen Ordnung. Für eine ganze Generation von Gelehrten, darunter so unterschiedliche Denker wie Isaac Newton, Jean-Jacques Rousseau und René Descartes (der den Kosmos als nach festen Gesetzen arbeitende große „Weltmaschine" sah), war die Natur einfach so elegant, dass hinter der natürlichen Ordnung eine vollkommene göttliche Intelligenz verborgen sein *musste*.

Religion und Wissenschaft – Glaube und rationale Erforschung – empfand man dabei nicht als Gegensatz, wie es heute oft der Fall ist, sondern als eng miteinander verflochten. Wenn man die Welt aus einer mechanistischen Perspektive betrachtete, wurde sie deswegen keineswegs zu unbelebter Materie. Vielmehr erhellte jede neue Entdeckung ein Stück des Weges zurück zum Plan des Schöpfergottes. In diesem Licht wurden sogar scheinbar böse und furchtbare Dinge und Ereignisse nachvollziehbar, denn sie fügten sich in das Gesamtbild ein, das der Mensch mit seinem begrenzten, unvollkommenen Intellekt nur nicht erkennen konnte.

Das, was Nietzsche später den „Trieb zur Wahrheit" der Naturwissenschaft nannte, begann schon beim französischen Philosophen Blaise Pascal die Religion zu übertrumpfen. Die Vorstellung von einem himmlischen Uhrmacher machte in der Praxis keinen Unterschied und trat als überflüssiges Konstrukt nach und nach in den Hintergrund. Das wiederum ebnete den Weg zur Entfremdung, die später zu einem zentralen Thema des Existenzialismus wurde.

Pascal, der von 1623 bis 1662 lebte, formulierte dies in klaren, auf schlichte Weise schönen Worten, die uns auch Jahrhunderte später noch bewegen:

> „Wenn ich die kurze Dauer meines Lebens betrachte, das von der Ewigkeit davor und danach aufgesogen wird [...], den kleinen Raum, den ich einnehme, und selbst den, den ich sehe, den Raum, der vom Abgrund der unendlichen Unermesslichkeit der Räume verschlungen wird, die ich nicht kenne und die ihrerseits mich nicht kennen, dann gerate ich in Schrecken und Erstaunen darüber, dass ich gerade hier und nicht vielmehr dort bin. [...] Wer hat mich hierher gestellt? Auf wessen Anordnung und Walten geht es zurück, dass gerade dieser Ort und diese Zeit für mich bestimmt sind?"

Pascal war seiner Zeit voraus. In dem Maße, wie die Naturwissenschaft von Kopernikus bis Darwin dem Menschen Zug um Zug jeglichen Primat absprach, wurde Vollkommenheit von Zufälligkeit abgelöst. Das ging bis zum „Theorem der endlos tippenden Affen" (Infinite Monkey Theorem) des französischen Mathematikers Émile Borel im 20. Jahrhundert: Würde ein Affe nach dem Zufallsprinzip unendlich lange auf einer Schreibmaschine herumtippen, kämen dabei mit ziemlicher Sicherheit irgendwann die Werke Shakespeares heraus.

Von der Vollkommenheit von Idealen, die unabhängig von einer sich ständig verändernden, vergänglichen Welt zu sein schienen, stieß man uns in ein unermessliches, gleichgültiges

Universum, das nur von zusammengewürfelten unbegreiflichen Schwaden von Zeit und Raum regiert wird, bis sogar der Begriff „Vollkommenheit“ selbst immer weniger relevant erschien. Perfektion machte einem Pragmatismus Platz, der sich mit dem abfindet, was gerade zur Hand ist. Und wie wir bei Nietzsche, Heidegger, Sartre und anderen Existenzialisten gesehen haben, sind wir auf uns selbst zurückgeworfen, ohne dass wir uns an Ideale halten können.

Das Thema der Metaphysik in all ihren Formen und Permutationen zieht sich durch das abendländische Denken, und doch gibt es keine objektive Messlatte für das Leben. Der sprichwörtliche Kartograf in Personalunion mit dem Philosophen kann unser Dasein nicht kartieren, ohne dass er selbst darin vorkommt. Und plötzlich wird überdeutlich, was emotional für uns auf dem Spiel steht: Jeder Sonnenuntergang, jede verwelkende Blume und jede Umarmung eines geliebten Menschen wird mit einem Mal unfassbar schmerzlich. Vollkommenheit kommt zwar scheinbar in die kalte Gleichgültigkeit der Logik gewandet, bietet jedoch weit mehr als nur eine rationale Norm, der es nachzueifern gilt. Sie dient zugleich als Zuflucht vor dem wohl grausamsten aller Schicksale, das jeden von uns ereilt: dem Vergehen der Zeit. Distanziert und abgehoben von der sich wandelnden Welt, verheißt Perfektion die Befreiung aus dem leidvollen unaufhörlichen Kreislauf von Geburt und Tod. Man könnte ohne Übertreibung behaupten, Perfektion solle in allererster Linie die Zeit anhalten.

Nietzsche und Heidegger nahmen beide für sich in Anspruch, das Ende der Metaphysik einzuläuten. Der vorsokratische Philosoph Heraklit von Ephesus und sein Augenmerk auf dem Werden anstelle der festgelegten Abstraktionen des Seins galt ihnen als Maßstab dafür, auf welche Weise der moderne Mensch eine nach Beständigkeit und Vollkommenheit strebende Denkweise hinter sich lassen kann: indem er sich außerhalb von Zeit und Raum verortet. Während Zeitgenossen Heraklits nach Prinzipien suchten, die vom Lebensstrom unberührt bleiben, sah dieser das Dasein als unablässige Veränderung. Getreu seiner berühmten Maxime, man steige nie zweimal in denselben Fluss. Dieser Gegensatz zwischen den festgefügten Grundsätzen des Seins und dem fließenden Werden offenbart zwar die einzigartige Genialität der westlichen Metaphysik, zugleich aber ihre tragische Flucht vor der Alltagswelt. Doch gerade sie prägt heute das Bild, das wir uns fast alle von der Realität und uns selbst machen.

Als wir drei zu Fuß die steile Auffahrt hinabgehen, ist die Sonne bereits hinter den Bergen auf der anderen Talseite verschwunden. Wir sind müde und hungrig, aber aufgrund der vielen Funklöcher ist keiner der bestellten Fahrdienste gekommen, um uns zum Abendessen in die Stadt zu bringen. Als wir die Straße erreichen, zieht Jackson sein Mobiltelefon aus der Tasche, schüttelt kurz den Kopf, geht ein paar Schritte und signalisiert Zach und mir, ihm zu folgen.

„Warte mal. Was machen wir denn jetzt? Willst du bis zur Stadt laufen?“, frage ich Jackson.

„Wie lang war die Straße noch mal? Zwei Meilen? Irgendjemanden werden wir schon finden“, meint Jackson zuversichtlich. Zachs Gesichtsausdruck sagt mir, dass er davon ebenso wenig überzeugt ist wie ich, aber angesichts unserer begrenzten Optionen und unseres durch Hunger vernebelten Hirns machen wir uns zu Fuß auf den Weg in Richtung Stadt. In den billigen Flip-Flops, die Zach und ich vorausgeschickt haben, ist das Laufen für uns beide kein Vergnügen, und innerhalb von Minuten ist uns Jackson mit seinen Turnschuhen ein gutes Stück voraus. Auf der einen Seite ist die Straße von einem trockenen Bachbett gesäumt, an dem Farn, Gestrüpp und Mammutbäume wachsen. An der anderen Seite stehen kleine Häuser mit unbefestigten Zufahrten zwischen Brachen, die vor langer Zeit als Weide für Pferde oder Kühe gerodet wurden. Schon nach wenigen Metern ist es stockfinster. Ich kann mich nicht erinnern, wann ich das letzte Mal nach Einbruch der Dunkelheit zu Fuß draußen unterwegs war.

Zachs Spiritualität ist – im Gegensatz zu meiner – im großen Pool der christlichen Religion aufgegangen. Wie bei jedem Gläubigen ist auch er nicht ohne Umwege dort hingelangt, das weiß ich. Im Gehen sprechen wir über Vorstellungen, die ich nur abstrakt verstehe, Konzepte wie Gnade, Vergebung und die Hand einer gütigen personellen oder dinglichen Macht, die großen und kleinen Ereignissen Sinn verleiht. Zach und sein kluges, melancholisches, stets von Humor aufgelockertes Weltbild waren für mich von Anfang an ein offenes Buch. Ich weiß noch, wie wir uns als Jugendliche am Vorabend eines Rennens ein Zimmer teilten und stundenlang über Dinge redeten, von denen wir wussten, dass wir sie nicht verstanden und auch nie ergründen würden. Jetzt, Jahre später, frage ich mich, ob er den Sinn und Frieden gefunden hat, der mir verschlossen blieb.

Wir gehen und gehen, und ich denke an Liebe und Freundschaft. Ich versuche mir vorzustellen, wie Denika aussieht, aber eigenartigerweise fällt mir das genauso schwer wie immer, wenn mir etwas besonders am Herzen liegt. Ihre Stimme höre ich im Kopf, aber ihr Gesicht bleibt verschwommen, und ich weiß, dass dieses Bild überhaupt nicht stimmt. Zach überlegt laut, was uns eigentlich dazu treibt, hinter Jackson herzulaufen. Als ein Auto auf unserer Höhe ist, streckt er hoffnungsvoll den Daumen nach oben, aber natürlich fährt der Wagen einfach vorbei. Die eigene Vorstellung von Perfektion auf Ideen oder Dinge anzuwenden, ist schlimm genug. Regelrecht zerstörerisch wird es, wenn man sie anderen Menschen aufzwingen will. Aus dem Gefängnis unserer eigenen Konzepte heraus sehen wir die anderen unweigerlich nicht so, wie sie wirklich sind, sondern durch eine Brille, die wir aus unseren Idealen zurechtschleifen. Die Kluft, die das Leben erträglich und echte Liebe möglich macht, überbrücken wir damit nie. Von Sartre stammt bekanntlich der Ausspruch „Die Hölle, das sind die anderen", aber ich bin sicher, er irrte sich. Wenn es eine Hölle gibt, dann die, für alle Ewigkeit in sich selbst gefangen zu sein.

Vor uns taucht Jackson hin und wieder als Halbschatten im Licht der entgegenkommenden Autos auf. Ich habe Hunger, meine Hüfte ist so geschwollen, dass ich etwas hinke, und bei jedem Schritt bohrt sich der Plastikriemen der Sandale in das weiche Fleisch zwischen meinen Zehen. In der Herbstluft über uns funkeln die Sterne. Dieses Naturphänomen hat bestimmt einen Namen, doch zu meiner Erleichterung kenne ich es nicht. Früher dachte ich immer, der Weg zum Glauben führe über das Denken, das weiß ich jetzt in der Regel besser. Zach und ich laufen schweigend weiter. Wir hören nur das Zirpen der Grillen und dann über unseren Köpfen unvermittelt den unverwechselbaren Schlag von Flügeln. Eine Eule segelt quer über die Straße und landet auf dem Ast eines Mammutbaums. Wir bleiben stehen und schauen sie an, während sie uns ihrerseits aufmerksam mustert. Es ist, als ströme alles Lebendige durch ihre neongrünen Augen zu uns zurück. Als sich ein Auto nähert, fliegt sie mit ein paar energischen Flügelschlägen wieder auf, und im Weitergehen sage ich im Geist das Gedicht auf, das ich wohl als einziges auswendig kann – T. S. Eliots *East Coker*:

> „Warte ohne zu denken, denn zum Denken bist du nicht reif,
> Dann wird das Dunkel das Licht sein und die Stille der Tanz,
> Geflüster fließenden Wassers, Wetterleuchten im Winter,
> der unsichtbare Thymian, und die Walderdbeere –
> Das Lachen im Garten, seliger Widerhall – all dies
> Nicht verloren, aber fordernd, ein Hinweis auf die Pein
> Von Tod und Geburt."

Ich denke an die glücklichsten Momente in meinen Leben: als ich Graeme an einem heißen Sommertag im Pool in die Luft warf oder Denikas warmes braunes Haar an meiner Wange spürte. Was uns am wichtigsten ist, bleibt für immer verhüllt, für immer unaussprechlich. Die Dinge lehren einen selten das, was man sich davon erhofft, aber das heißt nicht, dass ihre Lehren wertlos wären. Man kann nicht um etwas herum, darüber hinweg oder durch etwas hindurch sehen. Die Dinge existieren einfach.

Ein Auto kommt neben uns zum Stehen. Das Fenster wird heruntergekurbelt und der Fahrer beugt sich über den Beifahrersitz zu uns herüber.

„Sind Sie Jackson?“, fragt er. „Ja“, antwortet Zach. „Sind Sie unser Uber-Fahrer?“

„Gut, dass ich Sie gefunden habe. Rein mit Ihnen.“

Zach und ich steigen in den Fond. Der Wagen riecht nach Kaugummi, im Radio läuft Popmusik.

„Unser Freund läuft da vorne“, sage ich, als Jacksons Umrisse durch die Windschutzscheibe in Sicht kommen.

Vom strahlend weißen Lenkerband bis hin zu den glänzenden Mannschaftswagen, die dem Peloton folgen, ist der Radsport ein durch und durch ästhetisches Phänomen. Was dieser Sport an Schönem zu bieten hat, ist in erster Linie visuell. Er hat nicht nur mit Mut oder sportlicher Leistung zu tun, sondern auch mit dem spektakulären Anblick des Fahrerfeldes auf glänzenden Rädern. Die Wahrung dieser Tradition signalisiert nicht nur Achtung vor der Sportart an sich, sondern sogar vor der Konkurrenz. Zu einem Rennen, und sei es noch so unwichtig, erscheint man einfach nicht mit schmutziger Ausrüstung oder schlecht gewartetem Material. Am Tag vor dem Rennen werden die Fahrräder geputzt, das Lenkerband gewechselt, die Rennreifen montiert und nagelneue weiße

Socken aus der Verpackung gezogen – alles aus der Überzeugung heraus, dass ein professionelles Äußeres einen kontrollierbaren Schritt auf dem Weg zum Erfolg darstellt.

Aus der Ferne sah immer alles picobello aus. Doch bei näherem Hinsehen entdeckte ich mehr und mehr die Defizite. Ich war Radrennfahrer und kein Fahrradsammler, und obwohl die Ausrüstung dank unserer Sponsoren ständig nachgeliefert und auch gut gepflegt wurde, war sie alles andere als makellos. Fahrräder waren im Sinne Heideggers „zuhanden" (das heißt: griffbereit) und somit Werkzeuge. Die Logos früherer Sponsoren wurden mit Permanentmarkern geschwärzt, Transporte und Reisen hinterließen Kratzer im Lack. Meine persönliche Vorstellung von Perfektion verlagerte sich nach und nach von tadellosen Rädern hin zu tadellosen Rennen – technisch mustergültigen Mannschaftsrennen mit sauberen Wechseln und Kriterien, bei denen kein Funke Energie verschwendet wurde. Diese Form der Perfektion stumpfte nicht ab, sie war weder abstrakt noch abgehoben, sondern mitten im Leben angesiedelt. Im Vergleich zu meinen vergeblichen Bemühungen, Objekte in Vitrinen zu konservieren oder gedanklich ein dauerhaftes ideales Reich für mich zu beanspruchen, dem der Zahn der Zeit nichts anhaben konnte, war die leistungsbezogene Perfektion zwar nicht von Dauer, aber in gewisser Weise dennoch viel realer. So wie bei Sandburgen, die man bei Ebbe am Strand baut, kann man sich auch bei sportlichen Höchstleistungen kaum vormachen, es würde davon mehr bleiben als Erinnerungen.

Anstatt mit Lackkratzern und Schönheitsfehlern befasste ich mich zunehmend mit meiner Ernährung, den Maßen meines Zeitfahrlenkers und der Position meiner Pedalplatten. Mit analytischer Entschiedenheit sagte ich mir, es müsse schließlich möglich sein, für jede Facette dieses Sports die eine richtige Antwort zu finden, und ebenso gäbe es auch die ideale Haltung schlechthin auf dem Rad oder das eine perfekte Trainingsprogramm.

Schritt für Schritt lernte ich dazu, mir wurde aber auch klar, dass man leicht zu weit gehen kann, bis man irgendwann von seinem Ideal beherrscht wird. Genau wie bei der Philosophie war ich ständig auf der Suche nach etwas, an das ich mich klammern konnte. Man munkelte, ich sei als Fahrer „ein Kopftyp" und sabotiere mich schnell selbst. Die Gegebenheiten waren nie so, wie ich sie mir wünschte. Immer funktionierte etwas nicht wie geplant: Flüge wurden verschoben, Regengüsse sorgten für Unterbrechung, Ausrüstung ging verloren. Die besten Fahrer steckten solche Unwägbarkeiten mit einer Gelassenheit weg, die mir nur selten gelang. Doch gerade bei den seltenen Gelegenheiten, in denen ich nicht mehr versuchte, alles zu steuern, kam ich der Perfektion auf dem Rad am nächsten.

Das mittlerweile abgerissene National Sports Center Velodrome in Blaine, Minnesota, wurde für die Olympischen Spiele 1992 gebaut. Jede Bahn hat ihre Eigenheiten, und diese, die wir nur „Blaine" nannten, mit ihrem glatten Hartholzbelag und den eleganten Übergängen von den Geraden zu den steil hochgezogenen Kurven, war das schönste Velodrom, in dem ich je gefahren bin.

Ich kam bei schon feuchtwarmem Frühsommerwetter zu einer Etappe der nationalen Bahnrennen, damals EDS-Cup genannt, dort an. Meine Radtasche war der Fluggesellschaft vorübergehend abhandengekommen, und die Anfahrt zum Rennen war chaotisch. Trotzdem blieb ich während der langen Rennwoche gelassen. Am vorletzten Abend traten wir zum Finale der Mannschaftsverfolgung an. Diese Form des Bahnrennens war schon immer mein Favorit gewesen.

Auf der vier Kilometer langen Strecke – 16 Runden auf einer 250 Meter langen Bahn wie in Blaine – führt jeder Fahrer eine Runde lang den Viererzug an, schert dann in der Kurve nach rechts aus, nutzt die Überhöhung, um sich zurückfallen zu lassen, und schließt sich nahtlos wieder am Hinterrad des vorher Letzten an. Eine kurze Verschnaufpause im Windschatten der Vorwegfahrenden, dann übernimmt man wieder die Führung.

Wir vier, mit identischen Fahrrädern, Reifen und Skinsuits, atmeten an der Startlinie tief durch, bevor eine bestimmte Tonfolge uns signalisierte, dass der Countdown begonnen hatte. Dann der letzte, höhere Piepton – und los! Durch den brutalen stehenden Start schoss unsere Herzfrequenz in die Höhe. Sofort reihten wir uns auf der Bahn des Velodroms zum Viererzug ein. In den Runden empfand ich vor allem das Tempo. Ich fixierte das Hinterrad des Fahrers vor mir und die schwarze Linie, die die kürzeste Strecke angibt. Obwohl ich an meiner körperlichen Grenze war, verging die Zeit durch die Unmittelbarkeit der Aufgabe langsamer. Nach jeder Runde wurden unsere Zwischenzeiten ausgerufen, damit wir unsere Vorgaben einhielten. Colby Pierce, der Fahrer vor mir, war klein und fuhr in einer scheinbar unmöglich niedrigen gekrümmten Haltung, die mir nur minimalen Windschatten gab. Er scherte aus, und ich setzte mich an die Spitze. In der Steilkurve schwang ich nach oben, passte den Rückweg nach unten perfekt ab und kam wieder in den Windschatten von Colby, der jetzt das Schlusslicht bildete. Das Geschwindigkeitsgefühl wurde durch das Echo unserer hohlen, trommelartigen Scheibenräder verstärkt, und in jeder Kurve drückte uns die steile 45°-Überhöhung in die Sättel und Aero-Lenker. Wir reckten die Hälse gegen die Fliehkraft. 16 Runden schmolzen zu acht – noch zwei Kilometer. Noch immer machte keiner von uns einen Fehler, keine Verzögerung an der Spitze, keine geschluderten Wechsel. Während wir die Bahn umrundeten, bogen sich die darunter verborgenen Stabtragewerke unter unserem Gewicht mit einem Geräusch wie eine herannahende Welle, die über die Oberfläche des Velodroms schwappt. Drei Runden vor Schluss war einer von uns raus, und ich hörte meinen Teamkollegen Dave McCook „drei, drei" rufen, damit der nächste Fahrer das Timing für seinen Wechsel anpasste und nicht zu spät herunterkam. Diese Form der Perfektion war nicht vom Leben abgekoppelt und hatte uns auch nicht so unerbittlich im Griff, dass alles erstarrt gewesen wäre. Ich reagierte einfach nur, ohne Angst, denn die regte sich erst, wenn man über etwas nachdachte oder etwas erwartete. Ich war fest im Hier und Jetzt verankert, mitten im Strom, im Fluss des Werdens. Diese Flüchtigkeit schreckte mich nicht, im Gegenteil: Ich genoss sie, gerade weil sie so vergänglich war. Ich hörte die Glocke und wusste: noch eine Runde. Ich setzte mich an die Spitze und gab ein letztes Mal alles, trat mit aller Kraft in die Pedale. Die Zeitmessung erfolgt beim Zieldurchgang des dritten Fahrers. Auf der Zielgeraden fuhren wir deshalb in Formation – Colby schloss auf Höhe meiner rechten Hüfte auf, Dave fuhr unter mir. Als wir die Ziellinie überquerten, fiel ein Schuss, und während ich die Bahn im Innenraum umrundete, sagte mir ein Blick auf die digitale Anzeigetafel, dass wir gewonnen hatten. Poesie der Bewegung: Es gibt keine Perfektion. Es gibt nur das Leben.

Kapitel 8

Was man sieht und was man weiß

Resultat: Der Glaube an die Vernunft-Kategorien ist die Ursache des Nihilismus, — wir haben den Wert der Welt an Kategorien gemessen, welche sich auf eine rein fingierte Welt beziehen.

Friedrich Nietzsche

Die Philosophie bedeutete für mich nicht nur die Hoffnung auf mehr intellektuelle Klarheit, sondern bot mir auch ein neues Weltbild, einen Ausweg aus meinem bedrückenden Dasein oder zumindest eine Chance, es zu ertragen. Wenn die Depression durch mein Weltbild bedingt war, dann konnte ich ihr wohl am ehesten dadurch entkommen, dass ich quälende Konzepte über Bord warf und mir eine neue, vielleicht weniger schmerzhafte Perspektive auf das Dasein aneignete.

Spätestens seit Aristoteles gab es in der Philosophie eine Tradition des eher analytischen Denkens, das akribisches systematisches Differenzieren favorisierte und nicht pauschale Einsichten. Diese Denkweise unterschied zwischen theoretisch lösbaren Problemen und solchen, denen mit Logik nicht beizukommen ist. Offenbar hängt es von der eigenen mentalen Veranlagung ab, ob man die Frage nach dem Sinn des Lebens lieber mit wenigen klugen Worten über ausgewählte Aspekte beantworten möchte oder mit einfachen Worten über viele Aspekte – und dann womöglich zu viel sagt.

Metaphysische Denkweisen sind zwar sehr verlockend, doch zahlt man für ein konzeptuelles, abstraktes Verständnis seiner selbst und der Welt einen hohen Preis. Im Laufe der 2500-jährigen Geschichte der Philosophie verlor diese Disziplin zunehmend an Bedeutung. Wie kein anderes Fachgebiet ist die Philosophie immer wieder gezwungen, ihre Daseinsberechtigung zu demonstrieren. Dabei kehrt jede Generation zur schwer fassbaren Kernfrage zurück: Was ist eigentlich Philosophie? Was behauptet sie zu wissen, was will sie vermitteln und inwiefern sind diese Erkenntnisse von Wert? Die Naturwissenschaften haben jede für sich ein fest umrissenes Forschungsgebiet. Grenzstreitigkeiten einmal beiseitegelassen, stehen Zweck und Zuständigkeitsbereich von Chemie, Physik oder Biologie weitgehend außer Frage. Ähnlich ist es mit der Kunst: Sie will zwar allgemeingültige Aussagen über das menschliche Dasein treffen, erhebt aber nie den verwegenen Anspruch, ihre Erkenntnisse seien ein für alle Mal unveränderlich und entsprächen der Realität.

Auf meinem Weg durch die Geschichte der Philosophie wurde mir immer klarer, dass bei den Denkern, zu denen ich mich am stärksten hingezogen fühlte, zwischen Literatur und Philosophie nur ein schmaler Grat verlief. Oft war es der irgendwie größenwahnsinnige Wunsch, die eigene

Weltsicht als allgemeinverbindlich zu postulieren. Anders als die Naturwissenschaften oder die Kunst versucht die Philosophie, die Welt zu begreifen und Aussagen über Wissen und Verstehen, über das Dasein generell zu treffen. Mehr und mehr stellte sich für mich die Frage, ob sie uns überhaupt etwas sagen konnte.

Die Vorstellung von Philosophie allein als Bogen der metaphysischen Tradition weist erhebliche Lücken auf. Neben der rationalistischen Metaphysik gibt es ein anderes, fundierteres und greifbareres Verständnis von Philosophie als Werkzeug, das die Wahrhaftigkeit unseres Wissens untermauern soll und erklären will, warum die Naturwissenschaften einen solchen Aufschwung erlebten und wieso wir überhaupt in der Lage sind, die Welt zu erforschen. Um zu verstehen, worum es bei diesen beiden Strängen der Philosophie geht, muss man ins 17. Jahrhundert zurückgehen und sich ein durch und durch britisches Phänomen ansehen: den Empirismus.

Der Begriff leitet sich vom griechischen *empeiria* her und ist historisch mit der Vorstellung verknüpft, Erkenntnisse werden durch konkrete Erfahrungen erworben, ohne Rückgriff auf Theorie und Abstraktion. Der britische Empirismus, wie ihn vor allem der Engländer John Locke (1632–1704) und der Schotte David Hume (1711–1776) vertraten, wandte sich gegen Descartes' Maxime, dass unsere Sinne keine tragfähigen Erkenntnisse liefern könnten. Von der Vorliebe für schlichte Worte bis hin zum gesunden Menschenverstand spiegeln sich in wohl keiner anderen Richtung der Philosophie Charakter und Naturell der angelsächsischen Welt so wider wie im Empirismus.

John Locke wurde in der Nähe von Bristol geboren und studierte am Christ Church College in Oxford. Er verfasste nicht nur ein umfangreiches philosophisches Werk, sondern war auch Mediziner und schuf mit seinen politischen Schriften die konzeptionelle Grundlage für die moderne liberale Demokratie. Locke war klug, erfinderisch und von einem weitreichenden Forschergeist angetrieben – und er stand mit beiden Beinen fest auf dem Boden.

In seiner Abhandlung *An Essay Concerning Human Understanding* (*Über den menschlichen Verstand*) beschrieb Locke 1690 das Bewusstsein des Menschen als „leeres Kabinett", das erst durch Sinneswahrnehmungen „eingerichtet" wird. Demnach ist bei unserer Geburt unser Geist ein unbeschriebenes Blatt, das erst Zug um Zug durch Sinneseindrücke beschrieben wird. Erst wenn wir etwas erlebt haben, ziehen wir daraus abstrakte Schlüsse, etwa dass Frösche in der Regel hüpfen oder die Sonne jeden Tag auf- und untergeht. Während Descartes und die Rationalisten Erkenntnis als Weg vom Allgemeinen zum Besonderen (von der Theorie zur Empirie) postulierten, war Locke überzeugt, dass wir im Gegenteil vom Besonderen zum Allgemeinen gelangen, dass also die Erfahrung (Empirie) in Abstraktion mündet und nicht umgekehrt. Suchte Descartes eine solide rationale Grundlage für das Wissen, so standen für Locke und die Empiristen nicht rationale Prinzipien, sondern Erlebnisse im Vordergrund. Bei Locke ist das Ich von Grund auf rezeptiv (aufnehmend) und das Ergebnis unzähliger Erfahrungen und Empfindungen im Verlauf des Lebens, ansonsten aber weder festgefügt noch maßgeblich.

Obwohl nominell noch dem christlichen Denken verhaftet, war Locke der Meinung, erst unsere Wahrnehmung der Welt sei Grundlage unserer Vorstellungen und damit unserer Identität. Die Seele oder eine gottgegebene Identität spielen bei Locke kaum eine Rolle. Das Ich ist bei ihm praktisch nur ein Gemisch aus sensorisch erworbenem Wissen und unseren daraus gezogenen Rückschlüssen. Heutzutage dürfte diese Sicht einem bestimmten Menschentypus, der sich einer materialistischen, wissenschaftlichen Weltsicht verschrieben hat, weitaus „exakter" erscheinen als die idealistische metaphysische Weltanschauung. Eine Generation später sehen wir bei Lockes Kollegen David Hume jedoch, dass die scheinbar so bodenständige Empirie gerade die wissenschaftlichen Erkenntnisse, für die sie anfangs wie geschaffen schien, letztlich doch nicht erklären kann, sofern nicht der Verstand ein Wörtchen mitzureden hat.

Der Schotte David Hume kam 1711 in Edinburgh zur Welt und nahm schon mit zwölf Jahren ein Hochschulstudium auf. Mit achtzehn gewann der frühreife junge Mann bereits so tiefgreifende philosophische Einsichten (deren genauer Inhalt bis heute ungeklärt ist), dass er sich dieser Fachrichtung fortan ganz widmete.

In Anlehnung an Locke wandte sich Hume in seinem Meisterwerk *A Treatise on Human Nature* (1739/40, dt.: *Ein Traktat über die menschliche Natur*) gegen das rationalistische cartesische Konzept der angeborenen Vorstellungen. Er begriff den Verstand vielmehr als *tabula rasa*, als eine Art Blankoformular, und das Ich lediglich als ein Bündel an Sinneseindrücken, das sich zwangsläufig nie selbst wahrnehmen könne. Hume hatte so gut wie keinen Bezug zur Religion. Für ihn gab es ausschließlich die materielle Welt: Der menschliche Verstand orientiert sich allein an der Erfahrung der sinnlichen Realität im fundamentalen Sinne. Weder die platonischen Ideen noch ein elementares Ich stehen außerhalb von Raum und Zeit. Es gibt keine transzendentalen Ideale, nach denen wir streben oder an denen wir die Welt messen könnten, sondern nur den unaufhörlichen Strom unserer Sinneseindrücke.

Nach Humes Verständnis stehen diese Eindrücke von der Welt und sogar vom eigenen Körper jeweils für sich und setzen sich aus vielen Einzelbestandteilen zusammen („Ich sehe einen Stuhl" oder „Ich friere"). Gerade diese Isoliertheit unserer Wahrnehmungen bedingte Humes tiefgreifende Skepsis gegenüber dem Kausalitätsprinzip ebenso wie seine Überlegung, dass man wohl nicht einmal die Grundvoraussetzung für wissenschaftliche Untersuchungen belegen kann, nämlich dass ein Ereignis zwangsläufig aus einem anderen folgt.

Wir haben es hier mit dem „Induktionsproblem" zu tun: Kausalität an sich lässt sich Hume zufolge nicht mit Erfahrungen begründen, etwa dass eine Billardkugel eine zweite beim Zusammenprall in Bewegung versetzt. Ganz gleich, wie oft A schon die „Ursache" von B gewesen ist, können wir daraus nicht mit dem von Hume geforderten Grad an Gewissheit ableiten, dass das eine Ereignis das andere tatsächlich verursacht hat: „An den Gegenständen [selbst] findet sich nichts von einer Verknüpfung; wir können nach keinem anderen Prinzip als dem der Gewohnheit und ihrer Einwirkung auf die Einbildungskraft aus dem Auftreten eines Gegenstandes auf die Existenz eines anderen schließen." Nach Hume ist die sogenannte Kausalität demnach kein wie auch immer geartetes starres Gesetz, das man anhand der empiristischen Messlatte von Erfahrungen beweisen könnte, sondern lediglich eine „geistige Gewohnheit", die wir uns zu eigen gemacht haben. Es gibt keine Grundlage dafür, dass zwei scheinbar miteinander verknüpfte Ereignisse (eine Billardkugel stößt eine andere an und versetzt sie hierdurch in Bewegung) bis in alle Ewigkeit in ihrer gegenwärtigen Konfiguration eintreten muss. Bertrand Russell als britischer Vertreter der analytischen Philosophie, selbst kein Freund des Idealismus oder Existenzialismus, schrieb 1945 in seinem umfassenden Werk *The History of Western Philosophy* (*Philosophie des Abendlandes*) über Humes Haltung zur Kausalität:

> „In Humes Philosophie, mag sie falsch oder richtig sein, kommt der Bankrott der Vernünftigkeit des achtzehnten Jahrhunderts zum Ausdruck. Wie Locke packt er seine Aufgabe mit der Absicht an, vernünftig und empirisch vorzugehen und nichts auf Treu und Glauben hinzunehmen, sondern zu untersuchen, was Erfahrung und Beobachtung zu lehren vermögen. Da er aber intelligenter als Locke ist, schärfer zu analysieren versteht und weniger fähig ist, Ungereimtes ruhig hingehen zu lassen, nur weil es bequem ist, kommt er zu dem unheilvollen Schluss, dass aus Erfahrung und Beobachtung nichts zu lernen ist. So etwas wie einen rationalen Glauben gibt es nicht [...]."

Mochten die Empiriker mit ihrem Beharren auf Erfahrung und Beobachtung auch ausgesprochen wissenschaftlich wirken, wurde ihr Postulat, unser gesamtes Wissen und Verstehen sei aus Sinneseindrücken abgeleitet, doch zunehmend unhaltbar, als sich Zug um Zug die mechanistische und nicht selten der Intuition widersprechende Natur des Universums offenbarte.

Allen Bemühungen der Empiristen zum Trotz ist die Welt erneut in konzeptuelle und sensorische Lager gespalten: auf der einen Seite gesunder Menschenverstand und Alltagserfahrungen, auf der anderen Wissenschaft und Physik. Letztere ist zwar unsichtbar, bildet aber dennoch die „wirklich wirkliche" Welt, die sich aus Atomen zusammensetzt: aus Planeten in Umlaufbahnen und Körpern, die sich nach festen Gesetzen bewegen.

Im Gefolge der scheinbar verheerenden Sackgasse, in die sich Hume manövriert hatte, stellt sich das Problem, wie man sowohl die Wissenschaft begründen als auch dem freien Willen moralischen Handelns einen Platz einräumen kann. Die Antwort kam aus Königsberg, von einem preußischen Philosophieprofessor namens Immanuel Kant.

Am nächsten Morgen erwache ich noch vor dem Morgengrauen. Durch das offene Fenster neben meinem Bett höre ich aus den Mammutbäumen das sanfte Gurren einer Taube. Ich will mich auf den Rücken drehen, muss aber feststellen, dass meine Wunden über Nacht angetrocknet sind und am schneeweißen Betttuch festkleben. Ich habe ein schlechtes Gewissen bei dem Gedanken, dass irgendjemand nun die

Folgen meiner Wundheilung beseitigen muss. Ich stehe auf und gehe ins Bad, befeuchte einen Waschlappen und versuche, die bernsteinfarbenen Kleckse, die meine Schürfwunden hinterlassen haben, aus dem Laken auszuwaschen. Aber alles Schrubben bewirkt nur, dass die Flecken minimal blasser werden. Aus dem Wohnzimmer schallt die Stimme eines Radiosprechers herüber, der auf Jacksons Mobiltelefon die BBC-Nachrichten herunterleiert. Es geht um Kriege und Bomben an Orten, an denen ich noch nie gewesen bin, gefolgt vom trockensten aller Themen, den Finanzmärkten: Dow Jones, DAX und FTSE steigen, fallen oder stagnieren. Mir fällt wieder einmal auf, dass Jackson, der mehr als zehn Jahre in Europa gelebt und gearbeitet hat, im Kopf noch immer auf beiden Kontinenten zuhause ist.

Im vertrauten Schweigen zwischen Freunden schütteln wir drei den Schlaf ab, duschen und beginnen, unsere Sachen zu packen. Über uns liegt eine dicke Nebelwolke. Ich trete auf die Veranda hinaus, atme tief ein und schaue zum Himmel.

„Beinlinge?", fragt Jackson.

„Und wohl auch eine Jacke und Langfingerhandschuhe", antworte ich. „Wenn es nachher wärmer wird, sind sie lästig, aber jetzt ist es einfach zu kalt." Wir ziehen uns an, füllen unsere Wasserflaschen und stopfen systematisch Riegel und Energy-Gel für den ganzen Tag in die Taschen unserer Trikots. Nach einem letzten prüfenden Blick in alle Räume, ob wir auch nichts vergessen haben, schwingen wir uns auf die Räder und rollen die Auffahrt hinunter. Ich fühle mich steif, aber sobald ich im Sattel sitze, geht es besser, als ich gedacht habe. Die Straße, die uns am Vorabend zu Fuß so lang vorkam, ist unter unseren Rädern schnell verschwunden, und schon erreichen wir Soquel.

Wir suchen und finden das Postamt, schicken unsere Pakete mit schmutziger Kleidung ab und betreten ein überfülltes Café. In unseren Radfahrer-Outfits wirken wir fehl am Platz. Wir setzen uns an einen Tisch am Fenster, damit wir unsere unverschlossenen Räder im Auge behalten können, bestellen und frühstücken in aller Ruhe. Beim Kaffee erzählt uns Jackson von einem Fahrer, den er trainiert und der bei der Weltmeisterschaft im Zeitfahren nur knapp das Siegertreppchen verpasst hat. Die Trainingsleistungen des Neuseeländers, seine Wattzahlen, wären für uns alle unvorstellbar gewesen. Dieses Niveau hatten Zach und ich immer angestrebt, aber nie ganz erreicht.

Die von Jackson betreuten Fahrer der World-Tour-Radteams und Tour-de-France-Sieger leben in der abgehobenen Welt italienischer Sportwagen und schicker Apartments in Monaco. Geschichten über diese Seite unseres Sports sind immer wie Berichte vom Mond. Während Jackson erzählt und gelegentlich an seinem Espresso nippt, merke ich, wie abstrakt mein Interesse an diesem Sport geworden ist. In einem sportlichen Umfeld älter zu werden, fühlt sich merkwürdig an. Die Topleute, die während eines Großteils meines Lebens älter waren als ich, sind mit einem Mal überwiegend zehn oder sogar fünfzehn Jahre jünger. Wichtiger als Talent oder Glück ist für Jackson die Arbeitsmoral. Er selbst ist der fleißigste Mensch, den ich kenne. Er wuchs größtenteils bei seinem alleinerziehenden Vater auf, und ihm wurde im Leben nichts geschenkt; trotzdem schaffte er es, allein mit dem Radfahren seine Familie zu ernähren.

Nachdem ich aufgehört hatte und Jackson immer noch Rennen fuhr, begleitete ich ihn im Spätwinter und Vorfrühling oft als Schrittmacher auf Nebenstraßen kreuz und quer durch die wellige Hügellandschaft südlich von San José. Meist trug er sein Nationalmannschaftstrikot, in der Hoffnung, falls uns eine Polizeistreife anhielt, wären die Beamten vielleicht patriotisch genug, uns ziehen zu lassen. Ich gab auf dem Honda-Motorroller die Geschwindigkeit vor, und Jackson fuhr wenige Zentimeter hinter dem Hinterrad in meinem Windschatten. Wie Schlauchreifen und Rollentrainer ist auch das Motortraining Profis heilig. Es hat unbestreitbar Vorteile, aber es ist natürlich auch nicht ungefährlich. Zu seinem Schrittmacher muss man bedingungsloses Vertrauen haben. Ein einziger unachtsamer Moment kann bestenfalls das Training ruinieren, schlimmstenfalls einen katastrophalen Unfall zur Folge haben, wie Ende der 1960er Jahre, als Eddy Merckx' Schrittmacher ums Leben kam.

Im Geknatter des Rollers läuft alles instinktiv ab. Manchmal ruft der Radfahrer seinem Schrittmacher kurze Hinweise zu, „up" für schneller oder „down" für langsamer. Zwischen Jackson und mir bedurfte es keiner Worte. Ich sah einfach in den Spiegel des Rollers und las seinen Gesichtsausdruck und seine Körpersprache. Mit dem Wissen aus Tausenden gemeinsamen Trainingsstunden wusste ich intuitiv, wie schnell er diese oder jene Steigung nehmen konnte, und lockerte meine Hand am Gasgriff, damit Jackson nicht über sein Limit getrieben wurde. Die Kombination aus Vertrauen, Geschick,

Geschwindigkeit und dem Erfolg meines Freundes weckte in mir ein Hochgefühl. In mein Gedächtnis eingebrannt hat sich die merkwürdige Rückkopplung der Eigenwahrnehmung. Was ich fühlte, war nicht nur Glück, sondern mir war zugleich bewusst, dass ich genau in diesem Moment – auf einer Landstraße auf einem ramponierten Roller mit dem Wind im Gesicht – glücklich war.

Die Zeit rückt vor, und da wir noch mindestens sieben Stunden auf den Rädern vor uns haben, trinken wir unseren Kaffee aus, gehen an den Familien, die sich in der Nähe der Tür tummeln, vorbei, setzen die Helme auf und machen uns auf den Weg nach Süden zu unserem heutigen Ziel: Big Sur, Kalifornien.

Wie begreift ein durchschnittliches Individuum in einer modernen Industriegesellschaft die Grundbedingungen seiner Existenz? Was hat diese Einstellung mit dem naivem Empirismus eines David Hume gemein?

Unser hypothetischer moderner Mensch kommt quasi als unbeschriebenes Blatt zur Welt und versucht nun, sich im Leben zurechtzufinden. Um in unserer gnadenlosen Wettbewerbsgesellschaft zu überleben, lernt er also, welche Handlungen welche Konsequenzen haben. Die konzeptionellen Grundanforderungen, die an Durchschnittsmenschen in einer Industriegesellschaft gestellt werden, sind nicht zu unterschätzen. Man muss Rechnungen und Steuern bezahlen, unfallfrei Auto fahren und irgendwie seinen Lebensunterhalt verdienen. All das ist keineswegs trivial. Versuchen wir, den Anforderungen gerecht zu werden, fördert dies eine bestimmte Weltanschauung. Implizit umfasst das Arrangement die Überzeugung, die sinnlich wahrnehmbare Realität entspreche der Wahrheit, sei also „wirklich wirklich", und die Worte und Bilder, mit denen wir die Welt beschreiben, seien nicht nur willkürlich gewählt. Im Einklang mit Hume lernen wir sowohl durch selbst gemachte Erfahrungen als auch durch Bildung, das heißt die kodifizierten formalen Erfahrungen anderer. So gesehen ist Wissen in der Tat Macht, nämlich die Fähigkeit, vorauszusehen und zu verstehen, wie sich die Dinge in der Welt verhalten werden. Je mehr man über die Realität weiß, desto eher ist man in jeder Hinsicht „erfolgreich". Die Welt prägt den menschlichen Verstand, und je genauer das Bild ist, das man von der Außenwelt hat, desto eher ist man in der Lage, sie zu steuern.

Doch dieses Weltbild, und mag es noch so verbreitet sein oder auf der Hand liegen, scheitert an den eigenen Vorgaben, denn es zeigt sich, dass Erfahrung allein noch keine Erklärung dafür liefert, wie wir lernen und selbst die grundlegenden Aspekte der Welt vorhersehen können. Es wird dann erstaunlich schwierig, schon etwas so Grundlegendes zu beweisen wie die Kausalitätskette zwischen zwei Ereignissen. Darüber hinaus geht es der modernen Forschung gar nicht darum, eine „wirklich wirkliche" Realität zu entschlüsseln. Zudem stellte ich persönlich fest, dass das Selbstbild, das ich anhand dieser reduktionistischen Perspektive aufbaute, Gefühle von Einsamkeit und Isolation auslöste, in jeder Hinsicht abgekoppelt und entfremdet von der Welt und meiner Existenz zu sein. Interessant ist dabei die Frage, wie wir eigentlich wissen können, was wir wissen.

Die Metaphysik ist nicht lediglich ein Fluchtweg aus einer vorgegebenen offenkundigen Realität, sondern eine Voraussetzung dafür, dass die sogenannte Alltagsrealität so abläuft, wie sie es augenscheinlich tut. Bisher haben wir die Geschichte der abendländischen Philosophie aus dem Blickwinkel der Metaphysik verfolgt. Mit derselben Berechtigung könnte man ihren Werdegang aber auch mit einer anderen Fragestellung betrachten: Wie ist es überhaupt möglich, dass wir etwas über die Welt wissen können? Gerade diese Frage nach Wissen, Kontrolle und den Schnittmengen zwischen der Welt und unserer Wahrnehmung trieb die Philosophie in mehr als einer Hinsicht in die abstrakten, metaphysischen Nebenstraßen und Sackgassen, die Nietzsche so scharf kritisierte. Paradoxerweise führt die Suche nach der „wirklichen Wirklichkeit" das strenge Denken schnell fort von der sinnlichen Welt. Und wie wir bei Descartes gesehen haben, war die Befürchtung, den Sinnen sei letztlich nicht zu trauen, denn alles könnte nur ein Traum sein, nicht abschließend ausgeräumt.

David Hume brachte dieses Dilemma mit der ihm eigenen Präzision und logischen Strenge auf den Punkt: Eine allein auf unsere Sinne gestützte wissenschaftliche Weltanschauung könne keine ausreichende Erklärung für etwas so Grundlegendes wie Kausalität liefern. Damit ebnete er den Weg für den wohl eminentesten philosophischen Geist der Menschheitsgeschichte: Immanuel Kant.

Am Scheideweg zwischen moderner Wissenschaft und Religion bemühte sich Kant um eine Erklärung für die sogenannten Naturgesetze, jedoch unter Einbeziehung individueller moralischer Entscheidungen. Kant war mit dem britischen Empirismus vertraut. Auch dass sich Hume mit seiner Erklärung der Kausalität in eine Sackgasse verrannt hatte, wusste Kant. Dennoch war es nach seinen eigenen Worten ausgerechnet Hume gewesen, der ihn aus seinem „dogmatischen Schlummer“ gerissen hatte.

Um Humes sogenanntes Induktionsproblem zu überwinden, versuchte es Kant mit einer Umkehrung der Grundaussage darüber, inwieweit unsere Wahrnehmungen mit der Welt übereinstimmen. Nach seiner Auffassung ist der Verstand kein unbeschriebenes Blatt, das von der Welt gefüllt wird. Vielmehr ordnet unser Verstand das, was wir von der sensorischen Realität wahrnehmen. Unser Gehirn filtert die Welt nicht nur mithilfe unserer Sinne, sondern auch durch Erkenntnisweisen (einschließlich Kausalität), die weder in der Welt zu finden noch aus unserer Sinneserfahrung ableitbar sind.

Diese Umkehrung – eine Wende, die den Verstand des Menschen als aktiven Gestalter der Wirklichkeit ins Zentrum rückt – war schlichtweg revolutionär, vergleichbar den seismischen Wellen, die Kopernikus auslöste, als er die Sonne anstelle der Erde in den Mittelpunkt des Sonnensystems rückte. In seiner *Kritik der reinen Vernunft* von 1781 schrieb Kant:

> „Wenn die Anschauung sich nach der Beschaffenheit der Gegenstände richten müsste, so sehe ich nicht ein, wie man a priori von ihr etwas wissen könne; richtet sich aber der Gegenstand (als Objekt der Sinne) nach der Beschaffenheit unseres Anschauungsvermögens, so kann ich mir diese Möglichkeit ganz wohl vorstellen.“

Gewisse Formen menschlichen Empfindens schreiben uns vor, wie wir die Wirklichkeit als solche verstehen, und nur anhand der mitgebrachten Konzepte, die Kant als „Kategorien des Verstandes" bezeichnet, können wir unseren Wahrnehmungen einen Sinn geben und das schaffen, was wir „Wirklichkeit" nennen.

Ein Gedankenexperiment hilft, Kants radikale Wende zu verstehen. Unser Seh- und Hörvermögen ist bekanntlich auf wenige Wellenlängen beschränkt. Hätten sich diese Organe jedoch anders herausgebildet, sodass wir infrarotes Licht sehen oder höhere Frequenzen hören könnten, sähe die Wirklichkeit völlig anders aus. Dasselbe gilt für die Kategorien des Verstandes, mit denen wir uns ein Bild von der Welt machen. Die Wirklichkeit ist nicht festgefügt, sondern wird erst von den Strukturen unseres Verstandes gestaltet und geprägt.

Kant sah also keine Möglichkeit, dem „wirklich Wirklichen" beizukommen, räumte aber ein, es existiere in der Welt von Raum und Zeit etwas, das unsere Sinneswahrnehmungen bedinge. Diese unzugänglichen und für immer unfassbaren Gegenstände nannte er „Dinge an sich": „Gleichwohl wird, welches wohl gemerkt werden muss, doch dabei immer vorbehalten, dass wir eben dieselben Gegenstände auch als Dinge an sich selbst, wenn gleich nicht *erkennen*, doch wenigstens müssen *denken* können. Denn sonst würde der ungereimte Satz daraus folgen, dass Erscheinung ohne etwas wäre, was da erscheint."

Kant überwand zwar Humes skeptischen Empirismus unter Berücksichtigung des wissenschaftlichen Fortschritts, führte uns damit jedoch zurück in eine zweigeteilte Welt: Auf der einen Seite die sichtbare Welt der sinnlich wahrnehmbaren Phänomene, auf der anderen Seite diejenige der „Dinge an sich“. Diese sogenannten Noumena sind nach seiner Definition auf ewig nicht nur unbekannt, sondern grundsätzlich *unerkennbar.* Sie existieren zwar, doch werden wir sie nie unmittelbar erleben.

Um Kants Haltung zu verstehen (und seine Metaphysik nicht mit dem Platonismus zu verwechseln), muss man sich in erster Linie vor Augen halten, dass seine noumenale Welt der „Dinge an sich“ weder dem Denken noch der Wahrnehmung zugänglich ist und daher niemals sozusagen als ultimativer Maßstab oder Ideal dienen kann, wie es bei Platons Ideen der Fall war. Aus Kants Sicht lässt sich über die von der Wahrnehmung unberührten Noumena keine vernünftige Aussage treffen. Die rationale, erfassbare Welt ist demnach begrenzt und umschrieben. Durch die Zweiteilung der Welt zeigt Kant die Grenzen des rationalen Denkens und Forschens auf. Weil wir aber nie unmittelbaren Kontakt mit den „wirklich wirklichen“ Gegenständen in der Welt haben können, müssen wir uns mit unseren begrenzten Wahrnehmungsmodi begnügen und uns in Ermangelung letztgültiger Maßstäbe die Welt unter allzu menschlichen Bedingungen vorstellen.

Die Begegnung mit Kant veränderte meine Wahrnehmung der Welt noch mehr als die mit anderen Denkern. Kant war Theoretiker par excellence, und das macht seine Schriften bei aller Präzision etwas trocken. Seine Kernaussage jedoch ist in ihrer Radikalität faszinierend: All deine Konventionen sind wertlos, aber überdies ist auch nichts von dem, was du für wichtig hältst, auch nur ansatzweise wirklich. Behaftet mit einem „Ekel", wie ihn Sartre beschrieb, erscheint die Welt buchstäblich merkwürdig, wenn wir erkennen, dass wir über unsere Beobachterrolle hinaus auch die Macht und Freiheit besitzen, die Realität aktiv zu gestalten. Kant war selbst den allerersten Protoexistenzialisten voraus; dennoch ist der Existenzialismus kaum vorstellbar, hätte Kant mit der zentralen Rolle des menschlichen Verstands nicht eine Kopernikus ebenbürtige Wende, eine Revolution, eingeleitet: Du bist nicht nur die Welt, sondern die Welt – soweit wir sie überhaupt begreifen können – ist jede und jeder Einzelne von uns.

Kant wird oft als gefühlskalter urdeutscher Systematiker dargestellt. Dagegen spricht jedoch eine Begebenheit kurz vor seinem Tod, die Erwin Panofsky in seinem Essay „Kunstgeschichte als geisteswissenschaftliche Disziplin" wiedergab:

> „Neun Tage vor seinem Tod erhielt Immanuel Kant den Besuch seines Arztes. Alt, krank und nahezu blind, erhob er sich aus seinem Stuhl und stand zitternd vor Schwäche da, unverständliche Worte murmelnd. Schließlich erkannte sein treusorgender Freund, dass er sich nicht eher wieder setzen würde, als bis der Besucher Platz genommen hätte. Das tat er, dann ließ sich Kant in seinen Stuhl helfen, und nachdem er wieder etwas zu Kräften gekommen war, sagte er: ‚Das Gefühl für Humanität hat mich noch nicht verlassen.'"

Immer dann, wenn das Chaos die Oberhand zu gewinnen scheint, jede Handlung sinnlos und jede Entscheidung relativ wird, kommt in der Geschichte des abendländischen Denkens dieselbe uralte Dualität wieder zum Vorschein wie in Schillers Gedicht *Ode an die Freude,* das Beethoven in seiner 9. Sinfonie vertont hat:

Ahndest du den Schöpfer, Welt?
Such' ihn überm Sternenzelt,
über Sternen muss er wohnen.

Das Leben ist offensichtlich nicht nur flüchtig, sondern auch von Grund auf unfassbar. Immer anderswo. Immer „über Sternen".

Ab Santa Cruz ist der Highway 1 eine mehrspurige Autobahn und für Radfahrer zu gefährlich. Wir weichen deshalb auf Landstraßen aus, während wir der geschwungenen Sichel der Monterey Bay nach Süden folgen. Kurz hinter Carmel-by-the-Sea stoßen wir wieder auf den Highway 1, der hier erneut zweispurig ist, und fahren die letzten rund 40 Meilen zu einem Ort, der mir geradezu heilig ist: Big Sur.

Auf unserem Weg durch die küstennahen Wohnviertel südlich von Soquel fühle ich eine seltsame Vertrautheit mit den spielenden Kindern und gemütlichen Hausbesitzern. In diese Art Leben kann ich mich gut hineinversetzen und die zahllosen Zeichen der Gegenstände und Menschen deuten, obwohl ich ihnen nie begegnet bin. Als wir an einem Mann vorüberfahren, der sein Auto wäscht, überkommt mich der schwindelerregende Gedanke an all die Leben, die ich nie leben werde. Das große „Was wäre, wenn ...". Mein

Selbstbild, meine Identität, die ich mit so viel Mühe herangezüchtet habe, ist lediglich eine Aneinanderreihung unzähliger Zufälle und Rückkopplungsschleifen, die ohne mein Zutun abgelaufen sind. Einen Moment lang beschleicht mich Angst. Vor mir höre ich Jackson über etwas lachen, das Zach gesagt hat, aber ich verstehe nicht, worum es geht. Sekunden später zeigt Jackson auf einen Pinienzapfen auf der Straße, ruft „Hibbs!" und schnippt ihn geschickt mit dem Vorderrad aus dem Weg, ohne auch nur abzubremsen. Und allein das katapultiert mich wieder in das vertraute Terrain meines Lebens.

Schon bald lassen wir die gepflegten Villenviertel von Aptos und Seascape hinter uns und fahren auf einer einsamen Straße am Meer entlang, bis sie ins Landesinnere abzweigt und uns in die Weite frisch bestellter Felder führt. Bis auf den einen oder anderen Traktor herrscht auf diesen Straßen so gut wie kein Verkehr. Ich kann mich entspannen, denn selbst wenn sich ein Auto nähert, ist es in der baumlosen Ebene gut zu sehen und zu hören.

Als wir an eine kleine Steigung kommen, greifen wir praktisch unisono nach den Schalthebeln und stehen aus dem Sattel auf. Wir alle sind mit denselben Radsporthelden aufgewachsen, haben ihre Bewegungsabläufe in unzähligen Videos eingesogen, und sogar heute noch bewegen wir uns auf dem Rad wie sie. Jackson und ich wie Vandenbroucke, tief über den Lenker gebeugt, die Handgelenke nur leicht nach innen abgeknickt, Zach eher mit tiefer Ferse im Stil des Schweizer Zeitfahrers Fabian Cancellara oder des kraftvollen Jan Ullrich.

Am Ende der Wirtschaftswege biegen wir nach rechts ab und landen auf einer viel befahrenen zweispurigen Schnellstraße. Nur wenige Meter von uns entfernt brausen Autos vorbei. Wir reihen uns intuitiv hintereinander ein und geben Gas, um es möglichst schnell hinter uns zu bringen. Wie wir es von der Mannschaftsverfolgung kennen, führt jeder von uns im schnellen Wechsel, um das Tempo zu halten. Dank leichtem Gefälle und kräftigem Rückenwind sind wir fast genauso schnell wie die Autos auf der Fahrbahn neben uns. Praktisch alle Radrennfahrer, die ich kenne, sind versessen auf Geschwindigkeit. Man denkt unweigerlich an Aldous Huxley: „Geschwindigkeit, so scheint mir, bereitet uns das einzige wahrhaft fortschrittliche Vergnügen."

Die meisten Menschen erfahren Geschwindigkeit in geschützten Kontexten, in bequemen Zügen, dahingleitenden Flugzeugen und stabil konstruierten Autos. Auf dem Fahrrad hingegen erlebt man Tempo unmittelbar und mit allen Sinnen. Immer schneller verschwindet die Straße unter meinen schmalen Reifen, während der Fahrtwind alles andere überdröhnt. Als Jackson an mir vorbeidriftet, erhasche ich einen Blick auf das Display an seinem Lenker: 76 km/h! Sobald ich wieder die Zugführung übernehme, suche ich die Straße nach Geröll ab, sehe aber nur glatten Asphalt. Ich schalte in den höchsten Gang, beuge mich über den Lenker und fahre weiter auf Tempo. Wie Graham Greene, der als junger Mann Russisch Roulette spielte, nur um sich lebendig zu fühlen, rissen mich früher die Risiken, die ich auf abschüssigen Strecken und den letzten Kilometern eines Rennens einging, aus meinen deprimierenden Lebensbetrachtungen, in die ich so leicht abglitt. Ein Beinahe-Zusammenstoß mit einem entgegenkommenden Auto oder ein drohender Absturz von einer Bergstraße schreckte mich dann auf. Mir hämmerte das Herz in meiner Brust vor Adrenalin, und mit einem Mal erstrahlte die Welt in neuem Glanz.

Die Neigung wird noch stärker. Wir fahren alle drei in den höchsten Gängen, auf unsere Oberrohre gekauert, die Hände weit oben auf den Lenkern in einer Art *death tuck,* ähnlich wie Abfahrtsläufer auf Skiern. Aerodynamisch, aber mit den Händen weit weg von den Bremsen, überholen wir auf einmal die Autos neben uns. Ich spüre das Oberrohr zwischen meinen Knien, während ich den Lenker genau dort fest umklammere, wo er am glatten Carbon des Vorbaus ansetzt. Kurz hinter der Kuppe höre ich Zach über das Rauschen des Windes hinweg brüllen: „94 km/h!“

Als wir uns dem Meer nähern, weichen die Hügel den Sümpfen des Elkhorn Slough. Schneeweiße Kraniche auf bleistiftdünnen Beinen setzen anmutige Akzente, und im dunklen Brackwasser, Lebensraum von Fischen und Insekten, wächst Schilf. An der zum Meer gewandten Straßenseite erinnern nach Ehefrauen, Geliebten und Müttern getaufte Fischerboote mit verwittertem Anstrich an die hier einst blühende, jetzt aussterbende maritime Kultur. Die Straßenränder werden breiter, und der Asphalt geht in glatten, grauen Beton über, als wir auf einer Brücke die Flussmündung überqueren. Hinter einer Kurve kommen die riesigen Schornsteine des Gaskraftwerks Moss Landing in Sicht.

Die Städtchen, die sich entlang der Monterey Bay aneinanderreihen, von Seaside über Pacific Grove bis Carmel, blicken auf eine lange Geschichte zurück. Im Vergleich zur Bay Area ist diese Bucht nur dünn besiedelt, und anstelle der Gewerbegebiete und Wohnsiedlungen des Santa Clara Valley mischen sich hier die von John Steinbeck geschilderten Konservenfabriken, Farmen und Sträßchen mit den Villen gut Betuchter, die der Bay Area auf der Suche nach Ruhe den Rücken gekehrt haben. Der Nebel kriecht hier bis ins Landesinnere, und eine kühle Meeresbrise durchweht die Zweige von Zypressen, die sich sehnsüchtig nach dem dunklen Wasser des Pazifiks recken.

Rund eine Stunde lang sind wir auf einer Nebenfahrbahn des Highways unterwegs und kommen dann an einen Radweg, der parallel zum Meer verläuft. In Monterey schlängeln wir uns durch die Innenstadt, weichen Spaziergängern und Joggern aus, vorbei an Parks mit grillenden Grüppchen, und erreichen schließlich einen Yachthafen mit ordentlich aufgereihten Segelbooten. Es riecht intensiv nach fauligem Gewässer und verrottendem Seetang. Als wir einen Golfplatz passieren, wandert mein Blick zum Himmel: In der Ferne haben sich die Kondensstreifen zweier Düsenjets gekreuzt und bilden vor weißen Federwölkchen am Himmel über uns ein exakt lineares X.

An einer Kreuzung biegen wir auf der Suche nach Verpflegung kurz zur Landseite hin ab. Die einstige Garnisonsstadt vermittelt ein beruhigendes Gefühl institutionalisierter Ordnung. Die breiten Straßen sind gemächlich, und zwischen den niedrigen Gebäuden in dezenten Grau- und Grüntönen hat man den Eindruck, wer es sich leisten kann, wird hier von Steuerberatung über Zahnarztbehandlung bis

Psychotherapie diskret und sicher bedient: Keine Sorge, wir erledigen das für Sie.

Häuserblock für Häuserblock reihen sich kleine Bürogebäude aneinander, aber nirgends gibt es etwas zu kaufen. Schließlich finden wir eine Tankstelle mit Toiletten und einem kleinen Shop. Wir steigen ab und lehnen unsere Räder an die Wand gegenüber den Zapfsäulen. Ich bin hungrig, aber nicht ausgehungert. Während Zach und Jackson in den Shop gehen, bleibe ich bei den Rädern.

„Was sollen wir dir mitbringen?“, fragt Jackson.

„Vielleicht ein Snickers und ein Gatorade“, antworte ich. Jackson nickt, sucht in seinem Trikot nach der Kreditkarte und marschiert unter lautem Klackern der Kohlefasersohlen in den Shop.

Normalerweise kaufen unterschiedliche Leute in unterschiedlichen Läden ein, gehen auf unterschiedliche Schulen und leben in unterschiedlichen Stadtvierteln. Amerikanische Tankstellen dagegen sind die großen Gleichmacher. Ich beobachte die Leute, wie sie kommen und gehen: ein Gärtner in einem weißen Pick-up, ein Trupp Betonarbeiter und eine Frau mit dunkler Haarmähne und Sonnenbrille wie Jacqueline Onassis, die aus einem Mercedes steigt. Ein Geruch steigt mir in die Nase, ich sehe nach und entdecke eine Zigarettenkippe, die noch im Sand des Aschenbechers neben mir glimmt.

Jackson und Zach kommen zurück. Wir füllen unsere Trinkflaschen auf, kramen aus den Taschen unserer Trikots alle leeren Verpackungen des Tages und werfen sie in den Mülleimer. Auf der Zunge das vertraute süße Zitrusaroma des Gatorade, schwingen wir uns in den Sattel und fahren weiter. Wir sind wieder in unserem eigenen Radfahrkosmos.

Kants „kopernikanische Wende“ ist ein Beispiel dafür, warum die Gegenkultur die Philosophie so attraktiv fand. Im Amerika der Nachkriegszeit mit seinem erstickenden Konformismus lautete die radikalste vorstellbare Gegenposition, die Bedingungen der Realität an sich seien nicht so selbstverständlich wie behauptet. Psychedelische Drogen boten eine Abkürzung zu der Erkenntnis, dass die Realität eigentlich nur ein soziales Konstrukt ist, das uns durch Indoktrination eingebläut wird. Auf einmal konnte sich Timothy Learys Empfehlung „Turn on, tune in, and drop out“ auf ein komplettes philosophisches Gedankengebäude stützen, demzufolge die Dinge nicht so sind, wie sie zu sein scheinen. Kurz gesagt: Im Grunde genommen gibt es die Welt nur in unserem Kopf.

Ausgehend von der modernen Physik, die das Beobachtete zwingend vorschreibt, bedingen sich das Ich und das Andere (der/die Beobachtende und der/die/das Beobachtete) immer gegenseitig. Die Realität ist viel eigenartiger und widerspricht der Intuition mehr, als man uns glauben machen will. Wenn wir aber die Wirklichkeit aktiv gestalten, erlöst uns das von dem weit verbreiteten Gefühl, ein bloßer kosmischer Zufall zu sein, für immer auf uns selbst gestellt und dazu bestimmt, die Weiten eines uns fremden Planeten zu durchstreifen. Wenn wir uns von der Konvention lösen, wir uns allein und entfremdet fühlen, entfallen plötzlich die sozialen Spiele, die uns Realität vorgaukeln, und ganz neue Lebensweisen werden vorstellbar.

Für Menschen aus Kalifornien war und ist der Ort, an dem sie ihren Traum von einem völlig andern Leben verwirklichen können, in der idealisierten Theorie ebenso wie in der Praxis, am ehesten Big Sur. Von San Francisco und Los Angeles aus ist es mit dem Auto eine halbe Tagesreise zu dem knapp 90 Meilen langen zerklüfteten Küstenstreifen, an dem die Santa Lucia Range bis an den Pazifik heranreicht. Dieser pauschal als „Big Sur" bekannte Abschnitt ist ein Mekka für Aussteiger. Kunstschaffende können frei von gesellschaftlichen Konventionen ihre Kreativität ausleben. Hier ist es möglich, ein einfaches, authentisches Leben zu führen.

Jahrtausendelang war der Küstenabschnitt, den die Spanier *El Sur Grande* tauften, die Heimat indigener Völker wie der Esselen, Ohlone und Salinan. Obwohl es keinen Hafen gab und auch über Land kaum Wege dorthin führten, berichtete der portugiesische Seefahrer Juan Cabrillo schon 1542 von dem schmalen Küstenstreifen. Cabrillos Lotse, Bartolomé Ferrer, schrieb über die fast senkrechte Steilküste von Big Sur: „Die Gegend ist sehr hoch. Die Berge scheinen bis in den Himmel zu reichen, und die Meereswellen schlagen an ihren Fuß. Segelt man nah am Land entlang, ist es, als würden sie auf die Schiffe herabstürzen." Aufgrund dieser steilen Topografie war Big Sur bis weit ins 19. Jahrhundert praktisch von der Außenwelt isoliert, mal abgesehen von sporadischen Holzfällerlagern und wilden Siedlungen. Wie so oft in den USA gab der Bau einer Straße – in diesem Fall des

Big Sur Highway und späteren Highway 1 – den Anstoß zu einer Entwicklung, die dem Gebiet sein heutiges Gesicht verlieh. Die 1937 eingeweihte Strecke führt vom Malpaso Creek im Norden bis zum San Carpóforo Canyon in der Nähe der Stadt San Simeon im Süden. Die zweispurige Serpentinenstraße verläuft zwischen fast senkrechten Klippen und über eine Reihe von Brücken über Bäche und Meeresbuchten. Sie bildet den einzigen Zugang zu diesem langen Küstenabschnitt am westlichsten Ende des nordamerikanischen Kontinents.

In den späten 1930er und frühen 1940er Jahren wurde Big Sur zum Magneten für eine intellektuelle Bohème aus Kunst, Dichtung und Musik. Einer von ihnen war der Schriftsteller Henry Miller. Er mietete 1942 zunächst ein Ferienhaus in Big Sur und zog 1944 mit seiner Frau Janina Martha Lepska (die Philosophiestudentin war, aber ein Stipendium in Yale abgelehnt hatte, um ihn zu heiraten) in ein Häuschen an der Partington Ridge Road im Herzen von Big Sur.

In einem Brief an seinen Schriftstellerkollegen Lawrence Durrell schilderte Miller 1945 ihr dortiges Leben. Seine Zeilen geben genau das Klischee vom einfachen, ehrlichen Landleben wieder, für das Big Sur in der kollektiven Vorstellung fortan stehen sollte:

> „Und ich habe eine wunderbare Hütte, weißt du, spottbillig – zehn Dollar im Monat. Ich habe eine junge Frau (21), ein Baby ist wahrscheinlich unterwegs. Ich habe Essen in der Speisekammer, Wein *à discretion*, heiße Schwefelbäder weiter unten an der Straße, Bücher die

> Menge, ein Plattenspieler ist bestellt, ein Radio ebenfalls, gute Petroleumlampen, einen Holzofen, einen offenen Kamin, eine Dusche und sehr viel Sonne und natürlich den Pazifischen Ozean, der immer menschenleer ist. [...] Dies ist jetzt der erste Lichtstreifen, den ich sehe, seit ich in Amerika bin. Ich öffne am Morgen die Tür, blicke zur Sonne, die über den Bergen aufgeht, und segne die ganze Welt, Vögel, Blumen und Tiere eingeschlossen."

Der Wegbereiter der Beat-Generation um Jack Kerouac empfand den Konformismus und Kapitalismus in den USA sozial und politisch, vor allem aber spirituell als lähmend. Big Sur war für Miller geradezu ein Heiligtum, das Gegenteil dessen, was er im Titel seiner Erinnerungen über einen Roadtrip kreuz und quer durch die USA einen „klimatisierten Alptraum" nannte. Big Sur bot eine Alternative zum kapitalistischen System, das mit sinnloser Arbeit und bequemer Zerstreuung die besten und klügsten Köpfe ihrer Seelen beraubte. In Anlehnung an das, was Nietzsche in seiner Verachtung für die „Herde" wohl über das moderne Leben gedacht haben mag, wetterte Miller gegen die geistlose Vergeudung von Lebenskraft, die er bei der amerikanischen Jugend beobachtete:

> „Die meisten talentierten jungen Männer, denen ich in diesem Land begegnet bin, machen einen leicht wahnsinnigen Eindruck. Wie sollten sie nicht? Sie leben unter

> geistigen Gorillas, sie leben mit Menschen, die auf Essen und Trinken versessen sind, mit Erfolgsbesessenen, Neuerungssüchtigen und Publizitätswütigen. Meine Güte, wenn ich heute ein junger Mann wäre, wenn ich mit einer Welt konfrontiert würde, wie wir sie geschaffen haben, ich würde mir eine Kugel durch den Kopf jagen."

Und die Lösung? Einfach aussteigen aus dem Spiel, das man als seelischen Alptraum empfindet. Energische Handlungsfähigkeit und Zielstrebigkeit, gepaart mit der Einsicht, dass die Gesellschaft krank ist und nicht etwa man selbst, zwingt zu einer Flucht zurück in ein ursprüngliches, unbeflecktes Paradies.

Für Generationen von Kaliforniern – mich eingeschlossen – war Big Sur ein physischer und zugleich ideeller Ort. In den 1960er Jahren lebte dort nicht nur Kerouac, sondern auch der Dichter Lawrence Ferlinghetti, es gab das berühmte Esalen-Institut als Zentrum des Human Potential Movement, das sich die Erforschung menschlicher Entwicklungspotenziale im Grenzgebiet zwischen fernöstlichen und westlichen Religionen auf die Fahne geschrieben hat, sowie Tassajara, das erste Zen-Kloster in den Vereinigten Staaten.

Als kalifornisches Pendant zu Thoreaus Walden Pond, Nietzsches Alpen oder Heideggers berühmter Schwarzwaldhütte in Todtnauberg wurde Big Sur zu einem Mekka für Menschen, die sich nach einem Blick hinter die Kulissen der sogenannten objektiven Realität fragten: *Wer bin ich denn wirklich?*

Es heißt, wo auch immer du hingehst, triffst du dich selbst. Was aber, wenn man begreift, dass diese Binsenweisheit stimmt? Oder noch radikaler, dass es gar kein Ich gibt, das man entdecken könnte, dass die eigene Identität nur ein Sammelsurium all der Selbstbilder ist, die einem von anderen aufgezwungen werden? Die Erkenntnis, dass es im Grunde der eigene Verstand ist, der die Realität formt, löst je nach Veranlagung Entsetzen oder Erleichterung aus. Angesichts des Wechselbads der Gefühle zwischen Freiheit und Angst auf einem menschenleeren Alpenpass oder an der zerklüfteten Pazifikküste verstummt der Lärm dessen, was Heidegger „das Man“ nennt – die gesichts- und namenlose Masse der Gesellschaft, die Reichtum anbetet und für ihre Zerstreuungen lebt und die überzeugt ist, die Wirklichkeit sei „da draußen“.

Kerouacs autobiografischer Roman *Big Sur*, in dem er, in vielerlei Hinsicht weniger zynisch als Miller, seine Flucht aus dem Rampenlicht nach dem durchschlagenden Erfolg *On the Road* (dt.: *Unterwegs*) schilderte, berührt mich. Weit entfernt vom abstrakten, distanzierten Wissen, das das philosophische Denken kennzeichnet, schreibt Kerouac: „In lauen Frühlingsnächten werde ich im Garten unter dem Sternenzelt stehen, und aus allem wird etwas Gutes werden, alles wird golden und ewig sein, einfach so, ohne dass ein weiteres Wort nötig wäre.“ Ein paar Seiten weiter steht ein aufschlussreicher Satz, der zeigt, wie elementar und weitreichend Kants kopernikanische Wende für die Gegenkultur war: „Allein die Vorstellungen in meinem Kopf zählen, das, was ich wahrnehme, muss nicht real sein.“

Für mich war Big Sur und alles, wofür es stand, der Ort, an dem ich mir wirkliche Freiheit vorstellen konnte. Ein Ort, an dem sich alle gesellschaftlichen Nichtigkeiten in Luft auflösten und ich – vorreflexiv – wieder wie ein Kind sein durfte. Unter den melancholischen Rufen der Seevögel würde ich eines Tages in das hineingleiten, was ich wirklich bin – so, wie man in die weichen Arme des Schlafes sinkt.

Kapitel 9

Nachdenken über das Denken

Das Denken beginnt erst dann, wenn wir erfahren haben, dass die seit Jahrhunderten verherrlichte Vernunft die hartnäckigste Widersacherin des Denkens ist.

Martin Heidegger

Südlich von Monterey erreichen wir den kleinen Küstenort Carmel-by-the-Sea mit seinen vielen Kunstgalerien, Restaurants und malerischen Steinhäusern, die den englischen Cotswolds entsprungen zu sein scheinen. Clint Eastwood war hier früher einmal Bürgermeister. Europäische Automarken an den Straßenrändern, elegant gekleidete Paare in den Straßencafés – hier biedert sich die Protzigkeit zugezogener Neureicher dem Wohlstand der Alteingesessenen an. Bemüht legt man Allüren an den Tag, die zu garantieren scheinen, dass auch man selbst, komme was wolle, sein Stück vom immer kleiner werdenden Kuchen des „American Dream" behaupten kann.

Aus der Stadt heraus führt eine ordentliche Steigung. Dahinter stoßen wir wieder auf den Highway 1, der allmählich durch flache, offene Seemarschen führt. In der weiten Ebene ragt nur hier und da eine Eiche auf. Eine steife Meeresbrise fegt durch die goldenen Grasflächen. Die Straße ist breit und verlassen. Nur gelegentlich zieht ein Auto ohne jede Eile an uns vorbei. Diese Straße führt spürbar nicht zu großen Firmensitzen, Einkaufszentren oder einem Flughafen. Vor uns zieht sich der Asphalt bis zum dunstig schimmernden Horizont. Strecken wie diese, bei denen man nur eine endlose Gerade vor sich sieht, können einen fertig machen. Im Radrennsport wie im Leben ist es aus Gründen des Selbstschutzes oft klug, *nicht* zu wissen, was auf einen zukommt. Es ist besser, jeden Moment so zu nehmen, wie er ist. Auf Straßen wie dieser sieht man einfach viel zu viel auf einmal vor sich.

Seit dem Ortsausgang von Carmel haben wir uns unterhalten und gelacht, aber jetzt werden wir alle drei still und konzentrieren uns auf die anstehende Aufgabe, in einem Tempo, das zwar nicht belastend, aber immerhin so fordernd ist, dass wir die zusätzliche Anstrengung des Redens vermeiden. Aus Entfernung wird Dauer. Den Blick starr nach vorn gerichtet, sehe ich, wie sich die Stunden vor uns in die Länge ziehen. Ich trete die Pedale in gleichmäßigem Tempo, den Rücken tief und die Hände auf den Bremshebelgummis. Meine Lunge füllt und leert sich rhythmisch im Takt meiner Pedaltritte; ein Schluck Wasser oder eine Gewichtsverlagerung auf dem Sattel, aber sonst kaum etwas, während unsere Reifen Meile für Meile fressen. Dass Langeweile uns zwangsläufig mit uns selbst konfrontiert, ist wieder einmal lehrreich. All die endlosen meditativen Phasen, in denen ich nichts anderes tat, als in die Pedale zu treten, waren einst Teil meines Lebens. Sie haben meine Fähigkeit gefördert, mich voll und ganz auf das einzulassen, was ich gerade tue.

Zach übernimmt die Führung. Der Wind dreht sich und drückt Jackson und mich zur anderen Straßenseite hinüber. Ohne Handschuhe spüre ich das weiche Lenkerband unter meinen Handflächen und bemerke, dass sich der Straßenbelag verändert hat: Irgendwann ist der glatte schwarze Asphalt dem von der Sonne ausgebleichten Grau eines älteren, raueren Bitumenbelags gewichen. So sehr ich mich auch bemühe, entspannt in das Meer der Realität ringsum zu sinken, filtert mein Bewusstsein weiter alles und blendet mehr aus, als es aufnimmt. Stunde um Stunde vergeht, praktisch ohne ein Wort. Wir machen uns gegenseitig auf Schlaglöcher und Scherben aufmerksam, aber ansonsten ist jeder von uns eingesponnen in seine Gedanken und Empfindungen, während er seine Energie sorgfältig einteilt und sich voll und ganz auf das konzentriert, was im Hier und Jetzt zu tun ist.

In der Stille drängen sich innere Landschaften zurück in mein Bewusstsein wie Geisterstädte, die ich angesichts der Ablenkungen des Alltags vor langer Zeit hinter mir gelassen habe. Ich frage mich, warum ich überhaupt von dort weggegangen bin – was und vor allem wen ließ ich zurück?

Die Moderne war von Anfang an geprägt von der allmählichen, aber unaufhaltsamen Ausbreitung der alles verschlingenden Logik des Kapitalismus. Zunächst wurden nur Dinge kommerzialisiert, dann griff die Logik des Marktes und des Fortschritts auch auf Kunst und Kultur über, bis schließlich wir selbst eine Ware wurden, die man kaufen und verkaufen kann. Bewertet durch Klicks und Likes, flüchten wir vor uns. Doch diese geheimen Orte, an die wir in der anhaltenden Stille sogenannter Langeweile zurückkehren können, verkörpern im Grunde das Mysterium des Lebens.

Während wir uns dem nördlichen Rand von Big Sur nähern, wird die Welt wieder rätselhaft.

Angenommen, mitten in der Nacht schliche sich ein Gott oder übernatürliches Wesen in unser Bewusstsein und böte an, jede erdenkliche Frage zu beantworten, etwa: „Warum existiere ich? Was ist der Sinn des Lebens? Warum gibt es etwas und nicht vielmehr nichts?" Angenommen, dieses Wesen sei allmächtig und allwissend, welche Antworten müsste es dann mindestens geben, damit die Welt sinnhaft wird und wir uns in unserer wieder heimisch fühlen? Angenommen, wir erhielten eine Antwort. Würden wir dann noch immer spüren, dass jenseits der Grenzen des Sagbaren ein erhabenes Geheimnis zurückbleibt?

Der Radsport hatte es mir längst gezeigt: Widmet man sich einer Aufgabe nur mit genügend Aufmerksamkeit, dann begreift man, dass Lebendig-Sein viel komplexer ist, als man es je in Worte fassen könnte. Mir wurde klar, dass die mir wichtigen Fragen ausgerechnet diejenigen waren, die nicht nur unbeantwortbar sind, sondern überdies gar nicht erst stellbar.

Die Philosophie des 20. Jahrhunderts gelangte in unterschiedlicher Form immer wieder an den Scheideweg zwischen dem, was rationaler Debatte würdig ist und was nicht.

Die Grenzen der Verständlichkeit sind hart umkämpft, und viele der Kombattanten rieben sich an dem berühmten Satz, den Martin Heidegger 1929 aufstellte: „Das Nichts selbst nichtet." Traf Heidegger damit nun eine tiefschürfende Aussage über das Wesen der Existenz? Und dass wir bei der hastigen Erforschung der Welt die wesentlichste aller Fragen übersehen haben, nämlich: „Warum gibt es etwas und nicht vielmehr nichts?" Mit Heideggers Worten: „Warum ist überhaupt Seiendes und nicht vielmehr Nichts?" Oder sind solche Fragen blanker Unsinn im Mäntelchen der Tiefgründigkeit?

Einer der schärfsten und zugleich brillantesten Kritiker Heideggers war der zeitgenössische Philosoph Rudolf Carnap. Er wurde zur Galionsfigur der philosophischen Schule des sogenannten logischen Empirismus. Sein Konflikt mit Heidegger offenbart den Unterschied zwischen der existenzialistisch-romantischen Weltanschauung und einer eher wissenschaftlich-nüchternen Sehweise, die ihre Wurzeln im britischen Empirismus hatte und sich an Vorstellungen von Nützlichkeit, Präzision und Fortschritt orientierte.

Unter dem Einfluss von Bertrand Russell und Gottlob Frege ging bei Carnap und den anderen logischen Empirikern die Klarheit der formalen mathematischen Logik Hand in Hand mit dem festen Glauben an empirische wissenschaftliche Untersuchungen. Mit diesem Instrumentarium wollte der Wiener Kreis rational sinnvolle von sinnlosen Aussagen unterscheiden, um die Philosophie ein für alle Mal als strenge Wissenschaft zu etablieren und sogenannte „Scheinsätze" vom Tisch zu wischen – das heißt metaphysische

Spekulationen, die per se nie endgültig als richtig oder falsch beurteilt werden können. Carnap dazu:

> „Der Metaphysiker sagt uns, dass sich empirische Wahrheitsbedingungen nicht angeben lassen; wenn er hinzufügt, dass er mit einem solchen Wort trotzdem etwas ‚meine', so wissen wir, dass damit nur begleitende Vorstellungen und Gefühle angedeutet sind, durch die das Wort aber keine Bedeutung erhält. Die metaphysischen angeblichen Sätze, die solche Wörter enthalten, haben keinen Sinn, besagen nichts, sind bloße Scheinsätze."

Dass die Philosophie seit zweieinhalb Jahrtausenden keine Fortschritte gemacht hatte, war für Carnap und andere im Wiener Kreis nicht hinnehmbar. Um ihre Fachrichtung neu aufzustellen, konzentrierten sie sich auf Fragen, die zumindest grundsätzlich lösbar waren. Ihr „Sinnkriterium" dafür, dass etwas kognitiv sinnvoll ist, also entweder bejaht oder verneint werden kann, stützte sich auf zwei Aspekte: Der Satz muss entweder eine logische Bedeutung haben, die man als wahr oder falsch einstufen kann, oder er muss anhand der empirischen Welt überprüfbar sein.

Carnap stufte Aussagen allein nach ihrer logischen Form – also unabhängig davon, ob sie mit der Realität vereinbar sind – als entweder wahr oder falsch ein. Ein klassisches Beispiel für eine logisch wahre Aussage lautet: „Alle unverheirateten Männer sind Junggesellen" und für eine logisch falsche Aussage: „Alle verheirateten Männer sind Junggesellen“. Erstere ist eine sogenannte Tautologie und schon aufgrund ihrer Form wahr: Alle A sind A. Die zweite Aussage ist eindeutig unwahr.

Im Gegensatz zu Aussagen, die entweder logisch wahr oder falsch sind, oder zu wissenschaftlich überprüfbaren Behauptungen ist das, was die Metaphysik sagt, in Carnaps Augen schlicht und ergreifend sinnlos. Metaphysische Aussagen wie die Heideggers sind weder wahr noch falsch, sondern das Ergebnis einer sprachlichen Unschärfe, das heißt, sie sehen formal wie eine logische Aussage aus, sind es aber de facto nicht.

Nach Carnaps Messlatte war Heideggers Satz „Das Nichts selbst nichtet“ ein eigenwilliges Produkt dichterischer Fantasie, das philosophische Fragen verunklarte. Bezeichnenderweise belächelte Carnap Existenzialisten wie Heidegger als „Musiker ohne musikalische Fähigkeit“. Diese Denker sprächen Bereiche der menschlichen Erfahrung an, die in Musik, Kunst oder Literatur besser zum Ausdruck kämen, die Philosophie aber nur von ihrer einzigen legitimen Aufgabe ablenkten, nämlich Sinnvolles gegen Sinnloses abzugrenzen. Hätte Heidegger seine Werke als Dichtung konzipiert, hätte Carnap deren Qualität vielleicht nach ästhetischen Maßstäben beurteilen können. Für die logischen Empiristen liegt das Problem bei Heidegger und anderen metaphysischen Philosophen jedoch nicht im ästhetischen Bereich. Es geht darum, dass sie ihre Werke in ein philosophisches Gewand kleiden, das von seinem Wesen her nicht nur Anspruch auf Schönheit, sondern auf Wahrheit erhebt.

Anfangs wusste ich nicht recht, was ich von Carnaps Kritik halten sollte. Einerseits war sie in ihrer Klarheit überzeugend, andererseits schien sie gerade bei dem, was mir am wichtigsten war, vieles offen zu lassen. Aber vielleicht hatte Carnap ja recht: Wenn mich ausgerechnet Fragen interessierten, auf die es, wie ich allmählich begriff, keine Antworten gab, dann gehörte das, was ich suchte, eigentlich gar nicht in das Fachgebiet der Philosophie.

Hinter Point Lobos wird die Vegetation dichter, und die Sandstrände machen allmählich schroffen Klippen Platz. Sie erinnern mich an Szenen aus Ingmar Bergmans Film *Das siebente Siegel* (1957). Ein dichter, in seiner stillen Dunkelheit einladend wirkender Kiefernwald säumt beide Seiten der Straße. Vor Jahren war ich schon einmal mit Denika hier gewesen. Im Vorbeifahren erinnere ich mich jetzt wieder an den süßlichen Duft der Kiefern, an das Schlagen der Wellen gegen die Felsen, an das Gefühl weicher Nadeln unter meinen Fußsohlen, das die Welt freundlicher erscheinen ließ, als sie ist. Als ich die Stelle jetzt sehe, wird mir klar, dass es in gewisser Weise immer mein innigster Wunsch war, mich in etwas oder jemand anderem völlig zu verlieren, sei es in der Dunkelheit des Waldes oder dem Menschen, den ich liebe.

Von oben betrachte ich meine Beine, während sie die Kurbel in Bewegung halten, und ich merke, wie wenig mein Bewusstsein mitbekommt. So wie es regnet, tritt „es" in die Pedale, und ich beobachte meinen eigenen Körper wie ein Zuschauer. Das Spiel, das man uns allen beibringt, beruht zum einen auf der Prämisse, wir seien ein passives, aufnahmebereites Subjekt in einer Welt von Objekten, zum anderen auf bestimmten Methoden, willkürliches von unwillkürlichem Handeln zu unterscheiden. Wir verinnerlichen die strengen Stimmen unserer Eltern und Trainer und erwarten sowohl für uns selbst als auch für andere, dass eine zuständige Instanz Lob und Tadel austeilt. Ob richtig oder falsch, entfremdend oder nicht: Damit das Spiel weitergehen kann, müssen wir das vorgeblich unserem Willen unterliegende Bewusste, das Willkürliche vom Unwillkürlichen unterscheiden.

Auf den ersten Blick wirkt die Trennlinie zwischen beidem eindeutig, denn wir steuern ja weder unseren Herzschlag noch unsere Verdauung selbst. Im beliebig ansetzbaren Graubereich zwischen „tun" und „tun können" verwischt sie jedoch. In nach kaltem Rauch riechenden Motels lag ich oft mit dem Pulsmesser auf dem Bett, verlangsamte meinen Atem und beobachtete, wie mein Puls sank – 62, 58, 49, bis mein Herz dank des antrainierten größeren Schlagvolumens kaum mehr als jede zweite Sekunde schlug. Natürlich können wir Herz oder Atem aktiv steuern, aber was ist mit erröten oder einschlafen? Was ist mit lieben?

Je mehr man sich anstrengt, desto schlechter ist das Ergebnis. Wille und Bewusstsein dehnen sich aus und ziehen sich zusammen, bis die Vorstellung von Handlungsmacht und freiem Willen an sich fragwürdig wird. Das Schlagen unseres Herzens und das Leuchten der Sonne verschmelzen zu einem schwammigen Bereich des Existierens, den wir nicht von außen betrachten, sondern dessen Teil wir sind.

Ich erinnere mich an Sartres Protagonisten Roquentin in *Der Ekel,* der angesichts der Wurzel eines Kastanienbaums von deren schierem Da-Sein zutiefst erschüttert ist. Wenn sich das ordnende Ich auflöst, kann man entweder über den vermeintlichen Verlust des Selbst erschrocken sein oder aber frohlockend feststellen, dass es gar kein Selbst gibt, das man verlieren könnte, weil es in Wahrheit überall ist.

Vor uns fällt die Strecke steil ab, und ich höre auf zu treten. Die Sperrklinken im Freilauf klicken immer schneller, bis die einzelnen Klicks zu einem einzigen Geräuschteppich verschmelzen. Fast unmerklich kommt ein kühler Gegenwind auf, und als ich wieder in die Pedale trete, schalte ich in einen niedrigeren Gang, um die Trittfrequenz beizubehalten. Ohne mein Zutun gehen die Fersen beim Abwärtsfahren tiefer hinunter und im richtigen Moment wieder herauf wie der geschmeidige Flügelschlag eines Seevogels.

Meile um Meile fährt Zach unerschütterlich in seinem Rhythmus, sodass wir weiter gekommen sind, als es sonst der Fall wäre. Wie ein Metronom schaltet er in einen anderen Gang. Während ich ihn beobachte, wird mir klar, warum er früher ein so überragender Zeitfahrer war. Nach dem dichten Kiefernwald erklimmen wir einen kurzen Anstieg und sehen wieder das Meer. Die Berge ragen hoch über uns auf. An dieser Stelle schneidet sich die Straße in den steilen Hang ein. Die Nachmittagssonne steht tief über dem Meer und taucht die Landschaft in das warme, filmreife Licht des Spätherbstes. Ich merke, dass ich Nahrung brauche, krame ein Energy-Gel und eine Banane aus meiner Trikottasche, esse und spüle die Reste mit einem Schluck Wasser herunter.

Der Verkehr ringsum besteht jetzt hauptsächlich aus Mietwagen mit Nummernschildern aus anderen Bundesstaaten – Touristen; ein Pärchen in einem weißen Cabrio überholt uns mehrfach, weil es alle Naselang anhält, um sich vor der Kulisse des Ozeans selbst zu fotografieren. Jackson kennt diese Strecke von uns dreien am besten und ist hier angetreten, als dies noch eine Etappe der Tour of California war. Es ist Jahre her, dass ich so weit südlich auf dem Highway 1 war, damals mit dem Auto, aber noch nie auf dem Rad. Jede Steigung, jedes Schlagloch und jeder Windstoß vom Meer, die man im Wagen gar nicht mitbekommt, fährt jetzt in meine Beine und meinen Körper. Jackson starrt auf die Straße und sagt:

„Ich erinnere mich gut an das Jahr, als ich das Trikot des angriffslustigsten Fahrers trug. Diese Etappe hier war unfassbar eisig. Es ging Stunde um Stunde – ich konnte mich einfach nicht warm halten. Dieser Abschnitt hier oben“, Jackson deutet mit dem Kinn nach vorn, „dieser exponierte Abschnitt da. Ich erinnere mich an jeden Zentimeter. So gefroren habe ich mein ganzes Leben nicht. Vermutlich hätte ich nichts anderes tun können ...“

„Definitiv nicht“, erwidert Zach entschieden. „Trotzdem war das eine klasse Etappe. Gegen *das* Feld.“ Was er damit meint, braucht er nicht zu erklären. Wir wissen alle drei, was *das* Feld bedeutet: Das Rennen gewann ein Tour-de-France-Sieger, der später wegen Dopings gesperrt wurde.

Wir nähern uns der berühmten Bixby Bridge. Schließlich kommt ihr schön geschwungener Bogen in Sicht. Die Straße verengt sich, und hinter der Brücke schaue ich zurück und erspähe Hunderte Meter unter uns den Bixby Creek und die kleine Bucht mit dem Sandstrand. Wie alle Heiligtümer hat auch diese Landschaft zwei Gesichter. Auf unserem Weg weiter nach Süden türmen sich die Berge über dem schmalen Straßenstreifen mehr und mehr himmelwärts. Die vertikale Felsmauer lässt den Horizont im Westen noch endloser erscheinen. Die Wasserfläche reicht so weit in die Ferne, dass die Grenze zwischen Himmel und Ozean verschwimmt. Die Gleichgültigkeit der Welt grinst mich aus jedem zerklüfteten Felsen und jeder einsamen windgepeitschten Zypresse an. Langsam spüre ich die Anstrengung, und mit den langen Schatten des schwindenden Lichts auf dem Asphalt nimmt die Landschaft, die mir gerade noch so wunderschön erschien, allmählich heimtückische Züge an.

Wir fahren weiter. Aber an jeder steilen Klippe, jedem Felsvorsprung, der sich über den düsteren Wellen abzeichnet, regt sich ein Gedanke in einem verborgenen Winkel meines Gehirns: War es hier? Ist das die Stelle, an der meine Tante damals sprang?

Ich habe sie nie kennengelernt, aber ich kannte die Folgen, die ihr Tod hatte. Wenn sich ein Familienmitglied das Leben nimmt, sind die seismischen Wellen noch nach Jahrzehnten, nach Generationen spürbar. Selbstmord wird auf eine Weise zu einer denkbaren Option, zu einer von mehreren Möglichkeiten, wie es sonst nie der Fall wäre. Sie hieß Lenore, Lenore Hibbard, aber irgendwie hatte ich sie nie mit meinem eigenen Nachnamen in Verbindung gebracht. Wenn ich es jetzt tue, dann erwacht in mir eine eigenartige, tief im Inneren angesiedelte Traurigkeit. Als wir an einem unbefestigten Aussichtspunkt Hunderte Meter über dem Pazifik entlangfahren, muss ich an sie denken, daran, wie sie ganz allein zum Ozean gefahren sein muss. Wie die Reifen auf dem Schotter knirschten. Wie sie die Handbremse anzog, zum Rand der Straßenausbuchtung ging und sprang. Hatte sie den Entschluss an dem Morgen nach dem Aufstehen gefasst? Sich von ihren Töchtern verabschiedet, in dem Bewusstsein, es würde das letzte Mal sein? Ich brauche mir all das nicht vorstellen oder nachempfinden, denn ich weiß aus erster Hand, wie es ist, wenn der Schmerz nicht mehr auszuhalten und die Aussicht auf ein Weiterleben schlicht unerträglich ist. Ein solcher Tod ist kein Schicksal, das einem durch Unfall oder Krankheit auferlegt wird, sondern ein Willensakt, der auf untragbarem Schmerz, aber auch auf Selbstbestimmung beruht, auf der Entscheidung, alle anderen Möglichkeiten endgültig auszuschließen: Ich will nicht mehr existieren. Nach und nach wird mir klar, dass hier der Schlüssel zum nie thematisierten Trauma meines Vaters lag, aber auch zu meinem eigenen Schmerz: in der unausweichlichen, weil genetischen Veranlagung zur Depression.

Mein Vater war so weit gegangen, Selbstmord als „Familientradition“ zu bezeichnen. Wenn er von der Elektroschocktherapie erzählte, die seiner Schwester das Gedächtnis geraubt hatte, und davon, dass er bei der Organisation ihrer Beerdigung feststellen musste, dass kein Priester die Trauerfeier für eine Selbstmörderin abhalten wollte, war sein Ton so distanziert, das Geschehene so abstrakt, als wäre es jemand anderem passiert. Erst allmählich erkannte ich, dass es eine Seite meines Vaters gegeben hatte, die mir vielleicht noch ähnlicher gewesen war, die ich aber nie kennengelernt hatte.

Wie oft bei Familientragödien kenne auch ich nur wenige Details. Das heißt nicht, dass ich gern mehr wissen würde oder dass es für mich irgendwie besser oder begreiflicher wäre, wenn ich mehr wüsste. Von allen denkbaren menschlichen Entscheidungen ist ein Selbstmord am wenigsten nachvollziehbar. Keine noch so umfassende Kenntnis kann ihn verständlicher machen. Keine Worte können dem Akt an sich oder der zugrundeliegenden Depression einen greifbaren Sinn verleihen.

Bis zur schlimmsten Phase meiner Depressionen konnte ich fast allem einen Sinn abgewinnen, sprich: es in ein Schema oder einen Rahmen hineinpressen. Nach dieser Phase jedoch fühlte sich nichts mehr so an wie vorher. All meine Urteile waren jetzt unsicher und höchstens begrenzt gültig. Es fühlte sich an, als würde ich gegen eine Wand laufen, hinter der „Denken“ einfach nicht mehr galt. Rationalität erschien mir wie ein zynischer Witz. Ich begriff, dass ich Opfer meines eigenen Denkens geworden war, dass ich mich in Schlussfolgerungen über die Welt verrannt hatte, die geradezu zwangsläufig in eine Depression mündeten.

Jahrelang verwehrte mir das Radfahren, das zu sein, was ich in Wahrheit war: tieftraurig. Um der Trauer davonzufahren, trainierte ich, rackerte mich ab, bis ich an den Straßenrand kotzte, aber im Innern litt ich, spürte den Schmerz nicht nur meines eigenen Lebens, sondern den universellen, abstrakten Schmerz der Existenz an sich.

Ich fragte mich, wie es wohl wäre, was es über mich aussagen würde, nicht deprimiert zu sein – einfach ja zu sagen zu einer Welt, die so voller Leid ist, ihr Positives abzugewinnen. Vielleicht war es das Beste, nichts zu verstehen, sondern zu begreifen, dass es womöglich gar nicht aufschlussreich, sondern einfach nur lähmend ist, wenn man ansatzweise weiß, was es bedeutet, lebendig zu sein, und wozu Menschen fähig sind. Der Verstand hat keine Antworten. Philosophie oder Literatur spenden keinen Trost. Man findet darin jenseits aller Worte und Logik nur nie endende Wut und Traurigkeit, für die es einfach kein „Darum" gibt.

Auch wenn Nietzsche über Pathos und Empathie der christlichen Moral spottete, weil sie seiner Meinung nach die Instinkte der Starken und von Natur aus Edlen gegen sie selbst richtet, lohnt sich ein Blick auf das Ereignis, das in seinen endgültigen Zusammenbruch mündete. Kurz nachdem er am Morgen des 3. Januar 1889 sein Hotelzimmer in Turin verlassen hatte, sah der 44-Jährige auf einer Piazza einen Droschkenkutscher, der sein Pferd brutal prügelte. Von Mitleid überwältigt, soll Nietzsche unter Tränen die Arme um den Hals des geschundenen Tieres geschlungen und es beschützt haben, bis er selbst kollabierte. Der Vorfall löste offenbar die letzte schwere psychotische Episode aus, von der er sich nie mehr erholte.

Man mag von Nietzsche halten, was man will, aber blind für den überwältigenden Schmerz in der Welt war er nicht. Wer sich die Mühe macht, einen Blick unter die Oberfläche und hinter die Kulissen des Lebens zu werfen, entdeckt dort beileibe nicht nur Freude, sondern eben auch unsägliches

Leid, das unser gesamtes Dasein so umfassend tränkt, dass man den Blick nicht mehr abwenden kann. Man sagt, ein Tod sei eine Tragödie, eine Million Tote eine Statistik. Wer all die kleinen Dinge von nahem betrachtet und sich auf den Spuren von Nietzsches Lehrer Schopenhauer wahrhaftig in das Dasein jedes Baumes, jedes Vogels, jeder Milbe oder auch jedes Passanten auf der Straße hineinfühlt, empfindet dabei zugleich all den Schmerz, der sich von seinem Wesen her jeder Logik und jedem Verständnis entzieht.

Auch Heidegger ging es im langen Schatten Nietzsches um die „Überwindung" von Platons Philosophie. Er hielt Nietzsche wegen seiner radikalen Umkehrung der Metaphysik zwar ebenfalls für „Dynamit", nämlich für den Schlussakkord des metaphysischen Bogens, verwies jedoch zugleich darauf, dass Umkehrung nicht Überwindung bedeute. Nietzsche sei in vielerlei Hinsicht als Letzter noch immer in den systemischen Bedingungen gefangen gewesen, die er hinter sich lassen wollte. „Das Denken", schrieb Heidegger, „überwindet die Metaphysik nicht, indem es sie, noch höher hinaufsteigend, übersteigt und irgendwohin aufhebt, sondern indem es zurücksteigt in die Nähe des Nächsten."

Mit grandioser Geste positionierte sich Heidegger damit selbst in einer neuen Stunde null. Die von ihm angestrebte Denkweise versucht nicht lediglich, die Welt von unseren abstumpfenden Abstraktionen zu erlösen. Im Wesentlichen geht es um die scheinbar undenkbare Frage, die sich bei Geburt und Tod der Metaphysik stellt: „Warum gibt es etwas und nicht vielmehr nichts?"

Nietzsches Verkündung „Gott ist tot" führte Heidegger noch einen Schritt weiter: Die Götter sind nicht nur entflohen, sondern das „Weltalter ist durch das Wegbleiben des Gottes, durch den ‚Fehl Gottes' bestimmt". Wir Menschen sind infolge unserer Begeisterung für materiellen Fortschritt und Technik bereits „so dürftig" geworden, dass wir nicht einmal mehr erkennen, dass diese Abkehr vom Heiligen ein epochemachender Schritt war.

Geleitet von den großen Dichtern und Denkern – Herder und Rilke, vor allem aber von dem Romantiker Friedrich Hölderlin – suchte Heidegger einen Weg zurück zu einem Anfang, der nicht rational festgelegt, sondern poetisch empfunden ist. Dieser Weg führt zurück zum „Wunder aller Wunder" des Seienden, zur Einheit, die einst alles Dasein verzauberte und die Heidegger unter Verweis auf Pascal als „Logik des Herzens" im Gegensatz zur „Logik der rechnenden Vernunft" bezeichnet.

Denken geht logisch und zeitlich der Logik immer voraus – auch der Rationalität Carnaps und der logischen Empiristen, die in ihrem Bemühen, die Dinge der Welt zu verstehen, ihrerseits das undurchdringliche Geheimnis übersahen, dass es etwas und nicht vielmehr nichts gibt. Heidegger verlagerte die Philosophie vom Spiel mit rationalen Unterschieden – dies ja, jenes nicht – zu einem vorbegrifflichen Staunen darüber, dass überhaupt etwas existiert. „Das Sichverständlichmachen", so Heidegger, „ist der Selbstmord der Philosophie. Die Götzendiener der ‚Tatsachen' merken nie, dass ihre Götzen nur in einem erborgten Glanze leuchten."

Über die Hälfte meines Lebens habe ich mich bemüht, Heideggers Gedanken zu verstehen und vor allem nachzuempfinden, damit sie mit dem einfachen Wunder, dass überhaupt etwas existiert, meine Alltagsrealität reinwaschen und wieder verzaubern. Doch solche Augenblicke sind nicht von Dauer. So, wie eine Sinfonie oder ein Kunstwerk tausend unmögliche Möglichkeiten eröffnet, kann Heideggers Denken Momente des Hochgefühls und der Erkenntnis bewirken, die sich kurz darauf wie ein Phantom wieder in Luft auflösen. Ähnlich wie die ekstatischen Momente auf dem Fahrrad, in denen alles möglich erscheint, weckt Heideggers Denken auch falsche Hoffnungen, die im Alltag keinen Bestand haben.

Wie lebt man mit dieser Erkenntnis? Wie handelt oder lebt man daraufhin besser oder anders? Vielleicht sind dies die falschen Fragen und man sollte sie gar nicht stellen, weil sie immer noch zu sehr von Wollen und Berechnung bestimmt sind. Dennoch bleibe ich dabei: Was soll ich jetzt tun? Hierauf finde ich keine Antwort, keinen Weg nach vorn, aber ich spüre ganz deutlich, dass es viel schlimmer wäre, es nicht zu wissen, nicht zu fühlen.

Mein Bezug zur Philosophie ist auf ewig mit meinem Vater verknüpft. Ein Augenzwinkern, ein vielsagendes Nicken – *du weißt ja, dass nichts davon wirklich wirklich ist.* Die Philosophie war unsere Geheimsprache. Mein Vater verkörperte sie für mich in vielerlei Hinsicht. Sie zu verstehen hieß, ihn zu verstehen, und wenn wir über Gefühle sprachen, waren genau sie immer weit weg und abstrakt, aber Ideen waren immer unmittelbar und mit Händen zu greifen. Der einzige

Weg für mich, aus ihm – und mir selbst – klug zu werden, führte nicht um Ideen herum, sondern durch sie hindurch. Heideggers Narrativ von der „Heimkehr", vom Neuanfang durch das Nachdenken über das Denken, passte somit perfekt zu meinem eigenen Gefühlsleben. Heideggers unüberhörbare Forderung, die Ketten der bloßen Vernunft abzustreifen, war befrachtet mit meinem verzweifelten Bemühen, all die Worte, die Intellektualisierung abzuwehren und über Gefühle die Gunst meines Vaters wiederzuerlangen, der gleichzeitig so nah und doch so fern schien. Heideggers Denken ist durchdrungen von einer Sehnsucht nach all dem, was hätte sein können, nach all den Wegen, die die Philosophie hätte einschlagen können. Wenn ich über mein Leben und meine Kindheit nachdenke, wird der Impuls, wieder zurückzukehren, für mich unwiderstehlich.

Wo Worte versagen, beginnt die Poesie – sie ist die Kunst, das Unsagbare zu sagen. Platon wollte in der *Politeia* die Dichtkunst aus dem Idealstaat verbannen; und so rufen sowohl Nietzsche als auch Heidegger nicht zufällig gerade die Dichtung an, damit sie uns hilft, unsere jeweilige Epoche zu überschreiten. Heidegger sagte es so: „Dichter sein in dürftiger Zeit heißt: singend auf die Spur der entflohenen Götter achten. Darum sagt der Dichter zur Zeit der Weltnacht das Heilige."

Wie bei jeder Geschichte geht es auch bei der Philosophie nicht darum, wahr zu sein, sondern das Leben ein wenig erträglicher zu machen. Kein Gedicht von Dante, Hölderlin, Rilke, Plath oder Eliot ist heute weniger wahr als zu seiner Entstehungszeit, aber gilt das auch für die Philosophie? Wie steht es um ein philosophisches Denken, das nur um sich selbst kreist, sodass sein höchster Anspruch lautet, höchste Ansprüche seien gar nicht möglich?

Carnap und die logischen Empiristen mögen Heidegger falsch verstanden haben, aber auf einer fundamentaleren Ebene glaube ich allmählich, sie hatten recht damit, dass die Philosophie tatsächlich von „Musikern ohne musikalische Fähigkeit" bevölkert wird. Versucht man, über alles etwas zu sagen, sagt man am Ende gar nichts. Umreißt man aber einen einzelnen Aspekt mit dichterischen Mitteln, kann diese Kontur stellvertretend für alles stehen, was ist und jemals war.

Im Gefolge von Heideggers Denken führte der einzige Weg nach vorn offenbar über die Kunst im weitesten Sinne als tiefes Eintauchen in etwas, als Tun, das Trost spendet und uns dazu zwingt, uns ganz und gar auf die Welt einzulassen und uns mit ihr auseinanderzusetzen. Nietzsche schrieb über Dichter:

> „Sich aber als Menschheit (und nicht nur als Individuum) ebenso *vergeudet* zu fühlen, wie wir die einzelne Blüte von der Natur vergeudet sehen, ist ein Gefühl über alle Gefühle. – Wer ist aber desselben fähig? Gewiß nur ein Dichter: und Dichter wissen sich immer zu trösten."

War es am Ende tatsächlich möglich, die Philosophie von innen heraus zu überwinden? Vielleicht war das aus rationalen Disputen über die grundlegende Natur der Existenz errichtete Gebäude einfach zu klein? Was wäre, wenn man die Dichtkunst nicht verbannt hätte und stattdessen sein Seelenheil im Naheliegenden, Individuellen suchen würde, in den sogenannten kleinen Dingen, in der Natur, in der Wärme eines Sommerabends?

Wenige Monate vor seinem geistigen Zusammenbruch formulierte Nietzsche Ende 1888 seine Gedanken über diese „kleinen Dinge" sehr deutlich und berührend:

> „Man wird mich fragen, warum ich eigentlich alle diese kleinen und nach herkömmlichem Urteil gleichgültigen Dinge erzählt habe: ich schade mir selbst damit, umso mehr, wenn ich große Aufgaben zu vertreten bestimmt sei. Antwort: diese kleinen Dinge – Ernährung, Ort, Klima, Erholung, die ganze Kasuistik der Selbstsucht – sind über alle Begriffe hinaus wichtiger als alles, was man bisher wichtig nahm.
>
> Hier gerade muss man anfangen, *umzulernen*. Das, was die Menschheit bisher ernsthaft erwogen hat, sind nicht einmal Realitäten, bloße Einbildungen, strenger geredet, Lügen aus den schlechten Instinkten kranker, im tiefsten Sinne schädlicher Naturen heraus – alle die Begriffe ‚Gott', ‚Seele', ‚Tugend', ‚Sünde', ‚Jenseits', ‚Wahrheit', ‚ewiges Leben' ... Aber man hat die Größe der menschlichen Natur, ihre ‚Göttlichkeit' in ihnen gesucht ... Alle Fragen der Politik, der Gesellschafts-Ordnung, der Erziehung sind dadurch bis in Grund und Boden gefälscht, dass man die schädlichsten Menschen für große Menschen nahm – dass man die

‚kleinen' Dinge, will sagen die Grundangelegenheiten des Lebens selber, verachten lehrte."

Die Sonne geht bereits unter, als wir die Häusergruppe erreichen, die man am ehesten als eine Art Ortskern von Big Sur bezeichnen könnte. Auf den letzten Meilen zur Blockhütte, in der wir übernachten, wird der dichte Wald beiderseits der Straße ringsum immer düsterer. Wir stellen unsere Räder vor einem kleinen Supermarkt ab, der auch als Empfang dient, checken ein und machen uns auf den Weg zu Hütte Nr. 10 auf der anderen Straßenseite.

Außen hüllt eine einsame Glühbirne die dunkelgrüne Tür und die Stufe aus Zement in ein fahlgelbes Licht. Mit einer leichten Brise wehen Rauchfetzen von einem Lagerfeuer herüber, vermischt mit dem erdigen Duft des Waldes. Einen Augenblick lang regt sich in mir eine Sehnsucht, der ich nicht ganz traue. Innen ist die Hütte sauber und ordentlich, aber spartanisch mit drei Einzelbetten, einem Kamin und einer Kochnische ausgestattet. Es riecht muffig, und angesichts der Fünfzigerjahre-Einrichtung und des ausgetretenen Linoleumbodens fällt es nicht schwer, sich Kerouac oder Miller in einem solchen Raum vorzustellen.

Die Vergangenheit ist nie einfach nur Vergangenheit; sie lauert stets knapp unter der Oberfläche, steckt in uns und färbt unser Weltbild. Unter der Dusche erinnere ich mich an die Schmalfilme von meinem Vater und seiner Schwester als Kinder, die ich nach dem Tod meiner Großmutter gefunden hatte. Da war Lenore mit meinem Vater, beide höchstens acht Jahre alt. Sie in einem blauen Kleid mit einem Kittel darüber.

Sie nimmt meinen Vater liebevoll an die Hand und führt ihn auf die Kamera zu, lächelnd und glücklich in prallen Kodachrome-Farben. Auf eine Weise, die sich heute jeder Logik und Rationalität zu entziehen scheint, war auch das irgendwie dagewesen.

Jackson, Zach und ich machen uns zu Fuß auf den Weg zum Abendessen. Nachdem wir praktisch den ganzen Tag gefahren sind, erscheint mir das Laufen jetzt fremd und unnatürlich, und entsprechend steif und vorsichtig sind meine ersten Schritte. Zum ersten Mal seit langer Zeit schaue ich zum Himmel auf. In funkelnden Schwaden erstreckt sich die Milchstraße über den Kronen der Mammutbäume. Ich stehe am Endpunkt von Jahrmilliarden mit unzähligen kosmischen Ereignissen, selbst ein Produkt des Urknalls, und bin mir bewusst, dass ich mir dessen bewusst bin. Die schiere Energie des Universums blickt auf sich selbst zurück.

In mir wogt ein unaussprechlicher Ozean. In Worte fassen kann ich allenfalls eine Annäherung an eine Annäherung – Schatten, die sich in der Düsternis einer eingesperrten Existenz austauschen. Im Gehen erinnere ich mich an andere Nächte vor langer Zeit, als ich neben meinem Vater auf dem warmen Boden unserer Auffahrt lag und er mir erklärte, das sichtbare Licht sei so lange unterwegs gewesen, dass es den Stern selbst vermutlich längst nicht mehr gab. Wie aber konnte jemand, der so empfindsam ist – jemand, der mir so ähnlich ist –, meine Mutter, meine Schwester und mich verlassen?

Hinter einer Kurve lichten sich die Bäume und eine kleine mondbeschienene Bucht kommt in Sicht. Die Wellen schlagen rhythmisch an den Sand und ziehen sich wieder zurück. Ein und aus. Wenn Graeme als Baby in seinem Gitterbett lag, hob und senkte sich sein Bäuchlein im Schlaf im selben Rhythmus. Ein und aus. Sein Vertrauen in die Welt war vollkommen. In dem Moment war er die Welt, und die Welt war er, ohne jede Grenze. Was ich mir die ganze Zeit wünsche, ist nicht weniger, sondern mehr Leben. Ich halte die Tränen zurück, denn ich fürchte, wenn ich einmal anfange, kann ich nie mehr aufhören.

Zach schaut zu mir herüber. „Alles okay?“ „Ja“, antworte ich. Es ist nicht gelogen.

Kapitel 10

Das Nichts

Ein Zen-Lehrer sah fünf seiner Schüler auf ihren Fahrrädern vom Markt heimkehren. Als sie am Kloster angekommen und abgestiegen waren, fragte er sie: „Warum fahrt ihr Fahrrad?“

Der erste Schüler antwortete: „Das Fahrrad trägt diesen Sack Kartoffeln. Ich bin froh, dass ich ihn nicht auf dem Rücken tragen muss!“ Der Lehrer lobte den ersten Schüler: „Kluger Junge! Wenn du alt bist, wirst du nicht so gebeugt gehen wie ich!“

Der zweite Schüler erwiderte: „Ich sehe so gern die Bäume und Felder an mir vorbeiziehen, während ich den Weg entlangfahre!“ Der Lehrer war auch über den zweiten Schüler des Lobes voll: „Du gehst mit offenen Augen durch die Welt!“

Der dritte Schüler antwortete: „Wenn ich Fahrrad fahre, sage ich gern das Lotos-Sutra nam myoho renge kyo auf.“ Der Lehrer rühmte den dritten Schüler: „Dein Geist wird so leicht rollen wie ein frisch ausgewuchtetes Rad.“

Der vierte Schüler entgegnete: „Wenn ich Rad fahre, lebe ich in Harmonie mit allen fühlenden Wesen." Voller Freude sagte der Lehrer zum vierten Schüler: „Du bist auf dem goldenen Pfad der Gewaltlosigkeit."

Der fünfte Schüler aber sagte: „Ich fahre Fahrrad, um Fahrrad zu fahren." Der Lehrer setzte sich zu seinen Füßen und sagte: „Lass mich dein Schüler sein."

Zen-Parabel

Am nächsten Morgen weckt mich Vogelgezwitscher aus dem Wald rings um die Hütte. Ohne den Kopf vom Kissen zu heben, beobachte ich tanzende Staubflocken in den Strahlen der Morgensonne, die durch das Fenster in die Hütte fallen. Im Bett nebenan rührt sich Jackson. Aber da wir keinen Anlass zur Eile haben, verharren wir in behaglichem Schweigen. Ich habe tief und traumlos geschlafen und stelle fest, dass mein Kopf klar ist. Die Welt selbst scheint mit sich im Reinen zu sein.

Als wir gestern Abend nach dem Essen zwischen zirpenden Grillen über die pechschwarze Straße zurück zur Hütte gingen, redeten und lachten wir über längst vergangene Rennen, an die sich vermutlich nur noch die damaligen Teilnehmer erinnern, und über Fahrer, die im Dunkel der Zeit abhandengekommen sind: über den Jungen aus Oakland, der seine Rahmen für teures Geld in Frankreich von Hand fertigen ließ, oder die Brüder aus Los Altos, die Straßenrennen immer mit Zeitfahrhelmen und Skinsuits fuhren. Ein Außenstehender hätte diese Gespräche als Nostalgie gewertet. Aber irgendwie braucht jeder von uns dreien die Erinnerungen der anderen, um zu begreifen, warum der Radsport einmal so wichtig für uns gewesen war. In unserem Alter sollten wir eigentlich wissen, dass all das unterm Strich bedeutungslos war. Eigenartigerweise ist es das für uns aber nicht. Immer wieder überlegen wir: Was war es, das uns so sehr im Bann hielt – und warum?

Ich stehe auf, gehe leise in das Hinterzimmer mit Blick auf den Wald und setze mich auf das Sofa neben dem staubigen Holzofen. Es sind erst zwei anstrengende Tage gewesen, aber die alten Empfindungen kehren nach und nach zurück, auch die vertraute Steifheit beim Gehen und das eigenartige Gefühl von Reinlichkeit, das sich einstellt, wenn man fit ist. Schon jetzt ist mein Ruhepuls spürbar langsamer, und mit jedem Tag fühlt sich das Radfahren natürlicher an, weil sich mein Körper dank wiedergewonnener Fitness mühelos an die Belastung anpasst. Ich betrachte meinen Körper. Von der Prellung an der Hüfte aus ringeln sich grüne und violette Streifen wie Wellen in einem Teich. Über meine Oberschenkel verläuft eine saubere Grenze zwischen sonnengebräunter Haut und den hellen Stellen unter den kurzen Hosenbeinen. Die heutige Strecke wird unsere längste: fast 200 Kilometer, mit ein paar knackigen Steigungen in den ersten Stunden, dort wo der Highway 1 von Big Sur durch den Küstenort Cambria verläuft. Dann geht es ins Landesinnere zu unserem Hotel in der Universitätsstadt San Luis Obispo.

Als ich wieder in die Küche komme, sind Zach und Jackson wach. Wir ziehen uns an und gehen zum Frühstücken in das Café auf der anderen Straßenseite, gleich neben der einzigen Tankstelle des Ortes. Beim Kaffee besprechen wir die heutige Route. An der Wand entdecke ich Fotos aus der Blütezeit von Big Sur in den 1950er Jahren. Auf einem steht eine Familie strahlend neben einem Frachthubschrauber, der gerade mit Nachschub gelandet ist. Auf einem anderen wird das Gebäude, in dem wir sitzen, gebaut. Mit einem Hammer in der Hand schaut derselbe Mann wie auf dem Familienfoto mit einem zuversichtlichen Lächeln in die Kamera. Amerikaner leben in der Gegenwart, idealisieren die Vergangenheit und geben zugleich gut Acht, sie nie wirklich zu verarbeiten.

Kalifornien beinhaltet heutzutage alles, gerade weil es im Grunde so wenig beinhaltet. In Hollywood im Süden ebenso wie im Silicon Valley im Norden ist Kalifornien auf ewig im Entstehen begriffen. Es ist ein Fantasiegebilde, das eher von einem Mix aus Nostalgie und Hoffnung geprägt ist als von dem, was da ist oder jemals tatsächlich da war. Nostalgie ist in Kalifornien eine widersprüchliche Sehnsucht nicht nach den realen Ereignissen der Vergangenheit, sondern nach den einstmals plausiblen Hoffnungen auf eine Zukunft, die nie Wirklichkeit wurde.

Die Bedienung bringt unser Frühstück und das Glas Orangensaft, stellt alles routiniert auf den Tisch und verschwindet wieder in der Küche. Ich betrachte die Eier und den angebrannten Speck auf meinem Teller und finde es plötzlich unerklärlich traurig und seltsam, in einer Zeit zu leben, in der selbst die Hoffnung nur noch aus zweiter Hand kommt oder ironisch durchtränkt ist.

Im Radsport geht es so gut wie immer um die Bewältigung von Höhen und Tiefen. Dem frenetischen Höhepunkt totaler Anstrengung folgt das Luftholen in der Erholungsphase. Um Höchstleistungen zu erbringen, müssen Körper und Geist im Radsport abwechselnd vollumfänglich angeknipst und ausgeschaltet sein: Entweder sprintet man mit 70 km/h wenige Zentimeter vor den anderen Fahrern her, oder man lässt sich im Halbschlaf auf der Massageliege kneten. Die körperlichen Voraussetzungen müssen zwar gegeben sein, aber ab einer gewissen Schwelle kommt es im Spitzensport darauf an, vor allem den Umgang mit diesen Gegenpolen zu meistern.

In der Saison 2001 war ich wieder gemeinsam mit Jackson und Zach in einem Team junger Fahrer, das vom Olympic Club gesponsert wurde. Ich war gut, gehörte aber nicht zu den Topleuten. Ich hatte mich vergeblich bemüht, meine Endschnelligkeit auch auf der Straße zu verbessern, und konzentrierte mich nun im Wesentlichen auf die Termine der nationalen Bahnrennen. Jedenfalls war ich zu gut, um aufzuhören. Um meiner Karriere wieder Auftrieb zu geben, arbeitete ich wie besessen und bis ins kleinste Detail an der Optimierung von Ausrüstung und Training. Vom Fußbett meiner Schuhe bis hin zu Gewichtheben und Ernährung ließen Harvey und ich nichts unversucht. Wir bemühten uns, Vorbereitung und Training neu zu betrachten, ohne Rücksicht darauf, was bisher gut gelaufen war oder was andere empfahlen. Es hatte ja schon einmal funktioniert, und ich vertraute darauf, dass es auch diesmal Früchte tragen würde.

Wenn ich sah, wie unerschütterlich die besten Fahrer zwischen den Rennen vor sich hindösten, sich bei Videospielen amüsierten oder vor dem Fernseher lagen, begriff ich, was mein Problem war: Ich konnte nicht entspannen. Anders als ich waren die Champions in der Lage, sowohl Erfolge als auch Pleiten des Tages abzustreifen, sodass sich Körper und Geist erholten. Für mich aber war, um mit Oscar Wilde zu reden, das „Nichtstun die allerschwierigste Beschäftigung der Welt". Bei Etappenrennen und nach harten Trainingsblöcken starrte ich nächtelang an die Decke und versuchte, Ruhe zu erzwingen, was aber nie gelang. Aufgeputscht von Adrenalin und dem Wissen, was am nächsten Tag anstand, flehte ich mich selbst an, endlich zur Ruhe zu kommen. Vergeblich. Am Morgen stand ich mit verquollenen Augen, übermüdet und dadurch bereits im Nachteil im Velodrom oder im Pulk an der Startlinie.

So wie Musik nicht nur aus Tönen besteht, sondern aus Tönen mit Pausen dazwischen, heißt Training nicht einfach Anstrengung, sondern Anstrengung gefolgt von Phasen der Ruhe und Regeneration. Im Laufe der Jahre wurde mir immer klarer, dass ich mich zwar sehr gut zu Höchstleistungen anpeitschen konnte, es mir aber nicht gelang, davon wieder herunterzukommen. Ich versuchte, durch Denken das Denken abzustellen, aber alles wurde immer angestrengter, bis sich das Gedankenkarussell permanent drehte.

Aus der Frustration über mein Unvermögen wurde Angst und schließlich Verzweiflung. Und als ich den Weg und die

Grenzen sowohl des Willens als auch des Denkens erkannte, erschien mir zunehmend nicht die abendländische, sondern die fernöstliche Philosophie geeignet. Zwangsläufig konfrontierte sie mich mit der zentralen Frage, der ich nicht mehr ausweichen konnte: Wie schafft man es, loszulassen?

Lange bevor ich Radrennfahrer wurde oder etwas von Kant, Nietzsche oder Heidegger gelesen hatte, hörten mein Vater und ich an freien Wochenenden, wenn wir in seinem klapprigen Pick-up Besorgungen machten, im Radio Vorträge von Alan Watts, der die Grundlagen des Zen-Buddhismus einem breiten Publikum bekannt machte. Wenn Watts, hochgelehrt und zugleich von erfrischendem Humor, über das Denken sprach, erschien es mir eine aufregende, geradezu gefährliche Sache. Von ihm lernte ich, dass die Realität, die man mir in der Schule eintrichterte, nur eine von vielen möglichen Realitäten war.

Watts kam 1915 in Chislehurst in Kent zur Welt. Seine Eltern gehörten der englischen Mittelschicht an. Schon als Kind interessierte er sich für Mystik und östliche Religionen und wurde bereits in jungen Jahren Mitglied der Londoner Buddhist Society. Watts absolvierte in New York eine Zen-Ausbildung, besuchte dann aber ein Priesterseminar in der Nähe von Chicago, um seine spirituellen Interessen mit dem anerzogenen christlichen Glauben in Einklang zu bringen. 1945 wurde er zum Priester der Episkopalkirche ordiniert. Er empfand die kirchliche Orthodoxie jedoch als so dogmatisch und freudlos, dass er sein Priesteramt bereits 1950 wieder niederlegte.

Er übersiedelte nach Kalifornien und nahm in San Francisco einen Lehrauftrag an der American Academy of Asian Studies an. Wenig später erhielt er im Radio einen festen Sendeplatz und vermittelte in wöchentlichen Vorträgen dem US-Publikum die Grundlagen der fernöstlichen Philosophie. Watts setzte bei seinen Vorträgen im Geist der damals aufkommenden Gegenkultur auf einen lockeren Plauderton. Er bezeichnete sich selbst gern als spirituellen Entertainer, nicht als Gelehrten, Philosophen oder gar Guru. Sein ansteckendes Lachen markierte oft gerade die Momente, in denen er seine Zuhörerschaft an die Schwelle der Erkenntnis führte.

Watts, eher Zeitgenosse Kerouacs und der Beat-Generation der 1950er Jahre als der späteren Hippies, fügte sich mit seiner Botschaft nahtlos in das aufgeschlossene Klima der San Francisco Bay Area ein, wo man dabei war, den lähmenden Konformismus der Nachkriegszeit abzuschütteln. Watts unterhielt enge Bindungen zum San Francisco Zen Center, lebte zeitweise in Sausalito auf einem Hausboot mit Blick auf die Golden Gate Bridge und in einer kleinen Hütte in der Hippiekommune Druid Heights am Mount Tamalpais. Bei seiner Lehrtätigkeit und seinen Vorträgen über die Grundlagen des Zen ging es ihm nicht um Bekehrung im religiösen Sinn. Sein erklärtes Ziel war Befreiung. Er wollte einen Ausweg aus dem sozialen Spiel aufzeigen, das viele mittlerweile so ernst nahmen, dass sie es für die Realität hielten: „[...] das Spiel der westlichen Philosophie und Wissenschaft besteht darin, das Universum im Netzwerk von Worten und Ziffern einzufangen, sodass die Versuchung, die Regeln oder Gesetze der Grammatik und

Mathematik mit den tatsächlichen Vorgängen der Natur zu verwechseln, ständig gegeben ist."

Dreh- und Angelpunkt vieler der von Watts vermittelten fernöstlichen traditionellen Weisheiten ist der Gedanke, dass die Welt ganz undifferenziert einfach nur da ist, während die Differenzierungen erst durch Sprache und abstraktes Denken hervorgebracht wurden. Im 6. Jahrhundert v. Chr. begann Laotse das *Tao Te King* mit den Worten:

Könnten wir weisen den Weg
Es wäre kein ewiger Weg.
Könnten wir nennen den Namen,
Es wäre kein ewiger Name.

Was ohne Namen,
Ist Anfang von Himmel und Erde;
Was Namen hat,
Ist Mutter den zehntausend Wesen.

Wahrlich: Wer ewig ohne Begehren,
Wird das Geheimste schaun;
Wer ewig hat Begehren,
Erblickt nur seinen Saum.

Diese beiden sind eins und gleich.
Hervorgetreten, sind ihre Namen verschieden.
Ihre Vereinung nennen wir mystisch.
Mystisch und abermals mystisch:
Die Pforte zu jedwedem Geheimnis.

Nicht nur Watts, sondern auch D. T. Suzuki, Eugen Herrigel und andere, die schon früh die fernöstliche Philosophie im Westen verbreiteten, erscheinen nach den Maßstäben der Logik oft rätselhaft. Wenn bei ihnen die Rede von „müheloser Anstrengung" oder „gedankenlosem Denken" war, erkannte ich darin meine besten Tage auf dem Rad wieder, wenn sich die Pedale wie von selbst drehten. Es ging um eine Welt, die im Grunde vorbegrifflich ist. Dadurch entzieht sie sich den Fallstricken von Angst und Entfremdung, denn beide entstehen durch eine Denkweise, die laut Watts Symbole mit Realität verwechselt.

Der Zen-Buddhismus, Taoismus, Hinduismus und viele andere philosophische Traditionen des Ostens betrachten den Menschen nicht per se als wissendes Subjekt, das Zugang zu einer äußeren Welt zu erlangen sucht. Er wird vielmehr als Auswuchs einer ursprünglichen Einheit jenseits von Sprache und Rationalität verstanden, an der jeder von uns unweigerlich teilhat.

Nach den hochkomplizierten Irrwegen, Sackgassen und Abgrenzungen der westlichen Philosophie, die allesamt keinen Unterschied machten, wirkte die fernöstliche Philosophie in ihrer Klarheit erfrischend. In den Schriften des Zen-Buddhismus, den *Upanishaden,* dem *Zhuangzi* und dem *Tao Te King,* ist zudem kaum je die Rede von der tragischen anfänglichen Trennung zwischen Schöpfer und Schöpfung, Wissendem und Wissen, und nur selten (wenn überhaupt) werden unsichtbare metaphysische Reiche gesetzt oder erwartet.

Da diese Traditionen von vornherein unterstellen, das abstrakte Denken bewege sich in engen Grenzen und sei nur beschränkt nützlich, tritt Platons, Descartes' und Humes rationales Subjekt in den Hintergrund, während sich das, was sich mit Worten und rationalem Denken nicht fassen lässt, dann erst offenbart, wenn man das hinter sich lässt, was die indische Philosophie *Maya* („Illusion") nennt. Diese Erfahrung hat viele Namen, aber ganz gleich, ob man sie Gott, Brahman, Dharmakaya (ultimative Realität), Nirvana, Tao oder das Sein an sich nennt, bleibt sie dieselbe. In einer urplötzlichen Erkenntnis hebt sich der Schleier der Individuation, und man erkennt: So bin ich.

Auf fundamentaler Ebene ist niemand von uns ein isoliertes Ich, sondern das Flimmern eines weit größeren, universellen Bewusstseins, das Verstecken spielt, indem es mal diese, mal jene Form annimmt und sich in jedem fühlenden Wesen ein wenig anders seiner selbst bewusst wird. Der Tänzer Vaclav Nijinsky, eine physische Ausnahmeerscheinung, schrieb in sein Tagebuch:

> „Man muss mich nicht denken. Man muss mich fühlen und über das Gefühl verstehen. Die Wissenschaftler werden über vieles nachzudenken haben und sich darüber den Kopf zerbrechen, denn ihr Denken wird ergebnislos bleiben. Sie sind dumm. Sie sind wilde Tiere. Sie sind Fleisch. Sie sind der Tod. [...] Der Mensch ist Gott, deshalb versteht er Gott. Ich bin Gott. Ich bin ein Mensch. Ich bin gut und kein wildes Tier. Ich bin ein vernunftbegabtes Tier. Ich habe Fleisch. Ich bin das Fleisch. Ich stamme nicht vom Fleisch ab. Das Fleisch stammt von Gott ab."

Was dann folgt, ist herzzerreißend. Wieder und wieder schreibt Nijinsky: „Ich bin Gott. Ich bin Gott. Ich bin Gott …“

Mit Größenwahn hat diese Erfahrung nur bedingt zu tun. Bei Nijinsky ebenso wie bei Nietzsche, der kurz vor dem Abgleiten in geistige Umnachtung Briefe mit „der Gekreuzigte“ oder „Dionysos“ unterschrieb, ging es bei der Auflösung des Ichs, beim Verwischen der Grenze zwischen dem Ich und der ultimativen Realität, nicht darum, göttliche Macht zu beanspruchen. Sie erlebten die durchaus berechtigte Einsicht, die aller Mystik zugrunde liegt: dass jeder von uns in Wahrheit diese ultimative Realität des Seins verkörpert und das Universum durch unsere Augen sozusagen in den Spiegel schaut.

Nach dem Frühstück kehren wir zur Hütte zurück. Unsere Fahrräder lehnen an der Wand; Trikots, Shorts und Helme liegen auf dem Sofa und dem Tresen zwischen Küchenecke und Wohnzimmer verstreut. Es ist schon fast zehn Uhr, und da die Tage bereits kürzer werden, beeilen wir uns mit unserer Ausrüstung. Reifen werden aufgepumpt, Trinkflaschen gefüllt. Der vertraute Geruch von Kampfer und Capsaicin weht durch den Raum, als wir uns die Beine eincremen. Die Taschen unserer Trikots stopfen wir ein weiteres Mal mit Energieriegeln und Geltütchen voll.

Die rituelle Weise, wie ein Radfahrer seine Reifen aufpumpt, seinen Helm justiert oder sein Fahrrad, wenn es sein muss, trägt, zeugt von anmutiger Eleganz in einer Gesellschaft, die praktisch keine Rituale mehr kennt. Rituale, sei es ein katholisches Hochamt oder eine buddhistische

Teezeremonie, sollen das Unsichtbare sichtbar machen. Die dabei verwendeten Gegenstände erhalten eine über das Alltägliche hinausgehende Bedeutung. Wie banal solche Vorbereitungen auch erscheinen mögen, waren mir an den Tiefpunkten meines Lebens gerade die Rituale rund um mein Fahrrad heilig, denn durch sie konnte ich sicher sein: Auch das geht vorüber.

Als ich den Pumpenaufsatz vom Ventil abziehe, zischt es kurz. Ein letztes Mal befühle ich den Reifen mit dem Daumen, bevor ich die Helmschnalle schließe und meine Schuhe mit den Ratschenverschlüssen festziehe. Nach einem letzten Rundgang durch die Hütte schließen wir die Tür ab. Es ist Montagmorgen, auf dem Weg Richtung Süden wird der Verkehr nach und nach ruhiger. Hoch über uns bricht strahlendes Licht durch die Kronen der Mammutbäume. Schatten huschen über den Asphalt, während er unter unseren Reifen dahinschwindet.

In der ersten Stunde geht es in stetigem Tempo eine gleichmäßige Steigung hinauf. Ich kann mich in einen bestimmten Rhythmus einpendeln. Vor mir steht Jackson einige Pedaltritte lang aus dem Sattel auf und dreht sich dann zu Zach und mir um.

„Oh Mann, meine Beine finden das gar nicht gut. Weiß einer von euch, wie weit es bis zur Kuppe ist?"

„Ich glaube, noch rund zwei Kilometer", stößt Zach zwischen zwei Atemzügen hervor.

Als sich Jackson zurückfallen lässt, merke ich, mit welchem Kraftaufwand ich die Pedale trete, und verlangsame minimal. Mit jedem Tag fühle ich mich kräftiger, und schon nach den ersten fünf Minuten auf dem Rad wusste ich, dass ich heute gute Beine haben würde. Hinter einer Kurve liegt ein langer gerader Streckenabschnitt vor uns, allmählich kommt der Gipfel in Sicht. Angesichts des bevorstehenden langen Tages lassen wir uns locker darüber hinwegrollen. Ich ziehe den Reißverschluss meines Trikots hoch und nehme einen Schluck aus der Trinkflasche. Als die Straße nun steil abfällt, kommt der Pazifik wieder in Sicht. Umrahmt von einem Felsvorsprung aus verwittertem Schiefer und grauem Schluffstein rechts von mir wirkt die blaue Wasserfläche noch endloser. Dass irgendwo dahinter Asien beginnt, empfinde ich erstmals nicht als abstrakten Fakt, sondern wie Wissen aus erster Hand.

Ich nehme schnell Fahrt auf und spüre den Luftzug über meine Haut streichen und in meinen Ohren rauschen. Wie Wasser bergab fließt, finden wir durch eine Reihe von Kurven intuitiv den schnellsten Weg, bremsen früh und nehmen die Biegungen in weitem Bogen, bevor wir durch den Scheitelpunkt fegen und wieder beschleunigen. Vor einer S-Kurve, die erst nach rechts und dann abrupt nach links schwingt, aber in der Ideallinie schadhaften Straßenbelag aufweist, verlangsame ich mit Stotterbremse. Über das Stahlseil fühle ich, wie sich die Bremsklötze an die Carbon-Oberfläche der Felge anlegen und dann zurückschnappen, wenn ich den Bremshebel loslasse. Hinter der letzten Biegung kommt uns ein altersschwacher Ford entgegen, das Rot der kantigen Karosserie seltsam anorganisch zwischen dem Blau, Braun und Grün der Landschaft. Im Vorbeifahren habe ich kurz Blickkontakt mit dem alten Mann am Steuer, dann verlagere ich schon mein Gewicht für die nächste Kurve und genieße die kurze Pause von meinen Gedanken.

Man bringt uns bei, dass unser Dasein erst durch Worte zustande kommt, denn sie bestimmen die Konturen und Texturen der Wirklichkeit. Sprache aber ist unvollständig und übergeht zudem all das, was im wahrsten Sinne des Wortes *unaussprechlich* ist. Sinn oder Bedeutung, soweit vorhanden, zeigt sich offensichtlich immer genau dort, wo Worte scheitern. Wir durchfahren den Bogen einer seichten Linkskurve, dann eine scharfe Kehre nach rechts. Als sich der Radius der Kurve verengt, sehe ich verblüfft, welche Linie Jackson gewählt hat. Um nicht von der Straße abzukommen, muss ich das Rad weiter zur Seite drücken als erwartet.

Ich wünschte, ich könnte Denika in den Arm nehmen und ihr sagen, wie leid es mir tut, dass ich alles viel zu kompliziert gemacht habe. Dass ich am liebsten noch einmal ganz von vorn anfangen möchte. Ich würde gern ein einfaches, reines, leichtes Leben führen, an einem Ort wie hier zwischen Meer und Bäumen. Dieses Gefühl, dass ein Ausweg zum Greifen nah ist, hatte ich schon einmal, aber ich bin alt genug, um zu wissen, dass immer tausend andere Dinge dazwischenkommen. Ich möchte mich Hals über Kopf hineinstürzen. Dabei habe ich mit der Zeit auch gelernt, diesem Impuls nie ganz zu trauen.

Saison für Saison suchte ich nach Details, die man optimieren konnte, und sei es ein kaum wahrnehmbares halbes Prozent mehr bei meiner Tritteffizienz oder weniger beim Strömungswiderstand. Dieser wissenschaftliche Ansatz des

„marginal gain“, wie er mit Mosers Stundenweltrekord begann, zielt darauf ab, diese oder jene Teilschwäche aufzudecken, zu analysieren und dann zu lösen. Aber bei Sportlern mit einem bestimmten Naturell funktioniert diese Methode nur bis zu einem gewissen Grad.

Das aus dem Griechischen stammende Wort „Analyse“ bedeutet eigentlich „Auflösung“ oder „Zergliederung“. Diese Sicht der Welt als Aneinanderreihung einzelner Problemstellungen kann durchaus fruchtbar sein, aber auch eine konzeptionelle Rückkopplungsschleife auslösen. Und die verhindert die instinktive Spontaneität, die im Leistungssport notwendig ist. Mit zunehmendem Stocken meiner Leistungskurve und meiner Frustration über die westliche Philosophie staunte ich mehr und mehr über Kollegen, für die der Radsport keine Abfolge von Problemen war, die es zu bewältigen galt, sondern ein Zustand, den es anzustreben galt.

Bei allen Unterschieden in Persönlichkeit und Herkunft waren die Fahrer, die im Profisport dauerhaft zur Elite zählten, nicht nur in der Lage, sich zu entspannen und zu erholen. Sie waren zudem dank ihrer mentalen Flexibilität ungemein anpassungsfähig. Erkrankungen, verpasste Trainingstage oder Reisestress steckten sie einfach weg. Ohne jede Anstrengung verfügten sie über eine Resilienz, die ich mühsam nachzuahmen versuchte. Die Zen-Meditation mit ihrer Präferenz für einen vorbegrifflichen „Anfängergeist“ übte auf einen Perfektionisten wie mich natürlich eine enorme Anziehungskraft aus.

Deckungsgleich mit meiner eigenen, mühsam erworbenen Erfahrung, zeigt Zen die Grenzen des konzeptionellen Denkens auf. Wer sich allzu angestrengt um etwas bemüht, stellt kein positives Verhältnis zwischen willentlichem Kraftakt und angestrebtem Ergebnis her, sondern verfehlt damit zwangsläufig das Ziel. Von der Geigenvirtuosin bis zum Bogenschützen zeichnen sich die Besten jeder Sparte stets durch eine anmutige Leichtigkeit aus, die erst entsteht, wenn der bewusste Wille und der Verstand in den Hintergrund treten.

Der Zen-Lehrer Awa Kenzô erklärt seinem Schüler in *Zen in der Kunst des Bogenschießens*:

> „Je hartnäckiger Sie dabei bleiben, das Abschießen des Pfeiles erlernen zu wollen, damit Sie das Ziel sicher treffen, umso weniger wird das eine gelingen, umso ferner das andere rücken. Es steht Ihnen im Wege, dass Sie einen viel zu willigen Willen haben. Was Sie nicht tun, das, meinen Sie, geschehe nicht."

Wer sich aufrichtig und langfristig mit etwas befasst, wird bei fast jeder Tätigkeit merken, dass er die Kontrolle abgeben muss, um weiterzukommen. Das Selbstbild als denkender, rationaler Akteur, der seinen Willen durchsetzen kann, funktioniert nur bis zu einem gewissen Punkt. In dem Maße, wie das willentliche Streben eines Subjekts angesichts einer Welt von Objekten an seine Grenzen stößt, begreift man nicht nur abstrakt, sondern auch intuitiv, dass vom Ego gesteuerte Selbstbilder intellektuellen wie praktischen Schranken unterliegen.

Das, was die moderne Sportpsychologie „Gipfelerlebnisse" nennt, hatte ich nur, wenn ich losließ. Am wohlsten fühlte ich mich bei den Rennen, die ich lediglich als Training absolvierte oder auf die es, warum auch immer, nicht ankam. Unabhängig vom Ausgang des Rennens bewirkte meine ruhige, immer gleiche Aufwärmroutine, dass meine Beine mit so unerklärlicher Leichtigkeit die Pedale traten, dass es sich anfühlte, als wäre ich zum Radfahren geboren. Was nicht bedeutet, dass ich immer gesiegt hätte. Die Empfindungen deckten sich also nicht zwangsläufig mit dem faktischen Ergebnis. Aber bei solchen Rennen stand ich mir wenigstens nicht selbst im Weg.

Zen verwirft den cartesischen Dualismus von Körper und Geist und betont stattdessen gelebte Erfahrung und Verkörperlichung. Man kann jede menschliche Aktivität als Gelegenheit betrachten, um den Geist zur Ruhe kommen zu lassen. So wie stehendes Wasser kann diese Stille die Welt widerspiegeln, anstatt ihr Konzepte aufzuzwingen. Im Einklang mit Nietzsches vernichtender Kritik an der Metaphysik verzichtet Zen auf Unsichtbares oder Metaphysisches. Zen ist klar in dieser Welt, im Hier und Jetzt verortet. Dennoch lässt es Einsichten zu, die uns für die mystische Wahrheit öffnen, dass man gerade inmitten der „kleinen Dinge" im Alltag Wunderbares entdeckt. Alan Watts schrieb dazu, dass „das Spirituelle vom Materiellen ebenso wenig zu trennen ist wie das Seltene vom Gewöhnlichen. Vor allem müssen wir uns von Sprach- und Denkgewohnheiten lösen, die beides erst trennten und es uns unmöglich machten [zu sehen], dass unmittelbares, alltägliches und jetziges Machen von Erfahrungen – ES ist, der einzige, alleinige Grund für die Existenz eines Universums."

Mediation und Dichtung im Zen zeigen Schönheit gerade in seiner Materialität und Vergänglichkeit auf. Man kann an keinem anderen Ort stehen als dort, wo man steht, und nicht aus dem Strom des Lebens heraustreten und ihn von außen betrachten, um ihn ein für alle Mal zu begreifen. Im Gegensatz zu anderen spirituellen Praktiken sind dem Zen-Buddhismus Vorstellungen von Hingabe und Opfer, die man in der abendländischen Philosophie und Theologie zuhauf findet, völlig fremd. Er ist eher humorvoll und spielerisch, aufrichtig, aber nicht ernst.

Einer Stimme zu lauschen, wie ich es bei Watts damals tat, ist wunderbar, viel unmittelbarer als das geschriebene Wort. Noch heute erinnere ich mich an sein Sprechtempo, seinen Tonfall und den Klang seiner Stimme, und in all den Jahren, in denen ich die abendländische Philosophie durch Denken zu entschlüsseln versuchte, war Alan Watts bei mir, bot mir Alternativen an und lachte über die Selbstgefälligkeit meiner Anstrengungen.

Ich hege eine große Bewunderung für Zen, aber es ist auch nicht so, dass ich mein Heil nun in fernöstlicher Weisheit gefunden hätte. Meine Erfahrungen mit Zen sind und bleiben zwiespältig. Seine Antworten waren in meinen Augen auf vielen Ebenen „richtiger" als vieles, was die westliche Philosophie anzubieten hatte, und in gewisser Weise den Antworten Heideggers verblüffend ähnlich. Dennoch fühlte sich Zen für mich immer eher gefährlich als befreiend an. Ganz gleich, wie viel Mühe ich mir gab, schaffte ich es nicht, die Erkenntnisse des Zen in meinem Leben umzusetzen. Was genau hielt mich zurück? Wovor hatte ich solche Angst und warum?

So gut wie jedes Gedankengebäude der abendländischen Philosophie gründet sich latent auf die allgegenwärtige Vorstellung, ohne unseren Willen und unser Wollen würde die Welt im Chaos versinken. Das Gute an sich sei Licht, sei Ordnung und Rationalität, es sei ein Tun, eher Aktivität als Passivität. Wie tief dieses Konzept vom Nichts im westlichen Denken verankert ist, zeigt schon das geflügelte Wort *ex nihilo nihil fit*, den meisten geläufig als „von nichts kommt nichts".

Das Nichts wird jedoch nicht als neutrale Abwesenheit von etwas verstanden, sondern als unmittelbare Bedrohung. Wir alle müssen ständig wachsam sein, um das Nichts abzuwehren, denn sonst würde es uns überwältigen. Bezeichnenderweise werden in Dantes *Inferno* die schlimmsten aller Sünder im neunten Kreis der Hölle nicht durch Strafen gequält, sondern durch die eisige Stille des alles verschlingenden Nichts.

Würden wir im Sinne Kants die Wirklichkeit aktiv gestalten, was wäre, wenn sich unsere rationale Täuschung in Luft auflöste? Wer oder was würde sich dann offenbaren? Erinnern wir uns an die ersten Sätze des Johannesevangeliums: „Am Anfang war das Wort, und das Wort war bei Gott, und Gott war das Wort." Hier zeigt sich überdeutlich die Überzeugung, dass die Erkenntnis die Welt nicht nur ordnet, sondern sogar erschafft. Einige Verse später sehen wir, welche moralischen Konsequenzen es hätte, wenn wir uns nicht mehr an das Rationale, Abstrakte klammerten: „Und das Licht scheint in der Finsternis, und die Finsternis hat's nicht ergriffen."

Tief in meiner Psyche verankert ist die Vorstellung, dass Worte und Gedanken eine gemeinsame Realität erschaffen und damit das Grauen angesichts des Da-Seins abwenden, das wir bei Sartre gesehen haben. Zwischen uns und dem Nichts steht nur das Licht – das Licht des Logos und der Rationalität. Allmählich wurde mir klar, dass das „Loslassen", so verlockend der Gedanke auch sein mochte, für mich völlige Vernichtung bedeutete. Würde ich mich voll und ganz auf Zen einlassen, driftete ich womöglich zum indifferenten Beobachter ab, den sein Bemühen um Linderung seines eigenen Leids dazu verdammt, den Ekstasen und Tragödien des Lebens nur noch gleichgültig wie durch eine Glasscheibe zuzuschauen.

Eben danach streben diejenigen, die Zen praktizieren: Sie geben ihr kleines, willensstarkes, vom Ego gesteuertes Ich auf und erkennen, dass sie und die Welt im Grunde eins sind. Sind Subjekt und Objekt vollständig verschmolzen, verblassen Leid und Angst zu bloßen ich-getriebenen Fiktionen. Es gibt kein festes Selbst. Das Ich ist immer zufällig, immer nur Teil des stetig fließenden Lebensstroms.

Dank Radfahren, Musik, Kunst und allem, was so fesselnd oder transzendent schön ist, dass es mir hilft, mich selbst zu vergessen, bin ich auf dem Weg zum Zen. Aber ich bin noch lange nicht am Ziel und weiß auch nicht, ob ich es je erreichen werde. Mag die Vorstellung, ich könnte ein festes Selbst kennen und aufrechterhalten, zweifelhaft erscheinen, so bleibe ich an etwas gebunden, das ich weder artikulieren noch aufgeben kann. Auf ewig blind für meine eigenen Motive, liebe ich mich selbst und auch die Welt vielleicht zu sehr.

Untrennbar verknüpft mit dem Nichts, das der Tod bringt, ist die Passivität. Sie ist meine größte Angst und zugleich mein sehnlichster Wunsch. Müde meiner selbst und der Welt, stelle ich mir oft vor, in einer Sommernacht triebe ich auf dem Rücken liegend in einem Swimmingpool, vollgepumpt mit psychedelischen Drogen. Unter meinen Augenlidern würden sich Mosaike aus Formen und Farben abzeichnen, dahinter Endgültigkeit und Auflösung. Es bedürfte keiner Worte, und von meinem Ich bliebe so gut wie nichts mehr. Während die kühle Nachtluft rhythmisch in meine Lungen ein- und ausströmte und das Wasser an meine Ohren und mein Kinn schwappte, ergäbe alles endlich einen Sinn. Ich würde nur das Schlagen meines Herzens hören, so wie ich das Herz meiner Mutter als Embryo hörte – bevor ich wusste, dass ich ein Ich bin. So unbedeutend wie ein Schatten, gleichzeitig jeder und niemand, betritt Blaise Pascal die Bühne meines Bewusstseins und flüstert Worte, die so anrührend menschlich sind, dass ich über die Jahrhunderte hinweg seinen warmen Atem spüren kann: „Das ewige Schweigen dieser unendlichen Räume erschreckt mich." Wo ist Graeme, frage ich mich. Und Denika? Die Ungewissheit des Göttlichen erscheint mir ganz nah, und langsam, langsam erlaube ich der undenkbaren Frage, dem Grauen, vor dem ich seit jeher auf der Flucht bin, sich ganz zu zeigen: *Wie wird es sein, einzuschlafen und nie mehr aufzuwachen?*

Stunde um Stunde bleiben wir auf der schmalen Straße, die in die Klippenwand gehauen ist. Hier im südlicheren Teil wird die Landschaft karger. Das Kronendach der Mammutbäume hat Salbeigestrüpp und uralten Eichen Platz gemacht, deren moosbewachsene knorrige Äste in chaotisch organischer Perfektion miteinander verwachsen sind. Außer uns ist niemand auf dem Highway unterwegs. Die wenigen Häuser dieser Gegend sind von der Straße aus so gut wie unsichtbar. Dass es sie gibt, erkennt man nur hier und da an verwitterten Briefkästen. Zach, dessen Blondhaar unter dem Helm hervorquillt, schließt kurz vor einer Steigung zu Jackson auf und hält ihn heimlich an der Sattelschiene fest. Ausgebremst, merkt Jackson sofort, dass etwas nicht stimmt, und schaut prüfend zu seiner Kette hinunter, dreht sich dann um, flucht auf Italienisch und bricht zusammen mit Zach und mir in Lachen aus.

Die Sonne steht hoch am Himmel. Eine leichte Meeresbrise kommt auf und zeigt sich im wogenden Gras, das die Hügel überzieht. Am Horizont ist gelegentlich ein Fischtrawler auszumachen – wie ein Stäubchen Menschheit in der endlosen Weite. Es ist schon Mittag, und mit mehr als 100 Kilometern vor der Brust merken wir, dass wir gegen die Dunkelheit anrennen. Wir drücken aufs Tempo. Als wir das Tassajara Zen Center und die Esalen Lodge passieren, wo Alan Watts vor so vielen Jahren lehrte, denke ich an die Tage, die ich mit meinem Vater verbrachte. Tage, an denen die Dinge einfach waren.

Fuhren wir bisher Hunderte Meter über den tosenden Wellen, nähern wir uns jetzt allmählich dem Meeresspiegel. Nördlich von Ragged Point müssen wir vor einer Baustellenampel halten, die behelfsmäßig an einem Mast am Straßenrand baumelt. Vor uns sieht man, wo die Straße ins Wasser abgerutscht ist, und hinter der Autokolonne schlagen Bauarbeiter mit Maschinen Breschen in den Felshang, um die

Strecke wiederherzustellen. Die Ampel schaltet auf Grün, wir fahren im Windschatten eines Minivans. Neben der noch offenen schmalen Fahrspur liegt schon das neue, makellose Straßenbett. Arbeiter in Sicherheitswesten und Schutzhelmen gestikulieren und brüllen gegen den Lärm der Maschinen an. Wir sind Stunden von jeder Ortschaft entfernt, und ich frage mich, wie sie Tag für Tag hier herkommen. Wenn ich ihnen ins Gesicht schaue, kommt es mir vor, als verströme jeder von ihnen selbstbewusste Entschlossenheit, geradezu Bestimmung: *Hier muss eine Straße gebaut werden.* Ich versuche mir vorzustellen, wie es wohl wäre, mit einer so klaren Aufgabe in der Welt zu leben. Während ich nichts bin, stellen sie etwas dar.

Es fällt mir immer schwerer zu glauben, man könnte mit irgendetwas brillieren, klüger, stärker oder besser sein. Mit der Zeit verwandelt sich jeder Erfolg auf die eine oder andere Art in Scheitern. Alles, was zählt, ist klein und nah und pulsiert gegen den Rhythmus der eigenen Endlichkeit an: mit Graeme im ersten Regen der Jahreszeit tanzen oder neben Denika in der Dunkelheit liegen.

Eines weiß ich inzwischen: Es ist kein Zufall, dass alle meine Helden zum Schluss allein waren. Ich kann nur versuchen, es besser zu machen als sie.

Kapitel 11

Du bist mehr als das

Manchmal kommt es mir eigenartig vor, ich zu sein.
Ich reise durch die Welt, lerne Leute kennen, bin umgeben von Freunden und führe ein erfülltes Leben, aber ständig stehe ich einem jungen Mann gegenüber, mit dem ich nichts gemeinsam habe. Er ist ich, aber er ist heute nicht mehr ich.
In Wahrheit bin ich schon länger ich, als ich er war, aber über mich will niemand etwas wissen.

Eddy Merckx

In der westlichen Welt betrachtet man die Psyche traditionell als dreigeteilt. Analog zu Vater, Sohn und Heiligem Geist unterscheidet man das Ich vom Über-Ich und vom Es. Elementar dabei ist die Vorstellung, dass jeder von uns nicht nur ein Selbst, sondern drei „Selbste“ in sich trägt: das öffentliche, das private und das geheime.

In unserem modernen Streben nach vermeintlicher Authentizität verschwimmen diese drei Instanzen jedoch mehr und mehr. Anstelle der versprochenen Einheit stellt sich zunehmend Verwirrung über die Grundfrage der Identität ein, wer jeder von uns *wirklich* ist. Das, was eigentlich geheim und privat war, wird heute in den Sozialen Medien ausgebreitet. Vor allem aber wird auch die einst ganz persönliche Sprache der Erfüllung und Selbstverwirklichung vereinnahmt. Vom Angestellten einer Fast-Food-Kette bis zur Führungskraft verwischt die Grenze immer öfter zwischen dem öffentlichen Selbst im Beruf und dem privaten Bereich. In den USA wird in der Regel nicht nur erwartet, dass man gegen Bezahlung seine Fähigkeiten oder seine Arbeitskraft zur Verfügung stellt, sondern seine gesamte Identität mit der beruflichen Rolle in einem Unternehmen zur Deckung bringt.

Wenn diese Bereiche jedoch fließend ineinander übergehen, was bedeutet dann „Anerkennung" grundsätzlich für einen Sportler? Welches Selbst oder welcher Teil von uns wird da anerkannt – und von wem? Ist es etwas, das zählt, etwa ein Aspekt unseres Charakters oder unserer Arbeitsmoral, den wir steuern können und dafür Lob verdienen? Oder wird ein erfolgreicher Sportler in Wahrheit nur für etwas so Beliebiges und Vergängliches gefeiert wie eine genetische Veranlagung zu Kraft und Ausdauer? Vielleicht für etwas Schlimmeres – für etwas, das nicht nur zufällig, sondern letztlich sogar zerstörerisch ist?

Die Vorstellung, Sport fördere die Identitätsfindung und Charakterbildung, ist uralt. Eine ganze Industrie rankt sich um die Prämisse, man könne Lehren von der Radrennbahn, vom Schwimmbecken oder Tennisplatz nach Abschluss der Sportkarriere in die Vorstandsetage mitnehmen oder angesichts dieser oder jener Herausforderung daraus schöpfen. In meinen Ohren klingt diese Mythisierung sportlicher Erfolge im Wirtschaftskontext verlogen. Sie reduziert die Identität von Sportlerinnen und Sportlern lebenslang allein auf ihren Sport, was für sie selbst ebenso falsch ist wie für alle, die ihnen nacheifern. Schlimmer noch: Diese Haltung unterstellt, das Leben sei nichts als eine Abfolge von Herausforderungen, die es im Streben nach „Erfolg" zu bewältigen gelte. Die Vorstellung davon, was einen Sportler ausmacht, mündet nicht in echte Erkenntnis oder ein authentisches Selbstverständnis, sondern fördert lediglich den erbarmungslosen Konkurrenzkampf im Kapitalismus des 21. Jahrhunderts. Damit verpufft jegliche Hoffnung, „das zu werden, was man ist". Nietzsche schrieb über die Selbstwerdung:

> „Dass man wird, was man ist, setzt voraus, dass man nicht im Entferntesten ahnt, was man ist. [...] Man muss die ganze Oberfläche des Bewusstseins – Bewusstsein ist eine Oberfläche – rein erhalten von irgendeinem der großen Imperative. Vorsicht selbst vor jedem großen Worte, jeder großen Attitüde! Lauter Gefahren, dass der Instinkt zu früh ‚sich versteht' [...]."

Selbstbilder, die uns zum Erfolg drängen, entstehen allzu oft sehr früh durch Verletzungen und Wünsche, die wir nur vage verstehen. Ehrgeizige Menschen glauben oft, irgendwann in der Zukunft werde es einen Punkt geben, an dem sich die innere Spannung löse, und dann werde das angestrebte ideale Selbst eins mit der Realität sein. In den allermeisten Fällen kommt es dazu jedoch nicht. Die Spannung bleibt von einem gesteckten Ziel zum nächsten bestehen, bis irgendwann eine von zwei Möglichkeiten eintritt: Entweder der „Erfolg" bleibt aus, oder er kommt – in den seltensten Fällen – tatsächlich zustande, in welcher Form auch immer. Man gewinnt Olympisches Gold oder die Tour de France, muss aber fortan auf Gedeih und Verderb auch der sein, den man sich immer wünschte. Besser dran sind diejenigen, die weder zu früh noch zu spät zur „Selbsterkenntnis" gelangen und sich den Zwängen eines nicht selbst bewirkten und gesteuerten Erfolgs gerade noch entziehen können.

Sobald ich versuchte, mich Schicht für Schicht von dem selbst erschaffenen Trugbild zu befreien, drängten sich mir immer stärker die letztlich unbeantwortbaren Fragen auf: *Wer bin ich wirklich? Was ist mir eigentlich so wichtig, dass mich allein bei dem Gedanken, es aufzugeben, blanke Panik überfällt?* Meine Identität als Radrennfahrer lieferte mir keine Antworten. Sie machte es eher komplizierter.

Spitzensport ist nicht gesund. Er stählt einen auch nicht automatisch für berufliche Erfolge, erfüllende persönliche Beziehungen oder einen fruchtbaren Umgang mit „Mannschaftskameraden" im Unternehmen. In Wirklichkeit ist er viel eher einer überwundenen Sucht ähnlich. Die meisten Ex-Radrennfahrer, die ich kenne, verbringen ihr Leben damit, ihre Vergangenheit als erfolgreiche Sportler hinter sich zu lassen. Immer wieder stellte ich fest, dass der Weg aus dem Radsport weitaus holpriger ist als der Weg dorthin.

Als wir die kleine Landzunge Ragged Point durchqueren, sind wir schon mehr als fünfeinhalb Stunden unterwegs. Mein Körper geht allmählich an seine Substanz. Mein Bewusstsein verengt sich mehr und mehr auf grundlegende Bedürfnisse:

Essen, Wasser und die schlichte Kontrolle über mein Rad. Diese Empfindungen sind mir altbekannt und doch zugleich neu, denn meine Wahrnehmungen werden durch die Erschöpfung gedämpft wie Licht durch halbtransparenten Musselin. Kaum mehr als ein Schatten meiner selbst, versuche ich praktisch nur noch, wach zu bleiben und alles zu tun, um den Rest des Tages zu überstehen. Zachs Hinterrad vor mir starr im Blick, löse ich die Hand vom Lenker, krame einen Energieriegel mit Beerengeschmack aus dem Trikot, schiebe ihn in die Wange und lasse ihn langsam im Mund zergehen.

Frank Vandenbroucke, einer der Helden meiner Kindheit, starb einsam in einem Hotelzimmer, nachdem er wegen Dopings gesperrt worden war. Heute, mehr als ein Jahrzehnt später, sind auch für mich die Tage, an denen ich dem Ruhm entgegenzufahren glaubte, längst vorbei.

Weit südlich von Big Sur ist die Straße eben und schnurgerade. Die Steilklippen haben wieder Sandstränden Platz gemacht, und in der Ferne steht die Sonne bereits tief über dem dunklen Pazifik. Eine Gruppe Motorradfahrer, die wir schon vor vielen Meilen an einem Rastplatz stehen gesehen haben, düst lässig auf ihren funkelnden Maschinen an uns vorüber und verschwindet dann über den Kamm einer Anhöhe. Meine Beine fühlen sich müde und ausgepumpt an. Da ich das Schlusslicht bilde, klinke ich nacheinander die Schuhe aus, schüttle die Beine und hoffe inständig, dass wieder Leben hineinkommt. Doch als ich erneut in die Pedale trete, merke ich, dass es kein bisschen geholfen hat.

Immer mehr Palmen – typisch für Südkalifornien, während man sie in Nordkalifornien vergeblich sucht – bevölkern die Auenlandschaft zwischen Ozean und Gebirge. Wir erreichen das Küstenstädtchen San Simeon, das vor allem als einstiger Wohnsitz des milliardenschweren Zeitungsmagnaten William Randolph Hearst bekannt ist. Hoch oben auf einer Anhöhe mit Blick auf den Pazifik erkenne ich schon von weitem die Silhouette von Hearsts Anwesen aus den 1920er Jahren. Umhüllt vom Herbstlicht werden die weißen Gebäude im spanischen Stil mit jedem Pedaltritt klarer erkennbar. Kurz vor ihrem Tod besichtigte ich mit meiner Großmutter das heute unter Denkmalschutz stehende Herrenhaus. Wir fuhren die endlose Auffahrt hoch, beschallt mit Jazz- und Ragtime-Musik, sahen Pfauen und Zebras, die frei das Gelände durchstreiften. Im Innern schien die Villa von der holzgetäfelten Bibliothek, in der einst Charlie Chaplin und Winston Churchill saßen, bis zum riesigen Schwimmbecken mit blau-goldenem Neptun-Mosaik eigens hergerichtet zu sein, damit Besucher nicht nur ihr geschichtliches Interesse stillen, sondern auch ihre geheime Hoffnung nähren konnten, dass vielleicht doch alles möglich ist, wenn man nur hart genug dafür schuftet.

Vor mir schert Jackson aus. Ein Bein ausgestreckt, den Fuß tief auf dem Pedal, lässt er sein Rad einen Moment rollen, bis er sich wieder an mein Hinterrad heftet. Ohne die Sonnenbrille sehe ich seine tiefliegenden Augen und die Erschöpfung in seinem Gesicht. Gleich fühle ich mich besser, denn ich weiß: Ich bin nicht der Einzige, der müde wird. Als wir an der Toreinfahrt zum Hearst Castle vorbeifahren, fällt mir eine typisch amerikanische Stichelei ein: „Wenn du so schlau bist, warum bist du dann nicht reich?“

Als meine Rennkarriere ins Stocken geriet, gab es teils Lob, teils Kritik von Menschen, die nie in einer vergleichbaren Lage gewesen waren: Manager, Möchtegern-Trainer und Mitläufer, die sich vom Spielfeldrand aus lang und breit über mein Training, meine psychische Verfassung und meine Ausrüstung ausließen.

Fuhr ich gut, genoss ich die Anerkennung. Fuhr ich schlecht, verletzte mich die Kritik. Leute, die ich nie gesehen hatte, Journalisten, mit denen ich nie gesprochen hatte, schrieben über meine Leistungen und beurteilten, was ich verdient hätte oder nicht, und das auf ziemlich persönliche Weise. Was gab solchen Leuten, die es nie über Kategorie drei hinaus geschafft hatten, eigentlich das Recht, meine Leistung zu kommentieren? Was für ein armseliges Leben führten sie, dass sie sich überhaupt Gedanken darüber machten, was ich in einem Radrennen tat? So sehr ich mich dagegen sträubte, ausschließlich als Radrennfahrer wahrgenommen zu werden, blieb der Sport doch meine Welt und bestimmte meine Identität. Nicht begriffen hatte ich die Sorte Mensch, der ich so viel Kontrolle über mich überlassen hatte. Vielleicht waren sie mir ja gar nicht so ähnlich, wie ich einmal geglaubt hatte.

Einige aus meinem sportlichen Umfeld meinten es gut mit mir. Sie sahen in mir keine Ware, sondern einen Menschen. Das waren Leute wie Terry Shaw, mein erster Trainer Christopher Campbell, der Ex-Profi Craig Schommer und natürlich Harvey. Viele andere waren vor allem auf das Geld aus, durchgeknallt oder beides. Zudem gab es jede Menge Menschen, die sich aus dem Pool junger Fahrer ihre Eintrittskarte in die Welt des Radsports zu sichern versuchten.

Sie biederten sich Nachwuchstalenten als Agent, Manager oder Berater an, um Macht zu erlangen, die das Leben ihnen anderswo versagte.

Man kann sich zu Recht fragen, warum der Umgang miteinander in diesem Sport eigentlich so konfrontativ ist, obwohl doch relativ gesehen gar nicht viel auf dem Spiel steht. Die Antwort lautet schlicht und einfach: Geld.

Dem Radsport fehlt es insbesondere in den USA seit jeher an finanziellen Mitteln. Im amerikanischen Profi-Radsport herrscht permanenter Krisenzustand, und wer sich in irgendeiner Funktion eine gewisse Zeit über Wasser halten kann, schafft das in der Regel nur, wenn er oder sie bereit ist, alles zu schlucken, um bloß über die Runden zu kommen. Ein sechsstelliges Gehalt tragen die allerwenigsten Fahrerinnen und Fahrer nach Hause. Die meisten bringen es unter dem Strich auf lediglich ein- bis zweitausend Dollar im Monat. Geldgeber kommen und gehen, und die Teams stehen ständig kurz vor der Pleite. Reiche Phantomsponsoren locken Fahrer in Mannschaften, die dann doch nicht zustande kommen. Manchmal werden Verträge eingehalten, manchmal nicht. Vor allem aber sind manche Fahrer so in Not, dass sie auch zum Doping bereit sind, und zwar nicht nur, um auf dem Siegertreppchen zu stehen, sondern um es überhaupt erst einmal in die unterste Profiliga zu schaffen. Ich verstand und akzeptierte zwar letztlich, dass ich eine Ware, ein austauschbarer Marketingfaktor war, aber als ich in den frühen 2000er Jahren die Schattenseiten des Radsports mitbekam, konnte ich die Märchen von Askese und harter Arbeit einfach nicht mehr hören. Selbst der Profi mit den bescheidensten

Erfolgen begriff mehr oder weniger explizit, dass von A bis Z alles abgesprochen war.

Die Generation Lance Armstrong unmittelbar vor unserer hatte die Negativ-Wende vollzogen. In den späten 1990er und frühen 2000er Jahren gewann man Grand Tours und olympische Goldmedaillen eben nicht mehr mit harter Arbeit allein. Viele wussten das – und machten trotzdem weiter. Ich hatte große Mühe, meinen Idealismus damit in Einklang zu bringen, dass ein großer Prozentsatz der Fahrer schummelte. Als ich das Thema Doping immer offener ansprach, stellte ich fest, dass sich meine sportlichen Chancen zusehends in Luft auflösten.

Die Philosophin Judith Butler als Kennerin der menschlichen Psyche meinte einmal: „Vertrauen hat man nur zu denen, die in jeder Beziehung so sind wie man selbst; zu denen, die einen Treueid auf diese bestimmte Identität geleistet haben." Je mehr sich der Schleier lichtete und aufdeckte, was wirklich im Radsport vor sich ging, desto weniger suchte ich die Anerkennung eines Systems, das ich kaum noch respektierte.

Es dämmerte mir, dass ich im Radsport fehl am Platz war, und ich begann mir eine andere, tiefer gehende Form der Zugehörigkeit zu wünschen: zu Künstlern, Schriftstellern und Akademikern, zu Menschen, die vermutlich so fühlten wie ich.

Manchmal kommt es dann doch ganz anders. Als ich ein Angebot vom US-Spitzenteam HealthNet erhielt, dachte ich trotz aller Zweifel, daraus könnte ein Neustart für meine Radsportkarriere werden. Letztlich war es der Anfang vom Ende.

Ich war zwar von konstanten Leistungen noch weit entfernt, aber in der vorangegangenen Saison war ich gut gefahren und beim Collegiate National Championship im Punktefahren Dritter geworden – hinter Bobby Lea und Mike Friedman, die sich beide schon für die Olympischen Spiele im darauffolgenden Sommer qualifiziert hatten. Auf der Straße würde ich nie etwas Nennenswertes erreichen, aber bei Ausdauerrennen mit Massenstart konnte ich gelegentlich an meine frühen Erfolge anknüpfen. Zu dieser Zeit war ich seit knapp einem Jahrzehnt Vollzeitprofi und dachte, ich wüsste im Wesentlichen, was bei mir gut lief und was nicht. Wie in den vielen Jahren davor begann ich also im Spätherbst wieder intensiv mit dem Training für die kommende Saison.

Mehr denn je war mir bewusst, dass es nach diesem Jahr keine Chancen mehr für mich geben würde. Um sicher zu sein, dass ich später ohne Reue auf den Radsport zurückblicken würde, verlebte ich die Tage während des kühlen, ungewöhnlich trockenen Winters in immer gleicher Routine. Sie umfasste nahezu nichts anderes als Training, Fitnessstudio, Essen, Schlafen. Ich wusste nur zu gut, dass ich allein trainieren musste, um unabhängig und fokussiert zu sein. Von meiner Wohnung im Seabright-Quartier von Santa Cruz aus fuhr ich am Yachthafen und an überfüllten Stränden vorbei auf die offenen Feldwege von Watsonville, wo ich ohne Ampeln und viel Verkehr durchgehend mein Tempo fahren konnte. Auf meinem neuen, mit Sponsorenlogos verzierten Teamrad fühlte sich alles wieder ganz einfach an. Die Variablen waren klar: Ich musste ja nur in einer bestimmten Zeit eine bestimmte Wattleistung schaffen. Wenn man mich in

Ruhe ließ, konnte ich abwechselnd hart trainieren und mich erholen. Das war ja wohl zu schaffen. Von der Ausrüstung über die Betreuung bis zum Stress hatte ich offensichtlich alles unter Kontrolle. Ich zählte Kalorien, sammelte Daten und ersetzte die langen aeroben Fahrten von November und Dezember dann mit Frühlingsbeginn allmählich durch intensivere Intervalle.

Doch gleich bei den ersten Rennen der Saison merkte ich, dass etwas nicht stimmte. Mein Körper reagierte einfach nicht, wie er sollte. Im Renntempo waren meine Beine wie tot, meine Herzfrequenz wollte sich nicht der Intensität anpassen. Ich wurde auf alles Mögliche von Borreliose bis zu Anämie getestet, aber die Werte waren normal. Anstatt mich auszuruhen, trainierte ich in meiner Verzweiflung noch intensiver und geriet damit tiefer und tiefer in einen Erschöpfungszustand. Ganz gleich, wie sehr ich mich abrackerte, es kam nichts dabei heraus.

Bei dem Straßenrennen, das dann mein letztes sein sollte, setzte ich mich auf Siegeskurs vom Feld ab. Da wurde mir so speiübel, dass ich mich zurückfallen lassen und am Straßenrand übergeben musste. Im Niemandsland zwischen Ausreißern und Peloton stieg ich vom Rad, stand schweigend auf einer Obstwiese und wartete auf den Besenwagen, der bei Rennen hinterherfährt und Fahrer „auffegt“, die aufgegeben haben. Als ich einstieg, wusste ich, dass meine Zeit als Radprofi vorüber war.

An diesem Endpunkt dachte ich daran, wie alles angefangen hatte: an den Tag, als ich auf dem Schulhof durch den Zaun hindurch gebannt das vorüberfahrende Radteam beobachtet hatte.

Damals hatte ich mich eingesperrt gefühlt, aber die da draußen, die im Windschatten ihres Mannschaftswagens ohne jede Anstrengung in die Pedale traten, waren offenbar frei. Ich fragte mich, wie es passieren konnte, dass sich das, was ich einmal für den Inbegriff der Freiheit gehalten hatte, jetzt wie ein Käfig anfühlte.

Seit meinem 14. Lebensjahr hatte ich tagein, tagaus trainiert. Jetzt konnte mein Körper einfach nicht mehr. Mit der vollen Überzeugung, dass dieses Kapitel meines Lebens zu Ende war, verkaufte ich meine Ausrüstung, besorgte mir einen Job im Marketing, bewarb mich für Graduiertenprogramme in Philosophie und strebte eine Hochschullaufbahn an.

Kurz hinter Cambria setzt leichter Regen ein. Scheibenwischer quietschen, und ein Auto nach dem anderen schaltet die Scheinwerfer ein. Wir drei setzen uns auf, ziehen die Regenjacken aus den Trikots und streifen sie über. Der Regen dämpft den Verkehrslärm, sodass ich das Geräusch unserer Fahrradreifen in der flachen Wasserschicht auf dem Asphalt lauter höre. Meile für Meile bietet sich ein weitgehend gleichförmiges Bild: auf der einen Seite Eigentumswohnungen, auf der anderen weitläufiges Gelände mit Wohnmobilen, alle dem Ozean zugewandt. Bei Kälte und Nässe fühle ich mich eigentlich immer stärker, und eigenartigerweise wird eine Ampel nach der anderen pünktlich grün. Ich ziehe meine Wasserflasche aus der Halterung, öffne das Ventil mit den Zähnen, nehme einen Schluck und dann noch einen, bis ich den feinen Straßensplitt nicht mehr schmecke.

Hinter einer Kurve steigt die Straße an, allmählich kommt der hoch aufragende Morro Rock in Sicht. Einsam und düster türmt er sich am Eingang der kleinen Bucht über dem Meer auf. Anstatt in einer Leichenhalle hatten wir uns damals hier von meiner verstorbenen Großmutter verabschiedet. Der Wind hob ihre Asche von der Handfläche meines Vaters und verstreute sie im Pazifik. Ich denke nicht nur an sie, sondern auch an ihre einzige Tochter – an Lenore. Nun sind beide vereint, und sind es doch nicht. Etwas und nichts, inmitten desselben endlosen wirbelnden Wassers.

Wer das Gedicht geschrieben hat, konnte ich nie herausfinden, aber vermutlich war es ein deutscher Dichter der Romantik. An einem Abend vor langer Zeit las es mir mein Vater vor. Es verglich die Seele auf ihrer Reise von der Geburt bis zum Tod mit einem Regentropfen, der vom Himmel fällt. Ohne zu wissen, woher sie kommt und wohin sie geht, kehrt sie schließlich in das unendliche Meer des Unterbewusstseins zurück, nur um bis in alle Ewigkeit wieder von vorn anzufangen.

Der dunkle Himmel vor uns ist voller Möwen, und als wir an dem imposanten Felsen vorbeifahren, spüre ich Traurigkeit wie eine Welle über mich hinwegschlagen. Zach schert aus, und als ich vorn bin, trete ich fester in die Pedale und warte darauf, dass der brennende, scharfe Schmerz in meinen Beinen und meiner Lunge mich ablenkt. In meinem Alter habe ich oft genug miterlebt, dass auf der Bühne des Lebens alles kommt und wieder vergeht, und Nietzsches erhabene, einst für verrückt gehaltene Erkenntnis, dass wir in Wahrheit Teil eines immerwährenden Kreislaufs sind, fühlt sich so gewiss an wie meine eigene Hand: Dieses Leben ist nicht mein erstes.

Der Wind dreht sich, als wir eine sanfte Steigung hinauffahren, und während ich mich zurückfallen lasse, legt sich das metallische Aroma der Strapaze auf meine Zunge.

Hinter Morro Bay biegen wir ins Landesinnere ab. Der Regen hat aufgehört. Lange Schatten huschen über die dunkler werdenden Hügel, die nur von Strommasten und ein paar grasenden Kühen bevölkert sind. Die Gegend ist immer noch ländlich, aber es deutet sich an, dass die Straße hier zu größeren Ortschaften führt, denn ein steter Strom von Autos rauscht nun an uns vorbei. Zach führt lange Zeit so schnell, dass ich fürchte, nicht mehr mitzukommen. Dann lässt er sich zurückfallen, und an einer geringfügigen Steigung steht Jackson aus dem Sattel auf und strengt seine Beinmuskeln an.

Mit angewinkelten Ellbogen und entschlossenem Blick sieht er immer noch genauso kraftvoll aus wie in seiner Profizeit. Als er an mir vorbei nach hinten driftet und hinter mir wieder einschert, lässt mich der Gedanke nicht los, dass ausgerechnet er als einer der besten amerikanischen Fahrer meiner Generation dazu verdammt war, Lance Armstrong in Werbespots für Nike zu doubeln – Ironie des Schicksals. Wenn Armstrong auf dem Gipfel seines Ruhms keine Zeit zum Drehen hatte, holten sie Jackson. Seine Beine und sein Körper flimmerten über die Fernsehbildschirme, während Armstrongs Stimme aus dem Off die Tugenden harter Arbeit und Beharrlichkeit pries und Alt und Jung dazu aufrief, es ihm gleichzutun.

Oft heißt es, Doping fordere keine Opfer, denn schließlich handle es sich ja um freiwillige Entscheidungen mündiger Erwachsener. Doch die Realität war viel destruktiver. Mit 14 oder 16 ahnten wir noch nichts davon, was man einmal von uns verlangen würde. Erst allmählich, und wenn es längst kein Zurück mehr gab, wurde klar: Du musst dopen oder du bist raus.

Im Radsport wird in Zwischengenerationen gerechnet, und für US-Fahrer der frühen 1980er-Jahrgänge war die Tür schon fast zu. Eine lange Liste von Fahrern, die von Natur aus viel talentierter waren als ich und denen dank ihrer körperlichen Eignung und ihres Fleißes eine lange, erfolgreiche Karriere zugestanden hätte, wurde ihrer Chancen beraubt. Darunter waren Topleute wie Ryan Miller, Skyler Bishop, John Hygelund, Matt Dubberley und John Rutherford. Als ihnen klar war, was da von ihnen verlangt wurde, besaßen sie die moralische Größe, dem Sport den Rücken zu kehren.

Um zu siegen, auf dem Titelblatt von *VeloNews* zu prangen und bei den Gran Fondos zu glänzen, musste man nicht nur dopen, sondern sich auch eine doppelte Identität zulegen. Die private und die öffentliche Rolle waren unvereinbar. Ich verabscheute, was ich hätte tun müssen, um nach oben zu gelangen, aber auch, wer ich hätte werden müssen. Eines war mir klar: Würde ich mich für Doping entscheiden, würde die Scham darüber jeden sogenannten „Erfolg" überschatten. Ich war bei weitem nicht der Einzige, der das so sah. Abgesehen von der Gefahr, überführt zu werden, wäre ein gedopter Sieg für eine ganze Reihe von Fahrerinnen und Fahrern ein

Pyrrhussieg. Sie hätten sich nicht als Sieger, sondern als Betrüger empfunden.

Wer tatsächlich gesiegt hätte, kann niemand sagen. Die vorgeblichen Champions – die mit den bekannten Namen – waren schlicht diejenigen, die am ehesten bereit waren, die eigene Identität zu opfern, um ein durch und durch korruptes System zu unterstützen. Früher war ich darüber wütend, heute überwiegt das Bedauern gleichermaßen für Betrüger und Betrogene.

In unser aller Interesse hat dieser Sport etwas Besseres verdient.

Als wir die Außenbezirke von San Luis Obispo erreichen, ist es bereits dunkel. Nach und nach kommt zum Vorschein, was eine Stadt am liebsten verstecken würde: eine Kläranlage, ein Umspannwerk und dann, in einen Hang hineingebaut und mit auffallend hellen Scheinwerfern, Stacheldraht und scharfkantigem Umriss, eine riesige Justizvollzugsanstalt.

Alles, was Angst einflößt, entschärft man in den USA mit beschönigenden Namen. Die grünen Straßenschilder führen nicht zu einem Gefängnis, sondern zu einer *Men's Colony* oder *Correctional Facility.* Um Euphemismen wie „Männerkolonie“ oder „Besserungsanstalt“ zu durchschauen und zu begreifen, was für eine Anlage man da vor sich hat, braucht es wenig Scharfsinn oder Einfühlungsvermögen. Mir erscheint im Vorbeifahren meine eigene Freiheit wie reiner Zufall. Nur Leuten mit zu wenig Fantasie bleiben gewisse Dinge verborgen. Wenn ihnen etwas zivilisiert, anständig, ja sogar heroisch erscheint, beruht das oft auf einer Art vorsätzlicher

Blindheit, die mich gegen jeglichen rechtschaffenen Anspruch auf Macht oder Wahrheit misstrauisch macht.

Wir erreichen die Innenstadt von San Luis Obispo, jeder Pedaltritt fordert mir enorme Willenskraft ab. Ich will endlich aus dem Sattel kommen. In der Hoffnung, eine letzte Energiequelle anzuzapfen, greife ich nach den Kopfhörern. Heute Morgen hatte ich sie in meine Trikottasche gestopft, weil ich dachte, sie könnten mir vielleicht über einen Moment der Erschöpfung hinweghelfen. Ich stecke mir die Knöpfe in die Ohren und drücke auf Play, aber schon bei den ersten Takten merke ich, dass ich sogar dafür zu müde bin. An einer kleinen Steigung gibt Zach auf einmal Gas, und ich schreie „Off!", aber der Wind übertönt mein Flehen. Ich beiße die Zähne zusammen und bemühe mich, in Jacksons Windschatten zu bleiben. Irgendwann kann ich nicht mehr.

Auf dem Rad wie im Leben ist man letztlich auf sich allein gestellt. Meter für Meter sehe ich meine Freunde in der Ferne entschwinden und immer kleiner werden. Erschrocken schießt es mir durch den Kopf, dass ich nicht nur kein Mobiltelefon dabeihabe, sondern nicht einmal weiß, wie unser Hotel heißt. Auf einmal wendet sich Jackson um und merkt, dass sie mich abgehängt haben. Er informiert Zach durch einen Pfiff. Beide verlangsamen und warten, bis ich aufschließe. Erst als ich wieder bei ihnen bin, geht es weiter. Beide nicken mir zu, und ich weiß, sie lassen mich nicht im Regen stehen: *Sie lassen mich nicht allein.* Wie das Leben ist auch das Radfahren zugleich kollektiv und einsam, kompetitiv und kooperativ. Beide Sphären sind rätselhaft und voller Widersprüche, und wie bei allen Dingen und Menschen, die man von ganzem Herzen liebt, erhalte ich auch Liebe zurück – vielleicht nicht immer, wie ich es mir gewünscht hatte, aber so gut es eben ging.

Auf den letzten mühsamen Kilometern geht es vorbei an Einkaufszentren und Ladenzeilen, Lebensmittelläden und Reinigungen, bevor wir in ein Wohnviertel mit gepflegten Bungalows abbiegen. Ein Fenster nach dem anderen flimmert im bläulichen Schein der Fernsehbildschirme, und Essensdüfte wehen durch die Straße. Es gibt weniger Laternen als auf der Hauptgeschäftsstraße, und die Dunkelheit verschluckt mein schwarzes Fahrrad unter mir, sodass es sich anfühlt, als würde ich nicht Rad fahren, sondern schweben. Wir biegen schließlich in eine Einbahnstraße ein, die zu unserem Hotel führt. Und dann: endlich Ruhe.

Kapitel 12

Das Leben an sich

Ich bin ein Philosoph, der fühlt.
Ich bin ein Philosoph, der nicht denkt.
Vaslav Nijinsky

Als wir unsere Fahrräder die Treppe zum Zimmer hinauftragen, steigt in uns über den Nebel der Erschöpfung hinweg ein Gefühl der Erleichterung auf. Wir haben es geschafft. Keiner von uns hat sich und die anderen enttäuscht. Keiner von uns hat aufgeben, keiner gejammert. Keiner von uns hat an irgendeinem Punkt den stillschweigenden Pakt gebrochen, den wir vor so langer Zeit miteinander und mit uns selbst geschlossen hatten: Wir gehören zu denen, die niemals aufgeben.

In unserem Stockwerk ist der Korridor von einer Reihe Verkaufsautomaten gesäumt, und ich sehe, dass das Gebäude trotz des frischen Anstrichs und des Teppichbodens im Grunde ein normales Motel ist: drei Stockwerke mit identischen kastanienbraunen Türen, die alle zum Innenhof mit Swimmingpool ausgerichtet sind. Der Lärm plantschender, lachender Gäste hallt im engen Gang wider.

Alle, die hier sind, auch wir selbst, werden vielleicht morgen, vielleicht übermorgen weiterziehen. Solange das Geld reicht, bekommt man dafür zumindest für den Augenblick eine konfektionierte, unpersönliche Art der Zugehörigkeit, der man jederzeit wieder den Rücken kehren kann. Immer unterwegs, ohne jedes Risiko: So nichtssagend eine solche unstete Lebensweise im Las-Vegas-Format auch sein mag, so hat sie doch seit jeher auch ihre Reize. In Räumen und an Orten wie diesen kann man Identitäten mit derselben Leichtigkeit anprobieren und wieder ablegen wie Filmrollen. Alles erscheint möglich.

Zach steckt die Schlüsselkarte in das Türschloss unseres Zimmers, und der Riegel schnappt mit einem Klicken zurück. Drinnen riecht es nach Reinigungsmitteln, die Klimaanlage brummt monoton. Nach unserer rustikalen Hütte in Big Sur erscheint uns das Zimmer riesig. Die beige gestrichenen Wände, die schneeweißen Laken und der steinerne Waschtisch wirken sauber und modern. Wir stellen unsere Fahrräder in einer ordentlichen Reihe vor der Kommode ab und befreien unsere geschwollenen Füße von den Schuhen. Dann sitzen wir einen Augenblick auf dem Sofa und schauen unsere Räder an, bis Jackson das Schweigen bricht und ausspricht, was wir alle denken: „Das ist ein gutes Fahrrad." Er sagt es mit Bestimmtheit und zeigt auf sein schlammbespritztes Vehikel. „Besser als ich dachte." Und so müde ich gerade noch war und so sehnlich ich darauf gewartet habe, endlich aus dem Sattel zu kommen – wenn ich jetzt mein Rad ansehe, fühle ich mich dem Ding, das mich hierher getragen hat, noch enger verbunden. Die Konstruktion ist anmutiger, als mir bisher bewusst war. Sie erscheint mir organischer, als wäre sie ein Teil von mir. Wir packen aus und machen uns für das Abendessen fertig. Mein Blick wandert immer wieder zu meinem Rad. Auch auf Fahrräder aus Massenproduktion passt das sogenannte Glaubensbekenntnis der U.S. Marines über das eigene Gewehr: *Es gibt viele wie dieses, aber dieses ist meins.*

Als ich allein im Bad bin, schalte ich das Neonlicht ein und betrachte mich im Spiegel. Ich sehe müde aus, meine Wangen sind eingefallen, Gesicht und Hals sind mit Bartstoppeln bedeckt, weil ich mich die letzten Tage nicht rasiert habe. An den streichholzdünnen Armen habe ich einen leichten Sonnenbrand, meine Beine sind voller Schmutzspritzer, aber nur in dem Bereich zwischen Socken und Shorts. Die Wunden an Hüfte, Knie und Ellbogen sind verschorft und heilen allmählich ab. Abgesehen von den Körperteilen, die mit dem Fahrrad verbunden sind, kommt es mir vor, als hätte mein eigentliches Ich sehr wenig zu tun mit diesem Gesicht, diesen Gliedmaßen, in dieser Welt, in der ich seit jeher nur mit großer Mühe existiere und ganz präsent bin.

Es war Ende August 2009 und immer noch drückend schwülwarm, als Denika und ich nach Chicago zogen, wo ich als Graduierter an der Universität anfing. Seit meinem letzten Rennen vier Jahre zuvor war ich nicht mehr Fahrrad gefahren.

Wir wohnten nur wenige Gehminuten von der Uni entfernt in North Side. Unser Quartier grenzte an den Michigansee und einen weitläufigen Park, und die engen Gassen und die von Bäumen gesäumten Bürgersteige hallten wider vom Rumpeln der Hochbahn auf ihren in die Jahre gekommenen

Holzständern. Öffentliche und private Räume waren nicht nur älter, als ich es von Kalifornien kannte, sondern auch ohne viel Rücksicht auf Funktionalität mit Liebe zum Detail und Sinn für Schönheit gebaut worden. In jedem Gesims, jedem sauber verfugten Mauerwerk spürte ich den beängstigenden Zahn der Zeit. Jemand hatte all das einst geschaffen – jemand, der zweifellos nicht mehr lebt.

Ich trat an der Fakultät meine Dozentenstelle an und war nun Doktorand der Philosophie. Ich leitete Gesprächsrunden, ging meinem geregelten Job nach und verbrachte ansonsten praktisch jede wache Stunde mit Lesen.

In meiner Ecke im dritten Stock der Bibliothek war ich weit weg von Zeit und Raum. Abends machte ich mich hungrig und mit verquollenen Augen in der Dämmerung auf den Weg, vorbei an Scharen von Pendlern, die von ihren guten Jobs in der City nach Hause fuhren. Doch wo ich Gleichgesinnte erwartet hatte, fand ich größtenteils ein neurotisches Umfeld mit extremem Konkurrenzdenken, befeuert durch den erbitterten Kampf um die wenigen Lehrstellen. Intellektuelle Vorlieben und Interessen durchtränkten Persönlichkeit und Verhalten, bis fast jede Interaktion nur noch im Zeichen der einen Frage stand: Wer von uns war der Klügste?

Das Geistesleben, nach dem ich mich als Radprofi so sehr gesehnt hatte, fühlte sich lebensfremd und gefühllos an. Mehr und mehr rutschte ich in ein Grauen ab, wie ich es nie zuvor erlebt hatte.

Farben verblassten, Strukturen verschwammen, und die Welt rückte in weite Ferne wie ein Film. Mit zunehmender Hilflosigkeit wurde mir mit jedem Tag klarer, dass mir alles

Denken nicht helfen würde. Ich wurde unsicher, wer und was überhaupt real war, und betrachtete mein Leben mit distanziertem anthropologischen Interesse, ohne entscheiden zu können, ob ich weniger oder gar mehr daran glaubte als die Leute, denen ich auf der Straße begegnete. Sie alle wirkten so fest in ihren Rollen verankert.

Wenn ich heute an meine Zeit in Chicago denke, erinnere ich mich noch gut daran, was ich vom Fenster der Bibliothek aus sah, während ich tiefer und tiefer in Depressionen versank: tief hängende Wolken, die schwer über den endlosen Fluchten immer gleicher Backsteinbauten bis zum Horizont lagen. Von Gedanken aufgezehrt, hatte ich das Gefühl, als sei alles Greifbare und Reale vom Meer verschlungen worden. In der wenigen Freizeit, die mir blieb, wanderte ich kreuz und quer durch den nahe gelegenen Zoo und das Arboretum, sah mir seltene Orchideen, Affen und einen traurigen, einsamen Malaienbären an und versuchte, wenigstens ihre Existenz so intensiv zu spüren, dass sich das Leben nicht nur wie eine bloße Abstraktion anfühlte.

Die Philosophie in irgendeinem realen Sinn zu verstehen, hieß offenbar, sie hinter sich zu lassen. Ob Dichter, Denker oder vielleicht Heideggers „Hirten des Seins“: Diejenigen, die wirklich verstanden, worum es ging, waren ganz sicher keine Gelehrten.

Als der Schnee in jenem Frühjahr endlich zu schmelzen begann, wurden die Depressionen so übermächtig, dass kein Weg mehr daran vorbeiging. Denika und mir war klar, dass ich nach Kalifornien zurückgehen und mich in Behandlung begeben musste. Als wir Chicago verließen, dachte ich, ich würde vielleicht zurückkehren, sobald es mir besser ginge, aber genau wie beim Radfahren wusste ich tief im Inneren, dass ich auch mit diesem Kapitel in meinem Leben abgeschlossen hatte.

Wir warten vor der Hotellobby auf das Taxi, das uns zum Abendessen bringen soll, und blicken erwartungsvoll die Straße hinab. Über uns ist der Mond nur als Sichel erkennbar. Eine kühle Abendbrise kommt auf, schüttelt die Wedel der angestrahlten Palmen vor unserem Hotel und lässt die Flaggenseile mit sporadisch wiederkehrendem Scheppern gegen den Aluminiummast schlagen.

Nach kurzer Fahrt setzt uns das Taxi an einer Straßenecke in der Innenstadt ab. In Jogginghosen und Flip-Flops sind wir ziemlich *underdressed*, aber auch zu müde, als dass uns das etwas ausmachen würde. Wir laufen an ein paar Häuserblocks entlang und finden schließlich das Steakhaus, an das sich Jackson erinnert. Die Bedienung führt uns durch das Restaurant und an der Küche vorbei auf eine Terrasse mit Olivenbäumen, die zwischen den Holzdielen wachsen. Jackson hat inzwischen länger in Europa gelebt als in Amerika und besteht nicht nur auf gutem Essen, sondern auch auf einer gänzlich unamerikanischen Muße. Zach grinst mich vielsagend an: *Wir werden wohl besser zu Abend essen als gedacht,* und ich grinse ermattet zurück. Wir lassen uns nieder und genießen unser gemeinsames Mahl in Freundschaft.

Beim Essen reden wir über Amerika und Europa, über Lebensweisen und darüber, dass in den traditionellen Radfahrernationen Frankreich, Italien und Belgien viele Bauernhöfe wie eh und je in Familienbesitz stehen und die Menschen sich mit ihrem *terroir*, ihrem eigenen Stück Land, verbunden fühlen. Es ist sicher kein Zufall, dass eine ganze Reihe erfolgreicher europäischer Radprofis aus Bauernfamilien stammt, in denen körperliche Arbeit auf dem Feld ebenso wie auf dem Rad einfach zum Leben dazugehört.

Wir drei sind zusammen groß geworden, haben dieselbe Sportart geliebt und verloren und sind deshalb alle drei an diesen nie endenden Prozess der amerikanischen Selbstschöpfung gefesselt. Ich frage mich, wie etwas so scheinbar Festgefügtes wie das Schicksal in seiner Zufälligkeit so unerträglich leicht sein kann; zufällige Begegnungen mit Mannschaftskameraden, die meine engsten Freunde wurden, mit einem Sport, der mein Leben werden sollte.

Hinter der tastenden Annäherung an die Selbsterkenntnis versteckt sich die Überzeugung der Psychoanalyse, wenn man nur das Unbewusste ins Licht des Verstandes rücke, könne man damit allen Schmerz und alle Missverständnisse beseitigen. So funktionierte es aber irgendwie nie. In Amerika ist ein echtes Gefühl von Endgültigkeit so gut wie unbekannt.

„Also gut, hier kommt eine Frage an dich", sagt Zach zu Jackson. „Wenn du nicht mehr im Radsport arbeiten würdest, was tätest du dann?"

„Keine Ahnung", antwortet Jackson, den Blick in die Ferne gerichtet. „Ich habe nicht die geringste Ahnung."

Bei unserer Rückkehr nach Kalifornien war ich nun weder Profisportler noch angehender Hochschullehrer, sondern etwas, um das mich niemand beneidete.

Ich füllte Formulare aus und beantwortete Fragen, die man mir in gedämpftem, klinischem Tonfall stellte: *Ja, in meiner Familie gab es Fälle von Depressionen. Ja, in den letzten zwei Wochen erschien mir das Leben oft sinnlos.* Monatelang suchte ich Psychotherapeuten und Psychiater auf, schluckte Medikamente, aber nichts half.

Ich war körperlich zu erschöpft und geistig zu aufgewühlt, um Rad zu fahren. Vor allem aber fühlten sich die Dinge, mit denen ich sonst mein Gedankenkarussell anhalten konnte, fremd und unheimlich an. Alles Transzendente bewirkte in mir nicht mehr die Freude, mich in etwas Schönem zu verlieren, sondern drohte das Wenige, was von mir übriggeblieben war, sang- und klanglos zu verschlingen.

Um es unmissverständlich zu sagen: Das Denken war für mich gestorben, ebenso wie die Vorstellung, Ideen – gleich welcher Art – könnten das Leben erträglicher machen. Aus der unerforschten Unbegreiflichkeit der Depression heraus erschien mir die Philosophie wie ein gekünsteltes Unterfangen, das Unfassbare immer wieder aufs Neue in die unterschiedlichsten Kategorien einzusortieren. Endlos Worte aufzustapeln und Dinge in Schubladen zu stopfen, die nur im Verhältnis zu anderen Schubladen Sinn ergaben, aber mit Wahrheit oder Realität nicht das Geringste zu tun hatten. Vor diesem Hintergrund erschien mir selbst Intelligenz lächerlich sinnlos, und ich fragte mich, wie ich jemals so naiv gewesen sein konnte zu glauben, ausgerechnet die Philosophie werde mich vor irgendetwas retten, womöglich sogar vor mir selbst.

So war ich also vom Bann des Denkens erlöst. Aber was kam nun? Die Welt erschien mir ohne Farben und Sinn. Jeder

Sonnenuntergang, jeder Grashalm war so gut oder schlecht wie die anderen, erhielt eine unerträgliche Endgültigkeit, als sei er der letzte seiner Art. Ich fragte mich, ob man manche Dinge besser gar nicht wissen sollte, ob das Subjekt Objekte braucht, um der eigenen Existenz einen Sinn zu verleihen – wie der Tag die Nacht braucht.

Ich spürte, ich war der Sonne zu nahegekommen, und wollte nichts weiter, als wieder in die triviale Bequemlichkeit des Alltags eintauchen. Ich wollte nichts Großes mehr leisten, sondern nur noch ein kleines, unbedeutendes Leben führen.

Im Herbst nach unserer Rückkehr nach Kalifornien entdeckten Denika und ich eine vielversprechende neue Behandlungsform. Bei der transkraniellen Magnetstimulation, kurz TMS, wirken Magnetimpulse gezielt auf den Bereich des Gehirns ein, der für die Depression verantwortlich ist, sie erhöhen die neuronale Aktivität. Einen Monat lang sollte ich täglich zur Behandlung kommen. Da mir eine ganze Phalanx von Medikamenten bisher nur wenig geholfen hatte, entschlossen wir uns, die einstündige Fahrt nach Palo Alto in Kauf zu nehmen – zu demselben Krankenhaus, in dem ich zur Welt gekommen war.

Die Doktorandin, die mich beim ersten Termin im Wartezimmer begrüßte, war nicht älter als ich. An ihrer sanften Art, mit mir zu sprechen, merkte ich, dass sie Mitleid mit mir hatte. Ich weiß noch, dass ich ihr gern gesagt hätte, ich sei ja gar nicht so anders als sie, genauso klug und ehrgeizig, aber mir war klar, dass sie meine Lage nur zu gut durchschaute. Ich war krank, und ich war auf sie angewiesen, wie ich noch nie zuvor jemand Fremdes gebraucht hatte. Wenn ich alles andere ausblendete, wurde mir in aller Härte bewusst, dass meine Identität nur noch die eines „Patienten“ oder „Depressiven“ war.

„Wir beginnen mit einer sogenannten funktionellen Magnetresonanztomografie“, erklärte sie mir, „messen also zunächst die Durchblutung und neuronale Aktivität in den verschiedenen Hirnarealen, um nachvollziehen zu können, was im Gehirn schiefgelaufen ist und wo die TMS einwirken muss.“ In einer Umkleidekabine streifte ich ein Patientenhemd über, dann ging es weiter in einen halbdunklen Raum mit der MRT-Röhre. Hinter einer Glaswand konnte ich im Nebenraum eine Reihe von Computern ausmachen, davor mehrere Ärztinnen und Ärzte.

Mit dem Kopf in einem Metallreif hörte ich, wie sich die Tür zum Raum schloss und die Klimaanlage verstummte, während ich rücklings auf der Liege in den engen Schlund der Maschine geschoben wurde. Es roch intensiv nach klinischer Sauberkeit, nach Desinfektionsmittel und Elektronik. Als die Maschine ansprang, wusste ich, dass auf den Monitoren im Nebenzimmer Bilder meines Gehirns erschienen und der Blutfluss in den verschiedenen Arealen orange, rot, grün und blau aufleuchtete. Ein Organ wie jedes andere und dann doch wieder nicht. Es war der Ort, wo ich war. Was immer, wer immer ich war. Sie würden bestimmt einen Auslöser finden. Vielleicht kam ich so der Realität am nächsten: Die physischen Strukturen meines Gehirns sind Materie von dieser Welt. Sie bestimmen meine Realität, so wie meine Lunge, mein Blutkreislauf und meine Muskeln meine Leistungen als Radrennfahrer bestimmt hatten. Vielleicht hatte ich das alles ja völlig falsch gesehen, vielleicht kam es am Ende nur auf den Stoff an, aus dem die Welt gemacht ist.

Unter Surr- und Klickgeräuschen überkam mich mit Macht die Erkenntnis, wie isoliert, wie eingesperrt in mir selbst ich mich fühlte. *Was, wenn das alles nur ein Traum ist?* Vor lauter Angst pochte mir das Herz bis zum Hals, der Schweiß brach mir aus. Es gab nichts Schrecklicheres, als für immer allein in meinem Denken eingeschlossen zu sein, während alles ringsum nur so flüchtig und eigentümlich war wie ein Traum. Um mir zu beweisen, dass ich tatsächlich in dieser Welt existiere, hätte ich mich gern bewegt, wäre gern gerannt, meinetwegen Rad gefahren, aber in der klaustrophobisch engen Röhre war ich gezwungen, ganz still zu liegen.

Auf dem Monitor vor mir erschien plötzlich das Schwarz-Weiß-Foto eines Mannes mit zusammengekniffenen Augen und wütend verzogenem Mund. Das war also der angekündigte Test. Das Bild war so nah an meinem Gesicht, dass ich zunächst Mühe hatte, es scharf zu sehen. Dann erst entdeckte ich am unteren Rand das Wort „Überraschung“. Die Situation fühlte sich surreal an, als wäre ich in einen Science-Fiction-Film geraten. Aus dem Nichts hörte ich durch einen Lautsprecher eine verzerrte Stimme.

„James, bitte denken Sie daran: Drücken Sie den oberen Knopf, wenn die beschriebene Emotion mit dem Gesicht übereinstimmt, und den unteren, wenn das nicht der Fall ist.“

„Okay, mach ich“, antwortete ich, ohne genau zu wissen, ob mich überhaupt jemand hörte. Am liebsten hätte ich sie angefleht, sie und all die Leute, die im Kontrollraum auf die Bilder von meinem Gehirn starrten, mir einfach zu helfen, einen Sinn im Leben zu sehen, aber es blieb mir nichts anderes übrig, als mitzuspielen. Ein Bild nach dem anderen erschien auf den Monitor vor mir. Manche waren falsch etikettiert, andere richtig. Ich sah die Gesichter fremder Menschen, alte und junge, Männer und Frauen, einige spiegelten in übersteigerter Form Angst wider, andere Zufriedenheit. Ich konnte nur darauf vertrauen, dass die Ärzte anschließend wussten, wie mein Schmerz endlich zu stoppen war.

Ich trat aus der Dunkelheit des Labors in die helle Nachmittagssonne und ging zum Auto, in dem Denika auf mich wartete. Unerschütterlich in ihrer Liebe zu mir, akzeptiert sie mich bedingungslos. Ihr war egal, wie gut ich Rennrad fuhr oder in welcher Zeitschrift ich philosophische Essays publizierte. Vielleicht zum ersten Mal seit Monaten versuchte ich, sie so zu sehen, wie sie wirklich war. Nicht meinen Schmerz, nicht die Art, wie sie mir helfen könnte, oder mein Bild von ihr, sondern sie, so wie sie wirklich war, mit ihren braunen Augen, ihrem dunklen Haar und den hellen Sommersprossen auf Nasenrücken und Wangen. Ich sah sie an und sah, wie sie mich ansah.

Idealisierung macht in der Liebe wie in der Freundschaft gerade das zunichte, was sie sich am meisten wünscht. Sie verwischt alle Konturen und Eigenheiten in der Existenz des geliebten Menschen, die man *nicht* sehen möchte, bis die Person, die man zu lieben meint, nur noch ein abstraktes Idealbild ihrer selbst ist.

„Und, lief es gut?“, fragte Denika sachlich.

„Ja“, antwortete ich. „So gut es eben ging, denke ich.“

Lächelnd gab sie mir einen Kuss, ließ das Auto an und drehte sich dann nochmals zu mir um. „Wir stehen das durch“, versicherte sie mir so zuversichtlich, dass ich ihr glaubte.

Und obwohl es keinen entscheidenden Moment, keinen spektakulären Wendepunkt gab, standen wir es langsam, aber sicher durch. Die Wirklichkeit wurde wieder wirklich, und während der TMS-Magnet wie ein eigentümlicher Specht an meinen Schädel pochte, wurde ich ganz allmählich wieder gesund.

Mit Denikas Hilfe tastete ich mich aus dem Dunkel heraus, bis fast unmerklich auch die Sterne wieder am Himmel erkennbar wurden.

Am frühen Morgen weckt mich Zach. Er will den Pendlerzug nach Santa Barbara erwischen, wo er wohnt. Ich klettere aus dem Bett und ziehe die schweren Vorhänge zurück, sodass die Sonne hell ins Zimmer scheint. Da Jackson und ich beide versprochen haben, gegen Mittag wieder zu Hause zu sein, springen wir kurz unter die Dusche und ziehen uns an.

Beschallt mit nichtssagender Musik frühstücken wir in der Hotellobby unter Fremden, steigen dann in einen Shuttlebus und holen den Mietwagen ab, um zurück in die Bay Area zu fahren.

Auf einem Parkplatz nahe am Flughafen unterschreiben wir die Papiere für das Auto, laden routiniert unsere Fahrräder ein und fahren los. Die Strecke, die uns auf dem Fahrrad so beschaulich und spektakulär erschien, frisst das Auto auf dem Highway 101 in Richtung Landesinneres in

Nullkommanichts. Auf die Weiden, Futtermittelläden und Weingüter von Atascadero, Templeton und Paso Robles folgt eine fast baumlose Landschaft, nur unterbrochen von Eisenbahnschienen und den verfallenden Kasernen eines verlassenen Armeestützpunkts.

Wo irgend möglich, nutzt der Mensch die Natur für seine Zwecke. Ich entdecke rostige Bohrtürme, die mir noch aus der Kindheit vertraut sind. Noch heute, nach Jahrzehnten, bewegen sich ihre Köpfe unaufhörlich auf und ab und wirken dabei so bemerkenswert menschlich, dass man sie unwillkürlich wegen ihrer schweren Arbeit bemitleidet.

Wir überqueren eine kleine Bergkette und fahren wieder hinunter in die wohlbestellten Äcker mit der dunklen Erde des südlichen Salinas Valley. Ich sehe Reihen von Feldfrüchten wie im Licht eines Stroboskops neben dem Seitenfenster vorüberhuschen und frage mich, wie viele Dinge – schlimmer noch, wie viele Menschen – ich mein ganzes Leben lang angeschaut habe, ohne sie jemals wirklich zu sehen.

Kurz vor Soledad halten wir an einer Tankstelle. Während Jackson drinnen Wasser kauft, lehne ich an der warmen Karosserie und spüre, wie das Benzin in den Tank strömt. Ein nahendes Unwetter lässt im Süden und Westen hinter den tiefhängenden Wolken einen silbrigen Schimmer aufleuchten.

Die Zapfsäule stoppt mit lautem Klackern, und in der wiedergewonnenen Stille höre ich den Wind in den Bäumen rauschen. In der Ferne sind Hundegebell und ein pfeifender Zug zu vernehmen, und ich bin trotz allem und ohne jeden Grund zuversichtlich, dass alles in Ordnung kommt und immer in Ordnung war.

Nach Hause ist es jetzt nicht mehr weit. Die Felder von Gilroy und die wuchernden Vororte von Morgan Hill erscheinen mir bedeutungslos, vielleicht sind sie mir nur allzu vertraut. In einer Kultur, die für Dinge ohne klares Ziel wenig Zeit und Geduld hat, ist die Philosophie eine Sackgasse. Dabei ist ein klares Ziel beileibe nicht der einzige Maßstab für Werte, denn wertvoll sind auch Reisen. Ich kehre dorthin zurück, wo ich begonnen habe, vielleicht verändert, aber in keiner Weise besser.

Bei meiner Ankunft sehe ich Denika und Graeme durch das Fenster. Gerade als ich mein Fahrrad auslade, kommen beide aus dem Haus, und Graeme schlingt seine Arme um meine Beine. Ich knie mich neben ihn und schaue zu, wie er das Vorderrad meines Fahrrads festzuziehen versucht.

„So?", fragt er nach einem Moment.

„Das ist perfekt", antworte ich.

Mein Vater sagte einmal zu mir, ich hätte ihm das Leben gerettet. Heute weiß ich, was er meinte.

Nicht nur das Heilige ist unaussprechlich, sondern auch das Profane. Verstreut zwischen den Überresten der kleinen Dinge des Lebens versagen Worte, und als ich Graeme in den Arm nehme, denke ich nicht an die Vergangenheit, sondern an die Zukunft, nicht „Ich denke, also bin ich", sondern „Ich liebe, also bin ich wirklich". Ich greife nach Denikas Hand, drücke sie und schaue ihr in die Augen.

„Wie war es?", fragt sie, tritt einen Schritt zurück und mustert mich lächelnd.

„Gut", sage ich, „wirklich gut – du hast mir gefehlt!"

Mit zunehmender Reife verschiebt sich T. S. Eliots „In meinem Anfang ist mein Ende" in Samuel Becketts „Das Ende ist im Anfang“, oder es mildert sich zumindest ab: „Und doch macht man weiter.“

Wenn man auf der Suche nach bestimmten Antworten ist, sind Schall und Wahn eines Sportlerdaseins letzten Endes bedeutungslos. Hört man aber fernab vom Missklang der Massen genau hin und stimmt sich auf eine andere, unaussprechliche Art des Gemurmels ein, wird das Rätselhafte offenbar.

Etwas wie das Leben an sich.

Dank

Ich möchte meinem Literaturagenten Kevin Pocklington danken, der an dieses Projekt von Anfang an geglaubt hat und von dem ich während des langwierigen Schreibprozesses unschätzbare Unterstützung erhalten habe. Dank gebührt auch meinem Lektor Richard Milner für Ermutigung und Vertrauen. PEN America danke ich für die großzügige finanzielle Unterstützung, denn große Teile des Manuskripts entstanden in den ersten Monaten der Covid-19-Pandemie im Frühjahr und Sommer 2020.

Mein tief empfundener Dank gilt auch meinen lebenslangen Freunden und Mentoren, darunter Christopher Campbell, Leonard Harvey Nitz, Terry Shaw, Craig Schommer, Jackson Stewart, Zach Walker, Matt Dubberley, Nate Shaw, Skyler Bishop, Andrew Touchstone, Ben Penner, Andrew Juskaitis und Aaron Avelar sowie Julian Hickman, der als buddhistischer Mönch auch unter seinem Dharma-Namen Kaimyō Kazan Zenho bekannt ist. So manches im Radsport wäre ohne die Kameradschaft von Klubkollegen nicht möglich. Deshalb möchte ich auch meinen Freunden und häufigen Fahrpartnern Brad Bini, Bob Graham, Matt Tamel, Jerry Kixmoeller, Bruce Simpson, Ron Lau, Milton Kubota, Michael Wong, Mike Norris und dem Rest der Garden City Cyclists für rundlaufende Räder und viel gute Laune danken.

Mein Dank gilt ferner Chris Casey, Jackie Baker, Tyler Shores, Bret Luboyeski und Paul Turner für Ermutigung und intellektuelle Klarheit. Sie eröffneten mir an verschiedenen Knackpunkten wertvolle Perspektiven und vermittelten mir die nötige Zuversicht weiterzuschreiben.

Nichts in meinem Leben wäre möglich gewesen ohne die Unterstützung und Liebe meiner Mutter Linda, meines Vaters John und meiner Schwester Elizabeth sowie meiner Frau Denika und ihrer Familie und unseres Sohnes Graeme.

Danken möchte ich auch Tyler Lack, meinem ältesten Freund aus Kindertagen, der mir durch so vieles die Stange gehalten hat, und meiner Freundin und widerstrebenden Fahrpartnerin Ann Marie Hourigan, die Denika und mich nicht nur miteinander bekannt machte, sondern später auch traute.

Wegen einer degenerativen Augenerkrankung hätte ich dieses Buch buchstäblich nicht schreiben können ohne die Großzügigkeit der Spenderfamilien, die eine Hornhauttransplantation ermöglichten, die von Dr. Ellin Wu so geduldig angepassten Speziallinsen und das Geschick und die Sorgfalt meines Augenchirurgen Dr. Bryan S. Lee.

Ausgewählte Bibliografie

Arendt, Hannah: The Life of the Mind, 1977/78

Barrett, William: Irrational Man. A Study in Existential Philosophy, 1958

Beauvoir, Simone de: Tous les hommes sont mortels (dt. Alle Menschen sind sterblich), 1946

Beckett, Samuel: Fin de partie (dt. Endspiel), 1956

Camus, Albert: Le mythe de Sisyphe (dt. Der Mythos von Sisyphos), 1942

Carnap, Rudolf: Der logische Aufbau der Welt, 1928
Überwindung der Metaphysik durch logische Analyse der Sprache, 1931

Descartes, René: Meditationes de prima philosophia, 1642

Dostojewski, Fjodor: Die Brüder Karamasow, 1880

Durrell, Lawrence/Miller, Henry: The Durrell–Miller Letters, 1935–1980 (dt. Briefe, 1935–1959), 1963

Fitzgerald, F. Scott: This Side of Paradise (dt. Diesseits vom Paradies), 1920

Heidegger, Martin: Brief über den Humanismus, 1947
Die Frage nach der Technik, 1954
Einführung in die Metaphysik, 1935
Gelassenheit, 1959
Holzwege, 1935–46
Sein und Zeit, 1927
Unterwegs zur Sprache, 1959

Herrigel, Eugen: Zen in der Kunst des Bogenschießens, 1948

Hume, David: An Enquiry Concerning Human Understanding (dt. Ein Traktat über die menschliche Natur), 1748

Huxley, Aldous: Music at Night and other essays, 1931

Kant, Immanuel: Kritik der reinen Vernunft, 1781

Kerouac, Jack: Big Sur (dt. Big Sur. Die Zerstörung), 1962

Krabbé, Tim: De renner (dt. Das Rennen), 1978
Miller, Henry: The Air-Conditioned Nightmare (dt. Der klimatisierte Alptraum), 1945
Murdoch, Iris: Existentialists and Mystics. Writings on Philosophy and Literature, 1999
Nietzsche, Friedrich: Also sprach Zarathustra, 1883–85
Der Wille zur Macht, 1906
Die fröhliche Wissenschaft, 1882
Die Geburt der Tragödie aus dem Geiste der Musik, 1872
Ecce homo. Wie man wird, was man ist, 1908
Jenseits von Gut und Böse, 1886
Menschliches, Allzumenschliches, 1878
Morgenröte. Gedanken über die moralischen Vorurteile, 1881
Über Wahrheit und Lüge im außermoralischen Sinne, 1896
Nijinsky, Vaslav: Ich bin ein Philosoph, der fühlt. Die Tagebuchaufzeichnungen, 1996
Panofsky, Erwin: Meaning in the Visual Arts (dt. Sinn und Deutung in der bildenden Kunst), 1955
Pascal, Blaise: Penseés (dt. Gedanken), 1669
Russell, Bertrand: A History of Western Philosophy (dt. Philosophie des Abendlandes), 1945
Sartre, Jean-Paul: L'être et le néant (dt. Das Sein und das Nichts), 1943
L'existentialisme est un humanisme (dt. Der Existenzialismus ist ein Humanismus), 1946
La Nausée (dt. Der Ekel), 1938
Styron, William: Darkness visible. A Memoir of Madness (dt. Sturz in die Nacht. Die Geschichte einer Depression), 1990
Wallace, David Foster: Both Flesh and Not (dt. Der Spaß an der Sache), 2012
Watts, Alan: Tao. The Watercourse Way (dt. Der Lauf des Wassers. Eine Einführung in den Taoismus), 1975
The Tao of Philosophy (dt. Das Tao der Philosophie), 1995
The Way of Zen (dt. Zen-Buddhismus. Tradition und lebendige Gegenwart), 1957

This is it. And Other Essays on Zen and Spiritual Experience (dt. Dies ist es. Und andere Essays über Zen und Spirituelle Erfahrung), 1960
Weil, Simone: L'Enracinement (dt. Die Entwurzelung), 1949
Wilson, Colin: Religion and the Rebel, 1957
The Outsider (dt. Der Outsider. Eine Diagnose des Menschen unserer Zeit), 1956

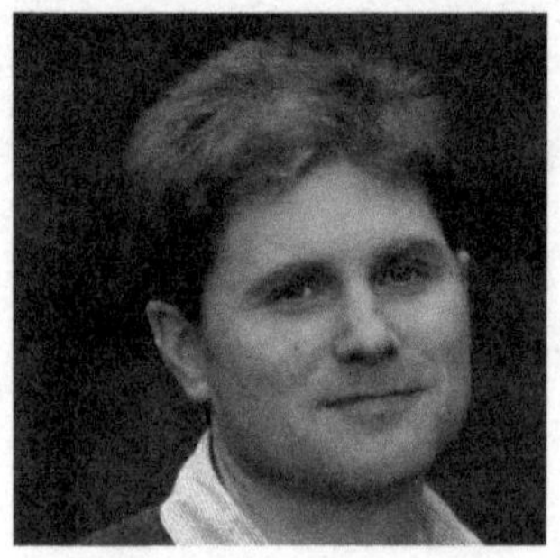

ZUM AUTOR

James H. Hibbard, geboren 1981 in Palo Alto, Kalifornien, ist Autor von Belletristik und Sachbüchern. Als Radprofi gewann er mehrere nationale US-amerikanische Bahnmeisterschaften. „Die Kunst des Radfahrens", das die Vorlage für einen Spielfilm lieferte, stand auf der Shortlist für die British Sports Book Awards 2022.

IMPRESSUM

Projektleitung: Dr. Marten Brandt
Übersetzung: *Sven Scheer (Vorwort bis Kap. 6), Birgit Lamerz-Beckschäfer (Kap. 7 bis 12)*
Lektorat: *Dorit Aurich*
Layout und Satz: *Datagrafix GSP GmbH, Berlin | www.datagrafix.com*
Umschlaggestaltung: *Groothuis. Gesellschaft der Ideen und Passionen mbH | www.groothuis.de*
Druck & Bindung: *GGP Media GmbH, Pößneck*

3. Auflage 2024
© 2023 Edel Verlagsgruppe GmbH
Neumühlen 17
D-22763 Hamburg
ISBN: 978-3-98588-067-6

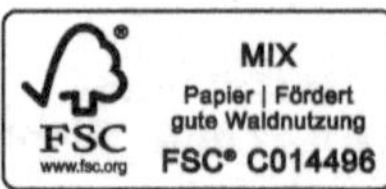

LIEBE LESERINNEN, LIEBE LESER

wie schön, dass Sie ein Buch von EDEL SPORTS lesen! Wir lieben große Geschichten, herausragende Persönlichkeiten und starke Meinungen aus der faszinierenden Welt des Sports und freuen uns sehr, dass Sie diese Leidenschaft mit uns teilen. Sport ist Emotion, Entertainment und Business zugleich. Geben Sie uns gern Ihr Feedback auf Instagram (@edel.sports) oder schreiben uns an: *info-edelsports@edel.com.*

UNSER VERLAGSHAUS

Mit Standorten in Hamburg und München zählt die Edel Verlagsgruppe zu den größten unabhängigen Buchanbietern Deutschlands. Zur Gruppe gehören die Verlage Dr. Oetker Verlag, Edel Sports, KARIBU und ZS.

EDEL Sports – Ein Verlag der Edel Verlagsgruppe
www.edelsports.com
www.instagram.com/edel.sports